EXPLORING ETHICS

A TRAVELLER'S TALE

关于善恶的对话

一个部落旅行者的故事

【英】布伦达·阿尔蒙德 ———— 著
Brenda Almond

刘余莉 杨宗元 ———— 译

中国人民大学出版社
·北京·

献给乔和朋友们

　　这是有关一个旅行者的故事，这个旅行者试图向一个陌生的部落解释存在于自己文化中的道德思考。他了解隐藏在这些道德思考背后的伦理学理论，也了解在各种不同的实践领域，伦理的推理是如何影响社会及法律的运行的。

　　我很感谢有这样一个机会把这个人物以及这些观念介绍给中国的读者。我希望中国的读者会珍惜这次与我虚构的旅行者进行交流的机会，因为他是其文化背景中产生的观点的倡导者，他对西方哲学有着深刻的理解，但同时，他也准备批判西方哲学的某些观点。那么，事实上，这本书为它的读者提供了一次西方哲学传统与某些想象的"其他"哲学传统之间进行对话的机会，这些"其他"的哲学传统不具有西方哲学传统的特征，但是它们愿意试图理解西方哲学传统，并把它与它们自己的生活方式及道德信仰相比较，尽管通过比较，它们并不总是赞同西方哲学传统。

　　然而，《关于善恶的对话》中的旅行者并不仅仅想把他的信仰介绍给其他人，他也有兴趣学习他所在部落中的观点和实践，他不情愿地成为这个部落的一位客人——或者就像读者可能会怀疑的那样，成为这个部落的一个囚犯。我希望，能够以一种个人历险的方式来表现伦理学领域的探索，会吸引至少是中国的一些读者，他们可能会津津有味地分享旅行者在长期放逐过程中的某些疑惑和经历。我也希望那些陈旧的、讨论过多的学术理论，通过那些与我们的旅行者进行讨论的部落成员的表述，能够获得新的生机，因为这不是一个原始的或简单的部落，缺乏知识和推理能力。相反，他们是高度知识化、复杂化的，尽管他们至今还未能达到旅行者自己文化中的科学和技术水平。但这可能是期望最好的东西要留待在后面展开。说这一点就足够了：

如果本书不同寻常的写作方式为读者提供了一次深入思考自己生活中或自己社会背景中所面临的道德问题及道德判断的机会的话，那么它的目的也就达到了。

布伦达·阿尔蒙德

2000 年 1 月于英国赫尔大学

本书的写作背景基于两点：其一是理论伦理学与实践伦理学或应用伦理学之间鸿沟的日益加深；其二是在两种伦理学中使用的专业术语和表达方式越来越把非专业的读者排斥在一些重要的伦理学反思和讨论之外。同时，许多有关伦理学的著作中包含了许多实际上是反伦理学的训示——例如独立的相对主义和那种认为伦理学问题最终可以通过经验主义的功利评估而得以解决的论点。相反，我提供的正文部分试图沿着思考和争论的单一过程，指出理论与应用之间的关系，同时概括出各个应用领域之间的联系。

虽然应当尊重读者自己的判断，但我仍希望，能有一种基本的伦理"训示"。关于这一点，可能会使许多读者感到奇怪的是，宗教在这里没有公开的地位。然而作者是故意这样处理的。因为本书的目的之一是要强调伦理学的共同性，这种共同性甚至超越了文化的差异。但这并不意味着反对宗教或对宗教漠不关心。世界主要宗教之间确实具有广泛而明显的伦理联系。这种联系在本书中以想象的方式加以描绘出来，并作为正文的背景。

再谈一谈本书的使用。首先，这本书的写作方式是为了给人以阅读的享受而设计的；其次，本书的目的是传达和激发关于伦理问题的思考；再次，阅读指南和参考文献，为那些试图在某个领域深入探讨的人提供启示；最后，它可以用于一学期或一学年的伦理学课程的教科书。这样的安排使学习更轻松、学习进度更现实；但是我更关心它所引发的思考，即它可以使许多学生在学习的过程中经历伦理学的洗礼。但是无论如何使用本书，如果读者获得了关于丰富的伦理学理论与实践，及其完整的而不是片面的观点，那么作者的目的也就实现了。

致谢

在此我感谢赫尔大学给予我一段专门用于研究的假期，使我完成了这个 ｘ 项目最后阶段的写作；同时，我还感谢澳大利亚国立大学人文学院哲学系曾在早先的一个场合，为我慷慨地提供了需要的一切设施，使我得以在安静友好的条件下进行本书的写作。

序：一个
旅行者的
故事

在地球上，几乎已经没有什么地方可以称得上是未被开发的地区了。然
而，一次偶然的机会，在参与一个慈善机构有关环境问题的调查中，我发现
自己出现在这样一群人中间，这些人与我们所谓的文明世界相隔绝，在他们
自己的社会中，以自己的生活方式生活了上千年。事情的经过是这样的：开
始，我在独自旅行——这是我喜欢做的事，尽管到偏远的地方旅行很容易遇
到各种各样的危险。就在这个时候，最糟糕的事情真的发生了。我由于染上
了某种不寻常的病毒而患了重病，用现代医学的药物无法杀死这种病毒——
至少我随身携带的药物对之是毫无疗效的。也许我应该待在我病倒的地方
等待着情况有所好转，但我却没有这样做，而是决定尽快找到一条返回去
的路。在迷失了原计划的路线后，我发现自己来到一个大峡谷前。就我所
知，这个峡谷没有在任何地图上出现过。峡谷的侧面几乎是垂直的，我想转
身返回去，并没有打算进入峡谷，但是在我迷迷糊糊的状态下，我迈步走进
了灌木林。结果表明，这些灌木林遮蔽着峡谷的入口，我的身体猛地坠落下
去。在坠落的过程中，我拼命想抓住旁边的树根和软藤，还看到瀑布和树木
从我眼前闪过。当我掉在谷底布满苔藓的地面时，我惊喜地发现自己居然还
活着。

过了一会儿，我本想继续自己的探险，但却精疲力竭地倒了下去。我
在精神恍惚和无意识的交错中度过了几个日日夜夜，只伴有偶尔的清醒。如
果我不是被一群陌生人发现的话，结果肯定是致命的。这些陌生人的服装在
我看来古怪而不熟悉，讲着我听不懂的语言，但是他们的行动看起来是有组
织、有目的的。我还感到，他们对我的态度显然是好奇而不是同情。但是，
无论出于什么原因，结果是对我有利的。他们赶制了一副担架，把我小心地
放在上面，然后就开始了一段持续了几天的旅行。我模糊地意识到在峡谷的

一侧走了一段很长、很艰难的上坡路。与此同时，他们还提供了奇特的治疗方法。因此，到旅途结束时，我的病渐渐有了起色。

后来我才知道，我是被一群探险巡逻队发现的。他们当时在超出了常规允许的区域范围之外很远的地方巡逻。实际上，他们是严禁这样做的。而我作为他们的"发现"或战利品，或许可以使他们的上司对他们的鲁莽行为免除处罚。结果，在以后的三年里，他们对我如对待科学标本和对待犯人一样。而我大部分时间都抱有"再也不可能回到我原来的世界了"的绝望心情。

下面是我在这种不寻常的情况下与这群独特的人进行谈话的记录。这些人的观点、习俗和行为与我们自己社区的人们是那样的不同。我把这些记录放在这里作为伦理的探索。因为确实，我从自己的经验中所学到的大部分关于对与错、善与恶、道德与邪恶的看法，对于社会政治生活、经济生活的各个方面都是最基本的。而且我也发现，每个人看待这些问题的基本方法和基本伦理态度是不同的。

这也许看得太远了。当然，我的第一项任务是学会与俘获我的人（或保护我的人）展开对话、交流观点。尽管我后来发现，保护我并不是他们真正的目的。但他们也和我一样热切地希望展开交流的事实帮了我大忙。幸运的是，我也发现，"艾洛依"——这是我给他们起的名字——不仅仅是原始的社区，他们有自己意义上的科学家、学者，能够理解其他语言的结构。这样，我很快就能够理解他们的日常用语了。只有当我们试图深入谈论更抽象的事情时，我才体会到了我开始想到的翻译上的困难。但随后我渐渐意识到，真正的困难是观点和信仰上的根本差异。

下面记载了我和艾洛依人的一些对话。我开始确信他们的伦理信仰和看法在很多方面是错误的。有时我试图用我自己的观点说服他们。当然，我的观点深受传统中的思想家——在我受教育的过程中接触到的哲学家的影响。我有时也把他们的注意力引向这些哲学家，而不仅仅依赖我自己的观点。我发现，一方面，这的确大大引起了他们的兴趣。因为这里通常的人类学角色颠倒过来了。我没有以任何系统的方法研究"他们"。另一方面，他们显然对自己怀有极大的好奇，也渴望探索一些新奇的东西，而我是他们兴趣所在的科学标本。因此，他们允许我随意解释和探讨观点。他们看起来很仔细地听我讲。我想，我永远也不知道我在他们中间的出现是否会具有持久的影响，或者我与他们的相会是否只是作为历史上一个特别的光点记录下来——一次来自时间使者的访问，或者类似有趣的推测。但在这里，有价值的东西是我们相遇的记录。

目录

第一章

选择的自由

/ 001

第一次对话　/ 003

作为科学研究对象的人　/ 004

宿命论的命题：未来将是未来　/ 006

科学解释适用于人类自由吗？　/ 008

有意识的和无意识的动机　/ 012

社会科学是以人为主题的吗？　/ 015

基因决定论和社会生物学　/ 017

关于自由意志的伦理学含义和社会
　　含义　/ 020

插曲　/ 021

第二章

人性自私吗？

/ 025

第二次对话　/ 027

利己主义的形式　/ 028

伦理利己主义　/ 030

利己主义有助于共同的善吗？　/ 033

利他是否可能？　/ 034

自私基因　/ 037

插曲　/ 039

第三章

追求幸福

/ 041

第三次对话 / 043

增进幸福 / 044

功利与原则 / 046

功利计算的问题 / 047

结果或期望的结果 / 050

产生幸福的规则 / 050

幸福的类型——质量或数量？ / 052

理性的幸福 / 053

理想功利主义 / 053

含义丰富的幸福概念或多元价值？ / 054

目的和手段 / 055

陈旧的权宜阶梯 / 056

插曲 / 057

第四章

相对主义的变异

/ 059

第四次对话 / 061

道德相对主义 / 063

道德两难 / 066

情感主义、后现代主义和其他形式的
　　主观主义 / 069

传统和宗教 / 073

宽容 / 074

人类共同拥有什么？ / 075

插曲 / 077

第五章

诉诸权利

/ 081

第五次对话　/ 083

道德是建立在社会契约
　　　基础之上的吗?　/ 084

权利和正义　/ 089

什么是权利?　/ 092

插曲　/ 096

第六章

原则与直觉

/ 099

第六次对话　/ 101

康德的绝对命令　/ 103

原则的缺陷　/ 109

直觉主义种种　/ 110

未加深究的原则　/ 112

插曲　/ 114

第七章

美德与境遇

/ 117

第七次对话　/ 119

美德与恶德　/ 120

亚里士多德　/ 123

美德概念的变化　/ 127

好的生活　/ 127

道德教育　/ 129

女性伦理学观点　/ 130

插曲　/ 132

第八章

个人的关系

/ 135

第八次对话 / 137

性道德 / 139

激情还是诺言？义务还是意向？ / 143

婚姻 / 144

家庭 / 147

插曲 / 148

第九章

生与死的问题

/ 151

第九次对话 / 153

制造新的生命 / 154

遗传学与身份 / 158

堕胎 / 160

杀害婴儿 / 170

安乐死 / 172

插曲 / 177

第十章

平等与差别

/ 181

第十次对话 / 183

平等 / 184

社会或分配公平 / 186

种族主义和性别主义 / 187

区别对待问题 / 190

惩治以种族主义为动机的犯罪 / 192

禁止种族主义和性别主义言论 / 193

多元文化主义 / 194

共同体主义的理念和自由主义的
　　个人主义　/ 196

对自由主义的批评　/ 198

插曲　/ 200

第十一章
自由、正义与冲突

/ 203

第十一次对话　/ 205

罪与罚　/ 207

死刑　/ 210

非暴力反抗　/ 211

爱国主义还是和平主义？　/ 212

战争和国际冲突　/ 216

分裂主义　/ 218

恐怖主义　/ 219

插曲　/ 223

第十二章
节制、和谐与环境

/ 227

第十二次对话　/ 229

贫穷和人口　/ 232

帮助穷人　/ 235

移民　/ 238

对后代的义务　/ 238

人类和其他动物　/ 240

有关环境的讨论　/ 243

插曲　/ 245

尾声

旅行者的回归

/ 247

最后一次对话 / 249

阅读指南和参考文献

/ 253

索引

/ 283

译后记

/ 298

新版译后记

/ 299

第一章

选择的自由

- 第一次对话
- 作为科学研究对象的人
- 宿命论的命题：未来将是未来
- 科学解释适用于人类自由吗？
- 有意识的和无意识的动机
- 社会科学是以人为主题的吗？
- 基因决定论和社会生物学
- 关于自由意志的伦理学含义和社会含义
- 插曲

最初我和艾洛依人的谈话与其说是信息交流还不如说是审问。他们把我 4
当作犯人——一种实际的看法。我不得不承认，他们首要关心的就是能够解
释我为何出现在他们当中。然而，他们的问题表明了一种解释关涉人类行为
的形式假设。艾耐克是第一位质问我的人——他瘦瘦高高的，带着凝视的目
光。他始终对我故事的真实性持怀疑态度。

 第一次对话

艾耐克：你是怎么来到密林中的？这可是个禁止入内的地方。

旅行者：我在经过平原去往北方的途中迷了路，我并没有打算进入峡
谷。因为我走错了路，身体猛地坠落下去，我试图抓住树根和软藤——尽管
我努力尝试，仍然不能按原路返回。接下来的事你都知道了。

艾：是的，当然。我知道你是被带到这里的。但我想知道的是当初你为
什么会来这个地方？

旅：我是在为我的组织收集材料……

艾：你的意思是说，你是由别人派到这里的？

旅：是的，是作为一个项目的一部分——一个旅行考察。

艾：我懂了，那么我想如果你不来，你就会受到你们自己人某种方式的
惩罚。

旅：不、不，我自己想来。我相信派我来的那个组织。它有许多我认可
的美好目标，也就是我们说的慈善组织。人们捐款支持好的事业——通常是 5
其他人，有时是动物。我们这个项目是关于环境保护的。我为这个目的来寻
找证据。所以，你看，完全是我自己的选择使我开始了这次旅行。

艾：真是一种奇怪的观点。我们把"选择"理解为一种谈话的方式。但我们并不把它作为对任何事严格意义上的解释，就像人们用诗意的语言说某种植物选择朝向太阳一样。毕竟，你是一个生物体。你做的任何事，都必定是外界对你施加压力的结果。在我们的社会中，我们用完全清楚的话语来解释行为。从你的谈话来看，你好像是某种科学家。我们这里也有科学家。你知道，我就是个科学家。

旅：科学家？这可是一个宽泛的概念。你指的是哪种类型的科学家？

艾：我们对星空的变化感兴趣。但我们最擅长的是园艺和谷物种植——我们了解植物的生长方式——同时，我们花费大量时间观察动物的行为。我们的科学家并不认为人类与自然的其他事物有什么不同，除了复杂程度上的区别。因此你所讲的来到我们这里的原因并不能令我十分信服。某个人或某件事情使你来到森林中，这样的"选择"听起来毫无意义。你的意思是指什么？你是不是想告诉我，你本来可以毫无损失地在别的地方做着完全不同的事情吗？我想，如果我们没有从整个的因果系统来考虑，这听起来还可能是真实的——尽管应该承认，那个系统确实包含着有关你的一些事实。我不想否认，甚至是最简单的动物机体也有其癖好。

　　我该如何解释我的确是作为自由的主体来到他们国家的呢？我怎么才能让他们明白我为之工作的那些人的善良动机呢？在几个星期的交谈中，我想出了许多观点。但在这里，我将尽可能简明地概括出我与艾耐克交谈中谈到的观点。

✎ 作为科学研究对象的人

6　　　人们经常明确地用一些词汇提出人类是不是科学研究的对象这个问题。那些认为个体行为是可以预知的和可以解释的人很容易接受这样一种类比，即把以人的行为为对象的研究与被英国哲学家约翰·E.洛克（1632—1704）冠以"愚蠢、迟钝、轻率、缺少想象力"的研究相等同。

尽管人可以清楚地看到自己被大量潜在的原因所影响，但他们在内心深处并不愿承认自己是被迫对这些原因做出反应的。事实上，他们倾向于以谈论动机而不是原因的方式解释自己的行为，倾向于用选择这个字眼解释他们行动。这一点与人类对待自然界其他事物的观点形成强烈的对比，在那里，选择扮演着一个次要的或根本不存在的角色，即使是明显的选择，通常也被以外在的原因这样的字眼来解释。动物的行为，包括不能随意解释的明显的选择性行为，很可能被描述为随便的、无目的或任意的。同时，自然界其他领域的大部分变化和活动都倾向于被看成是由外部原因引起的或纯粹偶然性的结果。这种划分世界的方法造成以下几个后果：

首先，要解释人的行为，就必须关注未来，至少是可预见的未来。也就是说，动机和意图是理解人类行为的关键，而这些基本上是向前看的。这与因果解释有很大的不同，因果解释要参考过去的经验和已经发生了的事情。

其次，人的行为基本上是主观的，因此解释人的行为通常要向内寻求——寻找内在原因——而不是向外寻求先前的事情或周围环境、形势的客观特征及可被其他人观察到的外在部分。当谈到人时，这些仅仅被看作对一个行为的片面的解释；而当谈到自然界的其他事物时，这些因素就显得足够了，为行为寻找某种内在的"调控者"是没有必要的。

再次，如果解释人的行为需要参考一个人希望得到的东西，那么似乎，原则上这是任何第三者都不可预测的。因为，别人怎么能知道另一个人要引起什么呢？一个人怎么能完全理解另一个人的观点、理解他关于形势的看法呢？A.J.艾耶尔（1910—1989）提供了一个关于这种困难的恰当的例子： 7

例如，就拿喝一杯酒这个简单的动作来说吧。如果不同的人在不同的场合做这个动作，这可以是：自我放纵的行为，一种礼貌的表示，酗酒的证明，忠诚的显示，绝望的动作，一种自杀的企图，一种礼节的表现，一种宗教的交流，一种鼓起勇气的尝试，一种引诱或贿赂他人的企图，某一交易的完成，专业鉴定的展示，无意中做出的行为，赎罪的行为，对挑战的反应或许多其他别的什么。[1]

相反，在非人类世界发生的事情不会引起这种解释的问题，而相应地，似乎是完全可以预测的，至少原则上如此——尽管必须承认，由于我们受知识的局限，自然界会继续时常使我们感到惊讶。因此对于宇宙中超出人类影响的那些方面，尽管事实上我们不能做出精确的预测，一方面，我们仍认为如果具备彻底的知识，精确的预测就是可能的；而另一方面，就预测人类的可能性而言，我们对科学能达到的程度却持有保守得多的观点。

人做决定还有另一个有趣的显著特征——一种看起来独立于任何形式的因果解释动机，这种动机提供了一种与其他人截然不同的行为原因。为了理解这一点，有必要回顾一下苏格拉底（公元前469—前399）的故事，经过审判后，他被他的雅典同胞判处死刑。当他的朋友来探访他并为他提供了周密的逃跑计划时，他为什么不企图逃脱呢？[2]唯一真实而有说服力的解释是这样做是"错误的"。这正是"道德的"动机的一个例子——一种义务感，一种要做某事的道德责任，尽管同时有一种不想这样做的打算。正是这一点使得把人看成是一种要对其行为承担道德责任的存在成为可能，因而对他给予表扬、责备、惩罚或奖励才有意义——这与我们对其他生物的行为的态度形成了鲜明对比。德国哲学家伊曼努尔·康德（1724—1804）认为这里有一个封闭的圆圈：自由意志对于道德是必要的事实本身就是道德可能性的证明，同时，道德的可能性又证明了存在着自由意志。[3]

 宿命论的命题：未来将是未来

8　　于是，就有了一个流行的关于自由的命题。但是要证明自由主义认为的存在着"自由意志"的论断，很久以来就是一个哲学难题。尽管古希腊的哲学家们最早意识到了这个问题，它仍然成为基督教神学需要处理的一个特别难题。因为，如果我们说个体的行为原则上是不能预知的，这似乎与基督教认为上帝具备关于过去、现在和未来的全部知识的观点相违背，也与上帝是全能的观念相背离——这种观念使得信仰预定论的教义成为某些基督教派的特征。不是所有的基督教都相信预定论——上帝预先为每一个个人设计了获得拯救和遭受惩罚的途径——因为这就使个人的努力变得毫无目的和作用了。即使是退一步的观点，认为因为上帝是全能的，允许任何事情发生，包括人所做的任何事情，也暗示着是上帝而不是人应该为任何人的行为承担责任，因此是上帝而不是人应该接受表扬或责备的道德评价。有人试图通过认为基督教的精神（如果不是基督教的条文）中暗示了上帝曾故意把自己的部分权力交给了人类而解决这个难题。如果这是能够被人接受的，就意味着尽管上帝知道人将会做出何种选择，这种知识并不影响他们的自由。或者，可以辩论说，上帝不知道——上帝故意限制了自己的知识，就像他故意限制了自己的权力一样。[4]

其实，这些问题并不局限于基督教。的确，任何一种形式的宗教决定论都产生过这样的问题，特别是与东方某些宗教相联系的宿命论，把它用"未来将是未来"这个短语概括出来。很多人把这仍视为无为的努力，它使人在面对厄运时所做的挣扎变得毫无意义。他在很多方面就像那种对古希腊诸神权力的信仰，特别是对命运的信仰上，这在古希腊的许多文学作品中表现出来——一种这样的信仰，即人们对他们遇到的问题唯一正确的反应就是接受自己的命运，而不是试图抵制它。这种命运绝不会改变的观念在俄狄浦斯故事中最强烈地表现出来，俄狄浦斯帮助导致了自己预定的悲剧命运的结局。一个神谕警告说俄狄浦斯长大后会弑父娶母。于是，就下令在他年幼时杀死他。但他却被人秘密地带走并抚养长大，不知道自己的出身或父母。这个故事的嘲弄意义在于，他和其他人所采取的试图避免他的命运的步骤，恰恰最终帮助他导致了自己的命运。[5]

宿命论很易于理解。但是它包含着什么样的"必然性"呢？与纯粹的宿命论相对，有一种简单的争论把"未来将是未来"这一不容置疑的自明前提变成完全不同的，但引起很大争议的论断"未来定是未来"，以把逻辑的必然与因果的必然相混淆。亚里士多德最早意识到在这混淆的基础上存在着逻辑上的困惑：如果某件事明天将要发生——例如，如果在南美的某个国家将有一次军事政变——那么那里将发生一次政变甚至在今天也是真实的。[6]但是如果这在今天是真实的，能不能有人去干涉去阻止它？人怎么能使真实的东西成为不真实的呢？这个狡猾的问题使一些人认为错误在于相信那个前提只能是正确或错误的。相反，他们说，我们应想到三种可能性而不是两种：

正确的可能、错误的可能和未决定的可能。谈到这个特定问题，可以说，关于未来的陈述，包括关于军事政变的陈述，仍处于一种被搁置的状态，直到事件确实发生了，才涉及真理问题。[7]

然而，解决这类复杂的逻辑策划有两种选择：一是简单地认为宿命论的叙述属于逻辑和抽象概念的世界，而我们生活的世界是一个具体的、物理事物的世界。换种方法思考可以说，就像一个未结婚的年轻人推理说，因为单身汉的定义是未结婚的男子，而他是个单身汉，因此他永远不能结婚。如果假设无时间性的正确前提的观念影响了我们选择的自由和物理世界（时空世界）的事情，就是犯了与年轻人同样的错误。因为充满事实的真理，与逻辑的真理不同，不带有普遍性的保证。尽管这并不总是为那些接受宿命论观点的人所理解，决定论的宿命论的各种形式事实上显然是无害的；它们不影响我们认为自己是主体的意象，也不影响我们认为人是能够进行对与错、善与恶的选择的存在物的观念。然而，决定论的那些形式的确在物理事件中起作用的观点并不是正确的，因而这又提出了另一种挑战。

 ## 科学解释适用于人类自由吗？

10   逐渐地，科学似乎能够明白地解释人类可以观察到的一切领域中不可预知的事情。但是普遍原理——科学决定论的教条有多么令人信服呢？它的证据在很多方面留给人深刻的印象：首先，它把观点建立在 20 世纪技术飞速进步的基础上。它的显著成就是在非动物对象和物理现象的世界中获得的，但是，即使在科学家的实验物最接近人的条件下——用动物而不是非动物进行实验——实践的成就来自把这些物体从实验的目的来对待，无论对与错，只简单地作为生理反应的单元。

那么，必须至少首先懂得，科学决定论在解释人类行为时，本质上与这并无不同。当这种解释以科学的形式，例如生物学和生理学的形式开始时，如果这些科学本身能被简化为更基本的科学，那么就很容易看到为什么这种观点的提倡者声称，更抽象的物理学和化学形式的解释最终是可能的。但是，接受这种简化主义就是接受一种彻底的、对人与自然界其他事物不加区分的唯物主义。即使是在生物的有限王国里，尽管人可能也是某种高等的哺乳动物，仍具有一些明显的特征，把人与更简单的机体区别开来——意识、自我意识和计划的能力——这仅仅是表面化的对比：从阿米巴虫到人的发展线条本质上是未被打破的。

但是不难看到，科学决定论是一种粗陋的工具，它不能提供一种彻底的、令人信服的经验说明——包括我们自己的经验或其他生物的经验。从谈论连续的事物——从阿米巴虫发展到人的线条——开始，这是策略性地假定在连续事物的不同发展阶段上，没有重要的差异。但是科学本身却不断证明并非如此：在自然界，稍微观察到的变化就导致剧烈的、显著的转变。橡实长成橡树，鸡蛋孵成小鸡，人的胚胎生成婴儿，甚至量上的不同，当达到一定程度时，就能导致类的不同。

还有另一种思考也证实了简化主义含糊不清的性质。能够提出这样的问 *11* 题就使人具有了独特性。换言之，那种所说的连续性恰恰是在这些问题提出的地方中断了。人类反应的理性能力，发音清晰的语言能力，标志着他们是物理世界独一无二的占有者——在已知世界时空中的其他生物都不能与之相比。这种独特性，或变革性，为人们心理上确信选择的自由提供了理由——包括自由要由理性甚至良知来引导。然而，仍然存在着使这个信仰与一个同样根深蒂固的信念相一致的问题，这个信念本身是理性的产物，即有关因果关系网络的信念，人类自身不可避免地处于这个因果关系的网络中。

有一个解决问题的方法，从古希腊时期一直到今天都吸引着哲学家们，就是把自由与因果关系的源头联系起来。这是个认识的问题。首先，几乎没有事件只有单一的原因，因此当然用单一的原因去解释人的行为是远远不够的。其次，还要认识到，在解释人的行为所需要的各种原因中，许多是外在于所涉及的人的。这包括，例如，外在的压力，环境的因素，或其他形式的、超出个人控制的强迫等。像这些外在的原因似乎都构成了对自由的限制。但是，根据这种理论，要成为一个必要的因素应具备这样的条件：它既是一个人内在的方面，又同时对于彻底解释那个人的行为起到至关重要的作用，它可用以驳斥彻底决定论的任何原理。[8]

比如说，一个重要的政治领袖出人意料地引退了，就可能提出这样的问题：引退背后的原因是什么？例如，可能是被揭露可耻秘密的威胁，或许是某种诱人荣誉的许诺，或者是由于当事人可能暗中受到野心勃勃的同伙身体上的威胁或某个上级领导的恐吓。如果这里其中的任何一个原因都足以解释他引退的原因——如果引退完全是由外部压力导致的——这就不是一个自由的决定。但是如果不考虑当事人想要获得的东西，这种因果解释就是不彻底的，如果包含一些对形势的个人的看法，就可以视之为自由的了。普通的语言和法律在法庭上保护诉讼事实的方式都为防止这种方法陷入两难困境提供了支持。例如，法律通常要区分两种情况，一种是当事人被实施了催眠、受到威胁或身体上的强迫，另一种是所有这些情景都没有发生；要区别盗癖案和偷窃案，二者的区分在于一个是被驱使的行为，一个仅仅是导致的行为；要区别当事人即使选择了实施，但仍不能实施的案件，如果他们选择了实施，就能实施的案件。在列举的所有这几组情况中，前者的特征用普通的语言通常描述为不自由的或被决定的，而后者在于自由的选择。换言之，有自由意志这样一个一般概念，用人们常说的话讲，这个概念就是与人们想当然地认为任何事物都有其原因的基本假设相一致的概念。[9]

一些人可能摒弃这种解决问题方法，因为它诉诸的是"大众心理学"。而且，问题是如果它为人们所接受，就会过多地为流行信念的正当性进行辩护。例如，在中世纪，它可以用来为信仰巫术辩护。与一只黑猫相伴，淹没在水中而不立刻下沉，不能熟背主祷文，这些都是公认的证明某人是巫婆的证据。因此，如果诉诸人们经常谈论的这些东西，它们显然就可以为巫术存在的可能性提供证明。应当认为，人们谈论自由意志的事实并不真正表明自由意志以任何破坏决定科学决定论的形式存在着。人们过去发现"巫术"的语言很有用，现在他们可能发现"自由意志"的语言很实用。

就对科学决定论发起攻击而言，诉诸语言、风俗、习惯和法律可以被看作双刃剑。但是在科学统治的领域内有一种争论初看起来是至关重要的。这就是作为它的基础的原理，即自然界本身基本上不是被决定的：这个原理就是与物理学家维尔纳·海森堡（1901—1976）有关的非确定性原理。根据这一原理，物质的终极粒子是不确定地移动的，不服从任何普遍的因果定律。如果真是这样，那么毫无疑问，这对宇宙是被科学地决定了的观念构成了强有力的反驳。然而，就是在这些条件下，它仍是争论的焦点。但是如果争论点是人的自由和道德的可能性，那么甚至是在一开始评价物质的最终不确定性的科学论断就是毫无意义的。因为构成道德必要性的那种行为的或选择的自由的可能性，并不是物理学的不确定性原理所支持的粒子的随意性移动。当谈及人时，随意性意味着混乱和缺少理性。它排除了所有关于赞美或责备、奖励或惩罚的正当性。

　　关于这一点在纪德的小说《梵蒂冈的地窖》（*Les Caves du Vatican*）中得到显著的说明。纪德小说中的一个人物对哲学的人的行为问题很感兴趣，因此他就试图用 acte gratuit——一个他构想的在没有任何因果背景的意义上是完全自由的行为——来打破因果关系的链条。小说中英雄拉富卡第欧，他在开往罗马的特快列车上，把一个完全陌生的人推下火车摔死了。但是这一幕是否真的揭示了什么是真正自由的行为呢？似乎没有。的确，这个故事仅仅是想表明在 acte gratuit 概念中存在的困惑。毕竟，有一种对拉富卡第欧的行为很好的、如果不是反常的、因果性的解释：他想证明一个哲学问题，并误以为这是一种证明的方法。因此，这不是一个因果关系不可解释的问题。但是如果并非如此——如果得不到因果性的解释——他就不会作为一个自由活动的主体而备受赞赏。反之，他几乎会被作为一种疯狂的标志，因为"杀人狂"这个词正是对那些没有任何原因就杀人的人的精确概括。

　　从纪德的英雄所构想的、抛开了因果关系的意义上的自由在很多存在主义作家那里成为一个再现的主题。另一位法国作家、存在主义哲学家让-保罗·萨特（1905—1980）在他的格言"存在先于本质"中表现了这一点。萨特的关于"苦恼"的选择，是每个人时时面对的现实。正是在选择中我们展开了真实性，我们成为我们自己。[10] 但是这个目标是不能通过任性的行为得以满足的，因为在自由对人具有重要价值的意义上，这些不是达到自由的钥匙。因此，存在主义者的真实性的观念，首先不是任性的意思。它需要一种选择的观念从个人的意志和意图中溢出。即使是存在

13

主义的自由观念，也必须以这样或那样的途径把选择置于因果关系的框架中。

但是希望把一切缩减为单一的解释形式的简化主义并不是达到这种目的的途径。正如英国哲学家玛丽·米奇利指出的，古典科学的目的是清楚和简约。这是基于世界根本是简单的这种观点，因此当这是正确的时候，她说，"自从哲学衰落以来，思想家们为一种观念所吸引，这种观念就是有一种独一无二的、至上的体系，它是所有其他事物的基础，能回答所有的问题，超越所有的观点分歧"，她也指出了近代物理学早已抛弃了这种目标的事实。[11] 米奇利把这种建立在单一基础的解释观念描述为简化主义的核心错误："通过从真实的世界中逐出了不仅仅是神的，而且人和动物的意识，简化主义抛弃了总是建立在道德根基上的对生命以及其他经验的深深的尊重。"[12]

 ## 有意识的和无意识的动机

14 但是如果说以深奥的科学形式进行解释最终不能令人信服，社会和人文科学则更乐于为人们所接受。这就是那些专门研究行为方式的根源和塑造性格与气质的力量的科学。心理学，作为专门研究人类行为的科学，提供了两种关于决定论一般原理的特别形式，它们可以与宽泛的科学论断区别开来。一方面，经验心理学试图把关联关系建立在刺激反应的因果律观念之上；另一方面，精神分析的传统假设了一整套潜意识的控制和未知的动机，用一个人遗忘了的影响和童年的经历解释他当下的行为与选择。它处理的是至少通过观察可测得的东西：无意识的愿望，被压抑的动机，被忘记和压抑的早期影响，只有在催眠状态才能被唤起的记忆——一些不出现在意识头脑中的东西，但并不因此而降低影响。

行为主义者的实例可能是最根本的，因为他们把各种完全不同类的动机，包括道德、创作和创造性等，都降低到如同机体对来自环境的刺激的物理反应的地位。他们用简化动机的方式和最大限度地得到满足与避免痛苦的

愿望来解释一切。美国行为心理学家 B.F. 斯金纳（1904—1990）通过不断地
攻击自由和尊严的观念来鲜明地保卫这些决定论的果实。"如果我们了解到
更多关于环境的影响，"他说，"我们就会更少把人的行为的任何部分归因于
一种自主控制的主体。"[13]那么，行为心理学家所寻找的那种原因或因果律
是机械的而不是心理的。它们是可以被人观察到的、外在于主体或行为者的
物质的东西。的确，行为心理学家实验的构架就是建立在把他们调查的生物
看成是物体而不是有思考能力的机体的基础之上的。

但是"思想"在这种背景下的含义是什么？要理解这种被认为是抽象
的和难以定义的东西是不必要的。诉诸思想意味着存在某种有创造、创新
和决断能力，因此能够不仅仅以纯粹机械的方式对刺激做出反应。纯机械论
的解释方式甚至对于实验室里的动物的解释都是不足的，实验心理科学本身
得出了不可否认的即把好奇心作为动机的事实，好奇心使人有了了解、认
识环境和丰富经验的愿望。除此之外，当谈到人时，像爱、自我牺牲、责
任、恶意、仇恨的动机和创造的冲动等都超出了简化动机观念所包含的狭窄
范围。

但是，那些想窄化我们对人行为的理解的人，如斯金纳，必须能应付所
涉及的人类物质的绝对复杂性；当观察超出了实验室行为的狭小范围时，他
们似乎要遇到大范围内发生的不可控制的变化因素的障碍；他们的确会发
现，当从实验室转移出来并用于外部世界的机体时，他们所用的词汇就改
变了意义。正如美国哲学家诺曼·乔姆斯基指出的，像刺激、反应和强化这
些词汇只有在实验室里才能给予特定的含义。[14]例如，在一套实验设备中，
照明灯可以明确地被认为是一种刺激，因为它是实验室里唯一能改变动物环
境的东西。同理，动物随后行动上的任何变化都可以被认为是对这种改变的
反应。但是在实验室外部的世界里，一个动物或一个人的行为是以很多不同
的方式不断变化着的。有些变化可以被注意到并对之做出反应，但是另外一
些变化却不能。因此，任何一种东西怎样才能被定为刺激呢？同样，各种不
同的行为反应方式可以被认定是同一刺激的结果。一种特别的行为方式怎样
才能被认定是反应呢？行为心理学远远没有认识到世界的无序性和多样性。
因此，它所发现的"真理"，一旦转向外面的世界，就不具有普遍适用性了。

15

如果它们看起来适用，仅仅是因为其真理受到未被注意的准科学的含糊其词的保护。

如果以上这些是那些试图通过能观察到的、机械的原因来摒弃选择的人所存在的问题，那么，那些通过不能观察到的、深刻的内在原因来摒弃选择的人存在的问题又是什么呢？在很多方面，他们面对的恰恰是相反的问题。在这种情况下，正是经验科学基础的缺乏导致了方法的无效，至少——因为必须承认弗洛伊德心理学是通过多种途径阐明的——因此要接受它，就必须有重要的限制性条件。弗洛伊德主义通过诉诸超出观察和经验的因素解释人的行为，尽管找到反驳证据的可能性是真正科学理论的标志，但似乎任何证据都能够支持心理分析的理论。这不仅仅是一个理论上的缺陷：它实际上也变得至关重要，例如，它涉及类似"错误记忆"综合征这样的问题。这里的问题是，要确定心理治疗中出现的"记忆"是真实事物的真正集合，还是治疗过程本身植入的虚假记忆。同一个"证据"看起来却支持其中任何一种论断。

除了这些对心理分析理论的科学基础的挑战外，还要认识到很重要的一点，即一涉及道德责任，它们的危害性在每一点上都与行为心理学起到相同的作用。心理分析理论是以另一种途径把人们行为应承担的责任重担移走了，放到另外的地方——这次是放到了早已被遗忘的父母、亲属的行为和态度上。尽管可以假定，父母也不应真正承担他们对儿女的行为的责任，因为他们的行为也可以追溯到以前他们的父母对待他们的方式上。因此，在行为心理学直接从外部发现行为的解释的地方，心理分析学的理论含蓄地为下一代人的行为消除了责任。但是这种解释从来都是片面的。一谈到心理分析学，在任何情况下都是只有人类的怪异行为才被拿到心理分析学家那里解决。大量的"正常"范围内的人类行为是不需要做特别解释的，无论人们对什么是正常的行为持有怎样的争议。但是即使如果一个无端的恐惧或憎恶都能追溯到童年时某一意外事件的治疗后果，这也仅仅表明确实存在某种影响人类的隐藏着的、未被认识的强大因素。[15] 心理分析技术能揭示其中的一些原因，以及受这些原因影响的人们能克服它们的事实，远远不能对人最终和本质上是他们自己生命的主宰的观点，实际上恰恰支持了这种信仰。

🖋 社会科学是以人为主题的吗？

有些人认为，尽管在解释和预测个体行为时仍存在一个问题，这个问题不适用于集体的行为：当检查一个群体的人们的行为时，人们之间的差异可能就不再重要了。如果的确如此，那么社会科学就能提供对人的行为和选择的洞察而不必声称个体的人是一组社会心理反应固定而同一的人。他们仅仅需要假设的是：如果在足够广泛的领域内研究集体行为，那么人们之间的差别就被取消了。这样一来，无论在什么情况下谈到个人，人们的集体行为就会提供研究的材料，这些材料与传统科学方法在其他领域研究的材料并没有内在的不同。法国社会学家艾米尔·迪尔克姆（1858—1917）就曾这样提出：

> 因为因果律已经在自然界的其他王国得以证明，因为它已逐渐把它的权威从物理－化学世界扩展到生物世界，又从生物世界扩展到心理世界，因此我们可以断言它也是社会的真理。[16]

正是在这种强调的意义上，社会学从一开始就以成为科学为目的。它的核心建立在决定论的假设基础上：人不是被原因统治的；他们不能像有些时候自己想象的那样实现决定，只有通过客观地反映由经验提供的证据或从第一原理出发进行逻辑推理的方式才能实现。他们也很少受到良心的驱使或类似动机的影响。相反，人被看作是环境影响的产物，特别是社会的、经济的和文化的影响的产物。这一理论被卡尔·马克思（1818—1883）用这样一段著名的话表达出来："不是意识决定生活，而是生活决定意识。"[17]在更广泛的领域，也是决定论的。

社会学假定人本质上具有可塑性——没有确定的"人性"。因此，它通过注意特质——注意由艰苦调查得来的真实材料——用一般性的词汇来说明人性。因为是社会条件塑造了个体而不是相反，那么个人的影响就必须视为微不足道的。因此，不是假定个人影响历史的进程——例如，如果没有希特勒，就不会有第二次世界大战；如果不是亨利八世，就不会有新教教堂在英国的出现——一些社会学理论家用非个人的因素，最终用经济结构，来解释事件的发生。甚至对于一些改变了历史进程的富有创造力的主要发明，也可以通过把它们放在因果关系的网络中得到解释：例如，不是把相对论的发现归功于爱因斯坦的天才，而是因为在 20 世纪这个特定时期，相对论正在等着被人发明，不管是被爱因斯坦还是被其他什么人。

18　　但是这种程度的决定论是合理的吗？很多重要的发现都是偶然的，取决于是否由正确的人在正确的时间和正确的地方——或者是在不利的情况下，如战争，失常的人……而且，尽管有很多关于人的确定无疑的统计结论，但仍存在这样的事实：一个统计结论对个人将要做些什么事情，什么也没说。假设法国人有天才的厨艺，但这并不保证每一个法国年轻人都会热衷于厨艺。一些思想学派认识到了这一点。例如，德国的社会学家马克斯·韦伯（1864—1920）写道："如果我现在是一位社会学家……为了结束采用集体概念，我是如此不可缺少。换言之，甚至社会学也能够仅从一个或几个或很多个人的行为出发，即追求一种严格的'个人主义的'方法。"[18]

因此社会科学是在制度和结构的背景下看待个人的典型，或者把人看成是一个系统中的有机组成部分，甚至是在社会科学内部还有另一种从个人出发的观点，以及事物的解释都依赖于个人的方法，包括他们给出自己做事的理由。确实有一种强烈的争论，要求在解释人的行为时要参考个人的意图和态度，因为人的行为具有这样的特点：人一旦知道了别人对自己行为的预测，往往能对这种预测做出出人意料的反应。开始，他们可以朝着预测趋势的相反方向行动；甚至是最精心预测的趋势也会由于很多个人偏离了预期的方向而被审改。出生于奥地利的哲学家卡尔·波普尔（1902—1994）从个人的层面指出了这一真理。选举是在更大的范围内提供了一个明显的例子。[19]民意测验对人们在政治选举中将如何投票的预测基本上是可靠的——如果不可靠，它们就不再有趣或受到欢迎——但是它们也有可能完全错了，这并不是必然的，仅仅因为投票的人们犯了一个错误。的确，也许是不喜欢投票的人们认定的趋势。

但是人不仅仅能够决定破坏一个预言，人们通过加入他们认定是有成功希望的事业和努力奋斗达到预定的结果。这一点被广泛地认为是马克思主义理论的一个问题。因为马克思主义把无产阶级的胜利作为科学的预言提出来，并为人们在阶级斗争中分配了固定的角色，它很难解释中产阶级的地位，就像马克思和恩格斯他们自己一样，支持工人阶级反对他们自己的利益和阶级关系。同样，也很难理解鼓舞人们参加政治斗争的观点，因为胜利是被保证了的。然而，马克思主义从来没有对这条道路感到失望，它从来都是一个运动、一项事业和一种意识形态，不仅仅是一种历史的理论。解决这种紧张状态的矛盾方法是，把政治活动看成是旨在向另一种社会秩序转变的"缩短和减轻阵痛"的易于理解的行为。同样，它与马克思自己的决定论假设相矛盾，这恰恰证明，甚至是强有力的历史分析在某种程度上必须认识到个人行为的贡献。

19

要用以说明马克思和恩格斯个人在宣扬共产主义中所扮演的角色问题，体现了社会科学普遍存在的问题中的一个例子：调查者或评论者来自某一特定的社会背景或以特定的生活方式生活。一些人或许会说，结果，他们不能真正把自己从他们自己所构建世界的方式中分离出来；他们只能在他们自己的重要观念结构中行动。在它最近的阶段，对被歪曲的可能性的敏感导致了相对主义的蔓延：后现代主义者对真理观的拒斥。这是一种根植于社会学一个特别方面的挑战，解释的方式被看作知识的社会学。根据这种社会学的观察，基本的认识论问题不再是"这是真的吗？"，而是"是谁说的？"，"在这个观点背后，有什么权力集团？"或者，像阿拉斯戴尔·麦金太尔在他的书名中所表达的"谁之正义？何种合理性？"[20]。像这样更宽泛的问题超出了自由问题的范围，但是它们深留在今天种种更复杂的决定论形式中间。在这些形式中，最根本和最复杂的是把基因成分加入决定论酿造物中的社会的解释方式。

 ## 基因决定论和社会生物学

尽管社会学主要通过"教养"或环境的字眼来寻求解释的方式，它开始与日益深化的、对"天性"或禀赋的认识相冲突。很久以来就有一种流行的观点，认为音乐的和数学的能力是遗传的特性。即使与音乐和数学能力相关的基因链在含义上不会引起人们的争论，但在基因学中的新发现仍在把这类解释的界限扩展到一个更成问题的道路上去。随着同性恋和犯罪基因的发现，引起了新的伦理学上的两难问题，甚至更严格的决定论形式，这为伦理学或个性的发展留下了很小，甚至没有留下任何空间。以生物学为基础，这种决定论形式从外在解释转向了内在解释，然而，它并不试图恢复自我意志的观念。这一点在基因因素发展为犯罪行为和变态行为的借口时表现得特别明显。但是尽管那些从环境因素寻求解释的人，通常把不幸福的童年和成长中受到过虐待看成是量刑时可以考虑的因素，但是人们很少接受仅仅说某人"天生"就是罪犯的借口——特别是当这个人生活条件优裕却仍然选择了冷酷地杀人的时候。而在受过虐待的情况下，人们倾向于把这些因素看成是使个人做了他本不想做的事情。但是在后一种情况下，如果说某事不是一个人自己的错，那么"人"在这里的意义就不甚清楚了。因为人是通过他的特征和个性来定义的，而不是仅仅通过他们偶然发生的事来定义的。避免这些问题的一条途径是提出一个更具限制性的问题：不是去寻求一种对人性的一般理解，而是仅仅问某类特定的行为能否通过表扬、谴责、奖励或惩罚加以影响或改变，包括关进监狱或其他的威胁手段。毕竟，这些因素一定起到了部分的作用，因为仅有"内在的"解释通常是不够的。每个人都这样或那样地受到外在于他们的东西的影响，同时，还受到他们自己的愿望或冲动的影响。这就像人们学习语言时的情况：每个人都有学习一种语言的支配权，但是学习哪一种语言取决于他们生活在哪里和他们听到的是哪种语言。因此，禀赋和环境肯定都起了作用。

然而，很有理由认为那种把天性与背景相结合就可以解释人的一切行为的假设是"最坏的脚本"。但即使是最坏的脚本也并不必然与自由相矛盾。之所以这样的原因，同样也存在于基因学的知识中。但这次涉及的是它所提供的关于个人之间广泛的变化的证据。这种极端的变化意味着没有两个人是一样的——据说，人类的个体是 60 亿条基因信息的产物。曾有人谈到拿破仑是由自然力打破了模子而制造出来的。但这对于每个普通的个人而言都是不可能的，事实上并不存在铸造人的模子。因此在科学中发现的普遍定律不能简单地运用于人。因果律的发现依赖于把很多的事件汇集在一起——显然不能仅仅只有一件事。而且，这些因果律要求绝对的实验可重复性。一旦变项中涉及任何变化，当然包括实验的对象发生的任何重要变化，都会导致结果的变化和实验的无效。　*21*

那么，人的纯粹个体性就意味着任何一般的基于个别情况的规则、方式或法律都不能被应用，因此在任何损害个体选择和个体行为的自由的意义上，它们都不是规则、方式和法律。确实，发展了的基因学可能导致一个决定论的观点，但是，人们在决定论中看出的威胁是发现他们自己属于这样一类存在，而宽泛的、不可改变的因果律适用于这类存在。"律"如果只影响一个人，那么就根本不是什么规律了。有人可能会说，个体的个体性恰恰反驳了决定论。至于预见的可能性，因为每一个基因类型都是独特的，要预测任何个人在任何特定的环境中想要做的事情根本就是不可能的。人们把基因看成是与他们自己相分离的东西，推动他们前进——是一个人内部的小人。但是谁是被推动的人？我们仅仅是物理存在物——是我们的东西就是属于我们的东西。没有"其他"人推动着"这个"人。统计的方式既有趣又能传达信息，但没必要使任何特定的人都按照一种预测的方式对某一形势做出反应。个人可能或者构成一种趋势的一部分，或者成为某一趋势的例外。选择是他们的责任，当选择成为道德选择时，道德就是他们的责任。

还有另一种思考弱化了的决定论：这些原理，每一个原理都声称要解释人性，都认为自己提供了对人性和人的行为的彻底说明。但是，尽管每个原理都声称提供了整个真理，但他们的各种过程或议程本质上却是互不相容的。他们不可能全都是正确的，而这本身就足以使人对其中的任何一种断言表示怀疑。

决定论的教条还没有最终停止不前。当每一种环境和基因因素都被考虑进去时——当"天性"和"教养"都得以说明时——这种教条的保卫者可能会争辩说，必须把自由看成是虚幻的，那么至少没有给个人的自由选择留下任何空间。这是真的，但仅仅是因为这根本没有给人留下任何空间。忽视基本的特征和决定是决定论观点的一个重要步骤，但是这一步本质上是不连贯的。特别是谈到道德时，我们必须像人们所应该是的那样来考虑他们。对于道德唯一必要的自由就是对于表现道德自身本性的自由。

22 伦理问题更可能通过诉诸那种使道德选择成为可能性的自由而得以解决。一旦人们认识到，把人在某种程度上看成是从因果关系的系列中逃了出来是不必要的，而且会起到反作用。那么很显然，人的这两个基本特征——个人的独特性以及在解释任何特定个人的行为时必须参考其性格和个性中天生的方面的需要——就提供了反对大多数形式的决定论的破坏性方面的所有必要条件。人有无穷多的对条件的反应，他们的地位和特征是多种多样的，理解问题的方式是多种多样的，对条件进行反应的目的性是多种多样的——总之，这使对个人行为的普通的科学的解释，包括心理学和心理分析学，注定保留着根本的、永恒的不足。

关于自由意志的伦理学含义和社会含义

在有关自由、选择和预见的这些问题背后，存在着关于精神、物质和形而上学的复杂问题。当代哲学家伊海姆·迪尔曼总结了本能特征，包括自由意志是人的属性的观点："如果……我们是'自然界的一部分'，就不应该忘记我们也有使我们从自然界分离出来的能力或力量，正是在特定的情况下使我们克服我们自身存在的这些倾向的能力，使我们成为'自然界的一部分'。"与动物不同，我们能够讲话、思考、形成意念，能意识到并能对我们自己的倾向和动机做出反应，支持或抛弃它们。我们行动时知道我们将要达到的目的，也具有善恶观念，这种善恶观念把我们做的事做了明确的区分。[21]

这不仅仅是一个形而上学的讨论。因为说服人自己相信决定论的真理本身，就是使人失去对自己生活的掌握，使人相信自己无力影响事件的发生、发展等。这意味着关于自由意志和决定论的争论，不仅具有哲学的意义，也具有政治学、伦理学的意义。当代政治理论家米歇尔·诺威克这样提出他的观点：

> 人是地球上唯一不盲目、本能地遵循他们自己本性规律的动物，而且愿意自由地选择遵循本性规律。只有人能感到自由地做或不做他们应当做的事情的乐趣……位于自由社会生活中心的自由正是这第二类的自由——处于转折期的成人的自由。它是一种自我统治的自由，是对人自己的激情、固执、无知和自我欺骗的宽容的控制。它是一种人对自己的私人生活自我统治的自由。[22]

23

这就是为什么直到决定论这个怪物被彻底驱除后思考伦理学才成为可能。自由事关重大，因为个人的自由是伦理推理的前提。

 插曲

我可以看到艾耐克仍然不能被我的论述说服。我向他阐述了我自己的哲学传统中那些支持他的信仰的理论，他显然认为所有人都发现自己陷入一种因果关系的系列中，这种因果系列没有为自由的概念留下任何空间。我也解释到（尽管是简单地）存在多种形式的拒绝决定论理论的原因。但是我开始感到决定论是一个多头的怪兽——消灭了一种说法，另一种说法就站出来取代了它的位置。在艾耐克看来，任何事情的发生都具有必然性。当然，也有一些哲学家——例如古代的斯多葛主义者和伟大的思想家斯宾诺莎（1632—1677）——不仅确信这种观念，而且似是而非地得出结论说，自由以接受必然性为首要——自由就在于不反抗必然的东西。毫不奇怪，如果不是我为他详加解释了这些观点，艾耐克会更加敬佩他们的观点。但是，我不得不遗憾地说，他对我们争论的方式变得很不耐烦而起身离开了，把我留给了他的一个伙伴——伊高芝，一个可爱的、穿着鲜艳服装的妇女——继续辩论。她对我的观点更具同情心，因为她准备承认某种意义上的选择观。然而，结果证明，从我的观点来看是无谓的让步，因为伊高芝仅仅相信人类所做的唯一的一种选择是那些被人们认为是符合他们自己利益的选择。

◎ 注释

［1］Ayer, "Man as a subject for science", p.223.

［2］关于苏格拉底自己的论述，见 Plato's dialogue，the *Crito,* in Plato's *The Last Days of Socrates*——一个关于苏格拉底在监狱等待执行死刑时与他的一个朋友对话的记录。

［3］康德关于自由意志的论述，见 *Groundwork of the Metaphysic of Morals*，chapter 3。

［4］在早期的反对这一问题的观点中，皮拉吉斯 (Pelagius，360—431) 认为人可以通过他自己的努力获得拯救，自由意味着能在善与恶之间自由地选择。奥古斯丁 (Augustine，354—430) 反驳说，上帝的恩赐是必要的并为意志提供了自由活动的框架。皮拉吉斯最终被谴责为异教徒。

［5］这个故事在索福克勒斯的剧作《俄狄浦斯王》(Sophocles，*Oedipus Rex*) 中。

［6］关于亚里士多德和海战，见 Gale，*The Philosophy of Time*。

［7］Dummett, "Bringing about the past" in Gale, ibid. 也见 Ayer, "Can an effect precede its cause?"。

［8］这一解决方法可回溯到克利西波斯 (Chrysippus)。关于它的起源的说明，见 Berlin, "From hope and fear set free"。

［9］标准的 "相容主义者" 的解决方法。例如，见 Ayer, "Freedom and necessity", pp.271–84。

［10］Sartre, J. -P. *L'Être et le néant: essai d'ontologie phénomén-ologique,* 1943, translated as *Being and Nothingness.*

［11］Midgley, *The Ethical Primate,* p.69.

［12］Ibid., p.31.

［13］Skinner, *Beyond Freedom and Dignity,* p.101. 斯金纳 (Skinner) 继续了由美国 J.B. 沃森 (J.B.Watson, 1878—1958) 开创的行为心理学的工作。这两个人都受益于俄国心理学家巴甫洛夫的理论。巴甫洛夫的动物实验建立了条件反射的理论。行为主义者假设人这个生物体潜在地完全受外在影响的控制。他们把行为看成是被环境因素引起的，认为个体的贡献微不足道或根本就不存在。

［14］见 Chomsky, "A review of B.F. Skinner's 'Verbal Behavior'"。

［15］弗洛伊德在他后来的著作中把基本的本能划分为生 (Eros) 与死 (Thanatos)。前者包括性本能和自我保护的本能；后者包括悲观主义、野心和自我毁灭。精神由本我、自我和超我构成，由后者进行道德的判断和调控。关于弗洛伊德的理论和他的后继者们，见 Brown, *Freud and the Post Freudians*。

［16］Durkheim，*The Rules of Sociological Method,* p.141.

［17］Marx，*The German Ideology.*［马克思的《德意志意识形态》，引文参见：马克思恩格斯选集：第 1 卷 . 北京：人民出版社，2012：152。——译者注］

［18］韦伯给毛姆森 (Mommsen) 的信，注释 117，引自 Frisby，*The Positivist Dispute in German Sociology,* p.xliii。

［19］波普尔批判了马克思和弗洛伊德的决定论假设，见 *The Poverty of Historicis*。

［20］MacIntyre, *Whose Justice? Which Rationality?.*

［21］Dilham, *Mind, Brain and Behaviour,* p.135.

［22］Novak, *Awakening from Nihilism.*

第二章

人性自私吗?

- 第二次对话
- 利己主义的形式
- 伦理利己主义
- 利己主义有助于共同的善吗?
- 利他是否可能?
- 自私基因
- 插曲

第二次对话

伊高芝：你可能以为我和艾耐克持同样观点，不是这样的。我不是科学 25
家，我声明我在人的心理研究方面没有任何特殊的专长。我对一般的因果关
系问题不感兴趣。由于这个问题可能对你很重要，所以，我可以承认人类至
少有某种程度的选择的自由。但是，我坚持认为当他们实践那种自由时，总
是为了他们自己的利益。

旅行者："自己的利益"，是什么意思？

伊：嗯，坦率地讲，他们想寻求快乐，避免痛苦，也许，也可以含蓄
一点，他们想最大限度地得到自己的幸福，不想只是为了别人的缘故而做
些什么。

旅：你的意思是说，他们不会为了帮助别人而使自己陷入麻烦？他们从
来没有利他的行为？

伊：是的，他们是这样。当然，他们有时也帮助别人，但他们帮助别人
也总是为了利己的原因。

旅：所以你们的好心……

伊：……是，当然，为了追求我们自己的目的。因为你现在已经是我
们的学者和知识分子极感兴趣的课题。特别是你在总体上所显示出来的对无
私的好心、善良等等的超乎寻常的信念，这些尤其激起我们强烈的兴趣。当
然，这儿也有人有这样的思想，至于我自己，我不仅相信人的行为是自私
的，而且我认为人的行为应该以推进自己的利益为目的。毕竟，努力实现别 26
人利益制造了很多错误和误解，甚至有可能在努力无效的情况下独自承受
责难。

伊高芝的话开阔了我的眼界。她的第二个观点值得就其本身进行思考，我有必要站在她的角度上阐明我的立场。我发现区分这两种观点——人可能只是行为自私与人应该自私——是必要的，特别是在真的这样做时，我发现虽然伊高芝把自己的观点表达得连贯、有力，但实际上她的观点是相当混乱的。

✏️ 利己主义的形式

也许我们可以承认行为选择并非心灵的幻觉或者自我欺骗，但是如果最终行为选择的根据变得十分狭窄，甚至缩小为一个：利己的动机，那这种让步是否值得？围绕着利己的概念有很多种相关的理论，如快乐主义、利己主义，这些理论可能是不同的，一个重要区别是：它们是提出关于人类的伦理判断，还是阐明人类本性。焦点集中在快乐这个概念上：快乐主义者提倡一般地追求快乐，而所谓的"心理的快乐主义者"认为人们只追求快乐，在面临选择时，他们总是会选择能给自己带来更大的快乐而不是痛苦的行为。不同的人可能给同一理论贴上不同的标签，所以，对于心理利己主义，我们应当从更广泛的意义上来理解。心理利己主义认为，人们的行为只是为了推进他们自己的利益，而这种利益不必是生理上的快乐——它可能是广义上的幸福，或者甚至是自我完善的理想。最后，还有伦理利己主义，无论是从广义上说，还是从狭义上说，它都是在更开明的意义上把利己当作道德原则来提倡。

所有这些理论都可以通过它们排斥利他的可能性而得到更深刻的认识。它们都拒绝承认利他是令人满足的人类生活形式的基本条件。这不是理论上的新争论，在古代，这个争论的基本轮廓就已经勾画出来了。在柏拉图的《理想国》中，有关于正义性质的对话，苏格拉底为这样的观点辩护：正义或道德是生活中的财富和优势，最终能够带来幸福。和他对话的人提出两个难以回答的问题向他挑战。第一个问题是，如果有人很容易就能摆脱其行为的恶果，甚至进行谋杀也能逃脱惩罚，为什么他实际上不应该这样做？对话中提到的一个故事对此做了说明。有一个牧羊人名叫古阿斯，他发现了一枚神奇的指环，戴上它之后，他可以随意隐形。于是，他用这种力量开始从事奸淫、抢劫和谋杀，为了追求自己的快乐不惜让他人付出任何代价。苏格拉底要回答的是，为什么他不应该这样做，而且任何处于这种情况之中的人都不应该这样做？人们要求苏格拉底承认，任何有机会这样做的人都会这样做，这是人的本性。[1]

第二个问题进一步深化了第一个问题，而且也更难于回答得令那些认为应当追求自利的人满意。这次，人们要求苏格拉底设想两个人。其中一个人诚实、老实、正直，但他却恰恰有与之相反的声誉，因为人们把他看得如此之坏，他最终在痛苦、贫穷和不体面中死去。而另一个人却有着很好的声誉，被称为社会栋梁，但事实上他做的每一件事都极为卑劣，他腐败、不诚实，而且还犯罪。但因为别人把他看得那么好，他活得高寿、富有、有权力而且受人尊敬。甚至在他死后，他还留下了相当可观的财产，以他的名义承担了宗教仪式的费用！苏格拉底面临这样的挑战，他需要说明在这个寓言中为什么第一个人比第二个人好。

最后，他的回答是：道德与正义符合人的本性，并与之相和谐，这不是外力或人为地强加的。而恶行是与人的本性相反的、不相和谐的——与身体的疾病相类似，是灵魂的疾病。通过心理的、精神的健康与身体的健康之间的类比，苏格拉底希望表明道德的本性与幸福相和谐，没有人会被置于不得不在美德和个人幸福之间进行选择的地位。[2]苏格拉底在受审而为自己辩护时（记录在《申辩篇》中）仍然表达了他对此坚定不移的信念："好人不会遭逢恶果，诸神不会抛弃他。"[3]然而，具有讽刺意味的是，苏格拉底所做的这个讲演，正是因为他被错误地判罪并处以死刑。无疑，柏拉图是想到了这一点的，他对此做了进一步的阐释，指出无论包含了怎样的物质上的苦难，美德和幸福之间的纽带都会保持，而且，无论在物质方面得到了什么，恶行都不会和一个人的真正的幸福并存。虽然这些古代关于美德与个人幸福之间的讨论在后来基督教产生以后得到了有力的加强，但是优先考虑追求自己利益的玩世不恭的观点仍然被很多人当作生活的指导，同时，人性自私的信念也蔓延很广。

伦理利己主义

如果不是不自觉地假定了心理学的命题，很少有人会坚持推进利己追求的伦理观点。换句话说，通常是因为人们相信人是自私的，才倾向于把利己当作一个指导性的原则。然而，如果目前还有其他可能性，为什么要所有人都追求一己私利呢？为什么应当把利己的原则推广到别人身上？至少，任何一个提倡这一原则的人都愚蠢地提了错误的建议，因为如果人人都听从这个建议，那么，只要他们的利益发生冲突，提这个建议的人的利益一定会受到损害。这既是一个逻辑的难题，也是一个实践的难题。伦理利己主义者一定是假定他们自己的——个人利益处于道德世界的中心，这样，他们才会相信其他人也应该追求这些——他们自己的——个人利益。但是，如果伦理利己主义是一个可以一般化的理论，它就只能被建构为每一个人都应该追求他自己的利益。

这个矛盾显然使伦理利己主义者不可能成为给人们提供道德意见的顾问。如果你问他们你是否应该给一个慈善机构捐一点钱，或者你是否应该进行离婚起诉，是否应该参加政治游行，很难说你得到的回答是对你有利，还是对他们自己有利。要求他们说清这个问题也没有任何用处，因为你从来不可能确定你得到的回答是不是诚实的，毕竟这也依赖于他们是否从自己的利益出发来看诚实这个美德。如果他们说，"做对你最有利的事"，这仍然有问题。"做对你最有利的事"，有时这当然是一个很好的建议。对于像"我是不是应该找一个新的住处"，或者"我是不是应该换一个新工作"之类的问题，它可能很管用；但是，对于像"我是不是应该为了得到共同购买的彼此互为受益人的人寿保险，而安排杀掉我的商业伙伴"这类问题，看起来它就不是最好的回答了。这是因为伦理利己主义不可能作为一个可一般化的伦理学理论发挥作用。

对一般性的理论不感兴趣的人，仍然可能把追求利己作为他们自己的指导性的道德原则。例如，意大利哲学家尼古拉·马基雅弗利（1469—1527）就认为统治者最好还是把自利作为道德原则。[4]即使这样，也仍然有人反对接受这一原则。首先，英国哲学家亨利·西季威克（1838—1900）提出了快乐主义悖论——快乐的欲望过于强烈了，就会使原来的目的受到挫折。[5]
如果学习、事业、运动、艺术能够产生快乐，所有这些都需要具有直接吸
引力，以其本身的魅力激起人们的热情。只是为了娱乐而沉溺其中，可能无
法找到乐趣。需要指出的是，也有其他的理想，至少是可供考虑的同等的想
法——例如善良、尊重他人的权利和自我牺牲——应用这些理想的实践结果
远比利己主义的实践结果更适合道德的一般意义。

利己主义者的家人、朋友也可能赞同利己主义，他们对利己主义者来
说是很重要的，可能会被这一理论所吸引。当然，一些人也会在这里发现
另一个隐藏的悖论，或者至少是看法的错误。人们可能认为关心这些最亲近
的"他人"是另一种形式的利己主义。事实并非如此。把一个人的利益和他
的家庭以及他所供养的人视为一体的观点属于人类早期的思想，那时人们不
认为妻子和孩子有独立的身份。一旦他们的独立地位得到承认，关心"自己
的"家庭、朋友或者国家，都被视作利他而不是利己。

有时是出于强烈动机的考虑而提出追求自利的建议。如果什么事情是
我的利益所在，那我做这件事就有很好的理由。然而，人们很少想到，事
实上我的利益并非必然就是我眼前的快乐，而且它可能是与普通的道德更为
接近的东西。所以，甚至一个利己主义者也可能有充分的理由不自私，而是
选择得到广泛认可的善良、道德的行为，这看起来似乎是矛盾的，但确实如
此。约瑟夫·巴特勒（1692—1752）曾为这种合理利己主义的形式辩护，他
是英格兰教会大主教，也曾反驳粗糙的心理利己主义理论。他写道："虽然
美德或者正直确实在于向往和追求正确的或善良的之类的东西，然而，当我
们在冷静的时候坐下来想想，只有在确信这种追求或者其他追求的确是为了
我们的幸福，或者至少不是与之相反时，我们才可能向我们自己证明这是对
的。"[6]巴特勒区分了"冷静的"自爱和其他冲动，并在那些还没有被这种
美德所吸引的教徒们中极力提倡。

然而，这没有为彻底的利己主义原则扫清道路。因为利己主义者一定
会问，如果把这个原则作为行为准则，它是否会比传统的道德态度产生更坏
的结果。是的，正是这个信念引导着英国哲学家托马斯·霍布斯（1588—
1679）把人的自然状态描绘成战争状态，在这种状态中，"每一个人都是另

一个人的敌人……而且人们生活在孤独、贫穷、令人讨厌、野蛮、短缺之中"[7]，对霍布斯来说，是纯粹的自我保护的需要而不是为了寻求快乐，使人们必须放弃满足眼前的冲动。

在霍布斯的论断背后，有这样一个思想，人们各自自私地为人处事和成功地建立起信任与合作比较起来，前者会使他们不成比例地失去很多东西。有一个现代的难题以一种正式的结构性的方式有力地支持了这个观点。众所周知的囚徒困境有多种不同的形式，现取最为著名的一种形式叙述如下：

> 两个犯人被分别关在独立的小房间中，彼此间不能以任何方式交流信息。他们的看守分别找他们谈条件，并明确告诉他们这个条件也提供给另一个人。他们谈的条件是这样的：如果你供出你的同伴犯罪的证据，使他能够被定为主犯，只要没有足够的证据反驳你，你就将获得自由。但是这意味着另一个在押的犯人将被判死刑。如果你们都保持沉默，你们两人都得坐牢，只是判较轻的罪，坐牢的时间有限。如果你保持沉默而你的同伴告发你，你就将面临死刑。如果你们都告发对方，你们两人都将终身坐牢，毕竟这样的处罚并不比你应该受的处罚重。

这种情形可以用下表来表示。A 和 B 是这两个犯人，10 代表得到的最多，0 代表失去的最多。

表 2-1　　　　　　　　　　囚徒困境

	A 告发	A 沉默
B 告发	对二人都不利 2，2	对 B 最有利 10 对 A 最不利 0
B 沉默	对 A 最有利 10 对 B 最不利 0	对二人都有利 5，5

31　　　这个表很清楚地表明两个人都只顾自己，其结果是最不好的。对一个人最有利的情形是他一个人自私，而其他所有人都很无私，但最好的联合的原则是合作和自我约束。这一点的广泛应用随处可见，因为这是个人生活中的实际情况，人不是独自行动，也不是生活在社会真空中，而对别人的依靠往往得不到保证。有很多不大引人注目的例子。如果一个国家在海洋中拖网

捕鱼，任意捕杀幼鱼，而其他国家遵守较为严格的规则，那这个国家会有收获。但是如果其他国家都偷偷地过度捕鱼，最后鱼类资源就会逐渐减少而难以恢复。类似地，某个人可以在干旱的时候偷偷地用塑料管浇自己的园子，但是他也可能不得不忍受巨大的损失——水的供给可能完全中断——如果很多人都这么做。当然，最好的而且是唯一值得赞同的情形是，所有的人都达成一种自我约束、遵守道德规范的妥协。在非人为环境——在大多数人的社会生活中——所达成的一致，一定比使个人利益最大化处于优先地位，成为个人利己主义者只是利己主义者自己赞同的原则。一般地讲，所有这些例子表明，为了人们所注重的东西，人作为一个群体依赖于彼此的和谐与合作。[8]

利己主义有助于共同的善吗？

然而，不是每一个人都接受对利己主义的这一反问。特别是经济学家，他们可能指出，从总体上讲，利己主义是有效率的。因为人们可能更长于判断他们自己想要什么，而不是别人想要什么。这种对利己主义的实际的、经济的、政治的讨论常常归于英国理论家、《国富论》的作者亚当·斯密（1723—1790），他认为，如果每个人都追求他们自己的利益，在这个过程中就会通过一个自然的机制或者"看不见的手"产生每个人的最大利益。

斯密的理论起初起源于古典自由主义经济学，其特点是反对国家管理、控制个人的经济行为，后来扩展到为市场的运作从而为资本主义、个人主义以及现代消费社会的当前形式辩护。功利主义的经济理论家已经有长长的一队，但其创始人事实上并没有把物质上的成功与幸福等同起来。相反，他写道："财富和伟大只是一些有愚蠢用途的小事"，而"在身体的安适和心灵的平和方面，各种不同社会阶层的人都是相近的，在高速公路旁晒太阳的乞丐所拥有的安全感，国王也要为之奋斗"[9]。

不像他的后继者和批评者，亚当·斯密能够区分经济学和伦理学。在商业的世界，商业企业能够来去自由。但是不必把经济自由的企业与贪婪的富

32

豪统治，或者漠视他人生命和福祉联系在一起。

 **利他是否可能?**

最好把伦理利己主义看作在这个词的一般含义上提倡自私的理论。这种提倡意味着可以选择利己主义，而这恰恰是心理利己主义的理论所反对的。心理利己主义者无法选择，他们只能是伦理利己主义者。很明显，如果我只能追求我自己的利益，任何人要求我做别的都没有意义。所以如果利己主义的心理学形式与任何一种伦理学理论有一点相容，就会产生伦理利己主义，而伦理利己主义并不一定能产生心理利己主义。心理利己主义几乎不需要道德理论：如果人们只能选择利己的行为，那么，告诉他们什么是"应该"做的就没有什么意义。"应该"只有在真正存在选择的地方才会发生作用。或者，如传统的表述，"应该"意味着"可能"。然而，这是一个自然的过渡。如西季威克所说，"从心理学概括出伦理原则不可能有令人信服的推论，但是，心灵存在着从一个立场过渡到另一个立场的自然趋向"[10]。

心理利己主义本身是一个强有力的理论。它经常受到人们列举的反证的攻击，但是这种反证的方式难以产生有决定作用的反驳。例如，阿尔伯特·施韦泽和特蕾莎修女，这些人的生活显然是无私地为他人福利而奔忙，并且不求回报的缩影，但这却成为一些作品所指责的主题，这些作品把他们的行为看作是寻找自我和自我服务。但这种力量——使人们无法对它进行反驳，正是这个理论的弱点。因为最终人们会清楚地认识到心理利己主义排除了利他的逻辑可能性。

原因是很复杂的。首先，这常常产生于对语言的误解。心理利己主义者不承认人对特定的东西的需要——如食品、饮料、性、温暖、锻炼、信息、心灵的平和、报复或幸福或他人的不幸，他们认为只有对可能的客体的欲望才是某种欲望，或者只有可能得到的东西（如欲望、快乐、满足）才是我自己想到的。但是存在一个被人们忽略的事实，"欲望""想"这些动词可能的客体是存在一个总体范围的。利己主义者在欲望和欲望的客体之间设置了一

33

个空无所有的同义反复的障碍，只不过这个障碍处于有关动机的心理学观点的伪装之下。

这个对语言的误解通常与对事实理解的混乱联系在一起。有时人们的行为确实是为了追求快乐，但这里有一个非常普通的区别，例如，一个普通人吃是为了活着，而一个美食家活着是为了吃，前者想要食物，后者想要餐桌上的快乐。完全不合文法的利己主义者可能宣称后者是标准。但是，作为一个与事实有关的判断，这无疑是不可信的。这只是因为它混杂了关于语言的错误断言，任何人都"想"断言它。首先，它似乎让人永远不可能获得真正的满足感。如果人们只能把目标定位在达到快乐的状态——如果他们不可能从比如，好的食品、听音乐或者体育活动中得到直接的满足，那么每一个人都走向永远的失望。因为，只有当听音乐是能够产生满足感的活动时，你才能够从听音乐中得到快乐。而且，如果在听音乐中不可能找到直接的快乐，那么就没有理由把听音乐的快乐视为可能的直接欲望的客体。那就只可能通过听音乐的快乐之类的方式来实现它，无限地进行下去——典型地无止境地撤退的例子。

一旦这些误解消除以后，就有可能触及利己主义的真正根基。心理利己主义对很多明显的人类的无私行为或者自我牺牲有强烈的兴趣，但这只是因为他们想暴露他们在这些行为的核心中所看到的自私之根。一位妇女向慈善机构慷慨捐助，"啊，好啊，"他们这么解释这件事，"你知道，这会带给她税收方面的利益。"一个人看到因为自己犯了罪而使另一人受冤枉被判刑，就去自首了，他们会这么说："让那个无辜者被判刑已经让他感到懊悔，而且他发现这比让他自己接受惩罚更糟。"一个更残酷的例子是，狄更斯的《双城记》中的西德尼·卡顿，他替别人上了断头台，他们这样解释："继续活着，与那个人死亡的事实相伴，而这又导致他们都深爱的女人忧伤，这种痛苦远远大于失去他自己的生命的痛苦。"

问题是，每个人都知道有时犬儒主义者是对的。并不是所有的慈善捐助都是纯粹的利他的结果，有时不同寻常的慷慨行为是因为心理上的焦虑。但是心理利己主义和犬儒主义是不同的。与犬儒主义者争论的问题是无私行为的经常性问题，而且这个问题最终是个人评判问题，它基于观察或某种程度上的自省——虽然在这个问题上的自省不可能是确切的，因为这些自省报告的内容通常是评判人的自省，而不是被评判的人的自省。其实，对那些声称在别人的慷慨中发现了自私的人，仔细观察他们的"慷慨"行为是很明智的，而那些认为别人很慷慨的人，更可能为他人利益着想。

心理利己主义者不像犬儒主义者，他们可能被无私的个案驳倒。对大多数人来说，出于公共精神的个人义务献血、捐献骨髓就是足够有力的反驳。人们经常显示出来的为了理想——如真理、自由或者宗教，也包括某些令人怀疑的东西，如名誉、权利等而牺牲自己的利益的愿望，这也是值得注意的。但也许巴特勒主教所指出的更有说服力的观点是，他们愿意为了消极的目标——报复、怨恨、嫉妒、愤怒而自我牺牲。他指出人们经常是自爱太少，而不是太多。"不自私"并不必然总是值得尊敬的特点，也不必然是有用的特点。

然而，如果我们承认没有必要再讨论人们是否总是被利己的原则所指导——这些例子意味着他们不是这样的，我们就需要讨论他们能否在值得尊敬和有用的意义上利他。假如能够发现令人信服的例子，那就有可能存在自我牺牲，包括牺牲生命的案例。除非信仰来生，很难理解面临死亡怎么会比其他选择更好，因为保存了生命，就有机会对付哪怕是最大的遗憾和失望。然而不一定相信来生的人有时也会选择接受死亡。例如，偶尔会有关于飞行员的可靠报告，飞机马上就要在人口稠密的地区坠毁，此时飞行员仍然在飞机上，他为了挽救受到威胁的众多人的生命放弃了自己安全跳伞的机会。不能说这样做的飞行员没有别的选择，因为在同样的情形中其他飞行员也做过并非利他的选择，也许选择了求生而使很多人丧命的飞行员以后会后悔，但毕竟还有心理疗法，还存在换一个新的社会环境开始新的生活的可能性。

所以如果有人坚持把这个事件中利他的飞行员看作利己的，那他就不是真正就事实来讨论问题。而且他们会这样来描述："飞行员想履行他的责任多于想保存生命。做你想做的事是自私，所以这个飞行员的行为是真正的自私。"这虽然是无害的没必要重复的陈词滥调，但这是"自私"一词的错误的用法。它坚持说任何人做任何事都是他"想"做的。认为简单地做事不再可能，每一个行为不得不从"想"的实际阶段或者心理体验开始，这种观点确实是一个有关事实的观点，只是没有任何证据。很可能坚信这种观点的人将有关事实的主张与那种没必要重复的陈词滥调相混淆。这种陈词滥调的标志是它没有说出任何事实，并且它肯定没有说出有关如人类的行为动机这样至关重要的伦理学问题的任何事实。

 **自私基因**

　　还有一个普遍自私的理论看起来比这些理论还难以驳倒，因为它认为追求自利的不是人类个体而是人类的基因。由于考虑到了人类会为了家庭、朋友甚至是完全陌生的人而自我牺牲的事实，这个社会生物学的普通论题比更古老的普遍自私的理论具有更大的优势。然而这种自我牺牲仍然是被解释为自私，因为这个生物学和前推理的混合物认为，人类基因要确定他自己的生存，甚至以牺牲个人为代价。这是一个难于驳倒的理论，因为很难辨识出其中可检验的观点，而且即使存在可辨识的观点，它似乎也与很多已知的事实相反。通过前文中的假定已经可以看到矛盾的事实：只有成功的基因生存下来（这里的"成功"是指生存的能力），而推进生存的策略恰恰是限制自私。

　　其他的线索也可以在这个复合的论题中解开。人类的个人行为一再被做出决定论的解释。然而，决定论的原因不是哪个人，而是人的身体的一个微小的部分，其本身没有感觉、没有认知能力——每个身体细胞的一个非常细小的部分承担着预先制定它的主人的稳定的进化发展策略的责任，就像候鸟迁徙的特点被预先做好计划，并预制在它们身体中一样。无论如何，它能够决定或者——应当是计划——去牺牲它的主人以保存种族中的其他成员。

　　但是，如果这就是这种理论，那么从人类居然乐于从事大规模的屠杀或者谋杀他们自己种族中的其他成员——携带了所有基因的男人（女人或小孩）的角度来看，在人类的程序方面显然是出了什么差错。特别是这意味着这种理论实际上是伊甸园故事的生物遗传学的版本。其中，人在所有物种中独自享有选择的自由，但他选择了坏事而不是好事。那种指导鸟的飞翔特点的本能控制能力对物种来说具有明显的自我保存的价值，但是对人类来说，

36

产生于基因影响的本能并不必然推进集团或物种的利益。对其他物种来说，自然也并没有给它们接受或拒绝基因控制的选择。但是，社会生物学家理查德·道金斯在他的《自私的基因》一书中，持这样一种观点，人类并不必然被束缚于遵从他们的基因所设定的程序。相反，他认为，人类的自然程序是能够被文化和教育所影响的。他提出："让我们努力教育人们慷慨和利他，因为我们生来是自私的。让我们了解我们自私的基因在干什么，因为我们至少可能有机会推翻他们的设计，这是其他物种从来不曾渴望的，……我们有权力否定我们与生俱来的自私的基因。"[11]

但是无论人类行为的事实是怎样的，它都无法说明"预定的程序"的运作是以他人为代价来保存基因的主人（生存的机器）——其暂时的寓所，还是以它自己为代价保存别的主人或基因携带者。第二种情况听起来很像利他，第一种则像利己。显然，这种应该以基因的形式建立起来的反应模式缺乏明晰性，这正是这个类型的理论的弱点所在——限制性的条款增加得太多时，就很难说人类的所有行为都是为不自觉的生存机制所控制的。

但是在什么意义上可以相信基因具有道德的品质？提出这样的问题是混淆了不同类型或层次的东西。是人在做决定、评价、判断，做出牺牲，特别是自我牺牲，而基因，虽然它们可能以其他方式发挥重要的作用，但正是因为他们缺乏大脑、神经系统、感觉器官以及其他所有的做出判断和行为的必要条件，在讨论有关自私与无私的问题时，应该被忽略。[12]

因此，基因的自私性不必加在利己主义者的武库中，而对伦理和心理的两种形式的利己主义的怀疑仍然存在。把人类选择的范围缩小到只为自己而奋斗的狭小限定中既不是必然的事实也不是必然的原则。人类行为动机的多样性和丰富性为人们的行为提供了足够向多方面发展的广泛性，为人们的伦理选择提供了更大范围的可能性。

利己主义所强调的是将快乐、满足、自我实现和幸福等概念作为动机的激励力量。大多数人一定会被能够使他们幸福的论断所影响，即使他们最终拒绝把它作为决定性的考虑。但是，拒绝把自己的幸福作为决定性因素来考虑的人，会强烈地受到为他人的幸福考虑的影响。

插曲

我希望我已经说服了伊高芝。当我阐述我的观点时，她总是笑着点头，似乎是愉快地表示同意，赞同我的信念和诚挚。但是我认识到无论她的真实想法是什么，她都愿意牺牲她的原则。因为激起我的对立情绪不符合她的利益，即使如我所怀疑的那样，我们之间的友谊对她并不重要。我也猜测，她喜欢向她的朋友们报告我们的谈话——也许有更正式的安排，她需要向在这些访问中承担着幕后角色的不露面的官员汇报我们的讨论的详情。

无论由于什么原因，我们所讨论的问题仍然没有解决。伊高芝偶尔会回来和我交谈，但最后总是毫无变化地转向她所遇到的一些新的例子，这些人看起来做了特别克己的自我牺牲，但近距离观察时又变成了利己。我被迫承认在多数例子中她可能是对的，但这只是向我揭示了伊高芝距离真正理解我在讨论中提出的观点还有多远：要么利他主义有着真实的可能性，或迟或早都会发现，或者至少可能发现存在这种例证；要么它是一种不可能性，但是这种不可能性只是建立在没有任何意义的关于人类的行为和自然本性的华丽辞藻的基础上。

伊高芝急于让我知道，她的观点并不必然就是她的团体中标准的观点。她说，例如，她的孪生姐妹诺米娅和菲茜娅丝经常与她讨论这些事情，她们持不同的意见。她发誓以后带她们来见我。但她说，她应该先给我一个和她父亲潘海顿谈谈的机会，他给了她很大的影响，虽然她并没有完全接受他的观点。

38

◎ **注释**

［1］这个故事见 *Republic* II 359d–362d。

［2］"但是，真的，苏格拉底，既然正义与非正义的本性都已经被发现，问这样的问题对我来说似乎很荒谬。人们认为当身体构成已经走向毁灭，世界上所有的豪华、财富和权力都不能使生命值得活着；我们能相信当我们所信奉的生活原则被打乱、被败坏，只要一个人可以为所欲为，而不是使自己免于放纵自己作恶去赢得正义和美德，这样的生命值得活着吗？"（*Republic,* IV 444）

［3］Plato, *Apology.*

［4］Machiavelli, *The Prince*.

［5］Sidgwick, *The Methods of Ethics*, p.48.

［6］Butler, *Fifteen Sermons*, sermon 11, para.20.

［7］Hobbes, *Leviathan*, part I, ch.13, pp.185-6.

［8］囚徒困境，由兰德公司 (Rand Corporation) 的 A.W. 塔克尔 (A.W. Tucker) 提出，相关讨论见 Campbell and Sowden, *Paradoxes of Rationality*。很多关于这个主题的论文发表，见 *Journal of Conflict Resolution*。

［9］Smith, *Moral Sentiments*, part iv, chap.i.

［10］Sidgwick, *The Methods of Ethics*, p.42.

［11］Dawkins, *The Selfish Gene*, pp.3, 215.

［12］Midgley, "Gene-juggling", pp.439-58.

第三章

追求幸福

- 第三次对话

- 增进幸福

- 功利与原则

- 功利计算的问题

- 结果或期望的结果

- 产生幸福的规则

- 幸福的类型——质量或数量?

- 理性的幸福

- 理想功利主义

- 含义丰富的幸福概念或多元价值?

- 目的和手段

- 陈旧的权宜阶梯

- 插曲

第三次对话

潘海顿：我女儿告诉我，你是一个很健谈的人，对问题的论述很有说服力，但从我所听到的东西来看，在你的观点的核心有一个断裂带——如果所有的人都追求个人利益，告诉他们应该做什么就没有任何意义。相反，我认为，应该让每个人追求共同的利益，即所有人的幸福。

旅行者：那么，我是不是可以认为你不同意伊高芝所说的每个人都是利己的？

潘：相反，我绝对同意她。每个人都是为了他们自己的利益的。解决这个难题需要兜一个圈子，不过，看起来你是迷失了。

旅：这怎么可能呢？你所说的两件事是不协调的：一个似乎是关于人类动机的一般原则——关于激励人行动的心理学理论。另一个是我们所说的伦理学原则——关于人们应该做什么——而不是他们事实上做了什么的理论。

潘：我没有讨论那个问题。

旅：那么我可以只重复我对伊高芝所说的话了。告诉人们应该做他们不能做的事情没有任何意义。比如，也许我应该离开这个地方，但是我没有办法……

潘：好吧，无论我的两个观点是否协调，都依赖于人们选择怎样把事情组织起来。你所说的亚当·斯密的观点给我留下了很深的印象——当每个人追求各自的利益，加起来就是所有人追求共同的利益。你提到了"看不见的手"，对我来说这似乎太神奇了，如果你能原谅我这样说。不，我喜欢能够对事情起到推动作用。

旅：你是什么意思？

39

40

> 潘：嗯，我认为我们不得不进行更广泛的思考。我承认我不喜欢艾洛依社会的很多事情。但很多错的东西可以通过适当的法律把它纠正过来。假设一个人嫉妒他的邻居，而这个邻居有他想要的东西。因为人们确实是追求他们自己的快乐，对这个人来说，简单的自然倾向是拿走他想要的东西——如果必要的话，使用武力甚至杀死邻居。但是如果能建立起一套法律体系，通过有效的处罚和人们对被处罚的恐惧来迫使人们遵从法律，这样会改变选择犯罪的比例。
>
> 旅：我明白。快乐与痛苦会发生力量对比的转换，这样符合人们的私利的东西也就发生了变化，它最终会与公共利益相匹配。

我想告诉潘海顿，他的思想与英国哲学家与法学家杰里米·边沁（1748—1832）的思想非常接近，他们的外表也惊人地相似。我是怎么知道的呢？嗯，我不只是看过边沁的画像，而且见过他本人的相貌。边沁生前以一种奇怪的姿势对自己的遗体做了安排，在他死后，他的遗体保存了下来，并在伦敦的大学展出。我很轻易地就能想象得出潘海顿做那种事情的情形！

把边沁说成是功利主义的创始人是错的，但他是第一个全面系统地表述它的人，并且他把最大多数人的最大幸福变成一个非常著名的口号。他与他的后继者不同，他不希望慈善的动机承担任何有意义的角色——到目前为止，这正是我和伊高芝所讨论的，我猜测，潘海顿是支持她的。由于功利主义在我的国家的政治、伦理、经济、法律方面发挥着并仍将发挥着重要作用，我想应该向潘海顿介绍这一理论的真实轮廓，以及著名的反对它的理论。

 **增进幸福**

在世界上，道德是不是一个能够不断提高幸福总量的东西呢？乍看起来
41 这是一个不错的目标。事实上，如果更多有权力和影响力的人——领导者、政治家以及做计划的人——能够把它作为他们的指导原则，这会有力地改善

不诚实、腐败或者在世界上很多地方都存在的把财政目的作为制定政策时的看不见的指导者等一系列相关状况。功利主义理论认为，这确实是道德的本质——说某一行为是正当的就意味着它是会产生幸福的；说某一事物（事件的状态）是善的就是说它能够产生幸福或者给人以满足；而人们称为正当的行为——人们应该选择的行为——是在所有的选择中可能产生最大幸福的行为。如此这般，功利主义定义了人们所说的善、恶、正当、不当等术语的含义。正因为功利主义做了这些定义，人们通常把功利主义当作规范的理论——一种关于什么是善的理论，一种关于人们应该做什么的建议。以这种方式来解释，功利主义表达了这样的观点，正当行为是从幸福的角度来看能够产生最好结果的行为。

幸福是一个过于宽泛的概念，毕竟，什么能够使人幸福还需要进一步的说明，所以幸福对于一种理论来说不是最基本的。虽然这个术语为早期的功利主义者所偏爱，但当代的功利主义者更愿意谈到满足欲望或者偏好，更愿意谈到福利的最大化。对于原始版功利主义而言，要说的是，由于偏好可能是个人的癖好或者是愚蠢的、有害的，功利主义不支持这种选择，所以它需要寻找阐明非个人化观点的方法，一种"理想的选择"状态。还有一种对现代功利主义变异的反对意见。谈偏好就使功利主义失去了由关注目标和外在形势的特点转到关注内在心理特征而产生的主要优点。谈福利可以避免这一点，但是又产生了不同的问题，即什么是组成福利的利益这一问题易引起争论，需要在此问题上达成一致。

所有的功利主义流派都试图在社会和政治范围内寻求提供伦理决策的科学，以及通过精确的定量和统计的可检验的解决问题的实践方法。它宣称是一种理性的理论，把追求可行的最好选择的策略当作理性的标准。正是这一点使功利主义的伦理规范可能更符合立法者和经济学者的口味。被莱斯利·斯蒂芬称为"立法的动物"的边沁，精心设计了从快乐和痛苦的七个维度展开的"快乐的计量"。这七个维度是：强度（快乐与痛苦有多强烈）、持久性（持续多长时间）、确定性（产生这种感觉的可能性有多大）、迫近性（还有多久发生）、继生性（如果是快乐的，是否继之而来的也是同种感觉？）、纯度（是否可能继之而来相反的感觉？）、范围（它能够影响多少人？）[1]。如果考虑是否重新开始吸烟或者忌烟，或考虑是否接受聚会上供给的毒品货样，都可以通过问这样的事是不是值得之类的问题，实际地完成一个计算程序。在公共领域把这种计算固定下来，就变成了经济学家的成本效益分析的策略。

功利与原则

但是，从道德的观点看，把产生一般幸福的非自私的目的作为正当与不当的标准存在着引人注意的漏洞。这就是，虽然这样的标准可能在伦理上比真正纯粹的自私优越，但对幸福的追求仍然有时与直觉的道德判断相冲突。特别是，幸福的追求很容易与公正的要求相反。想到这样的情形并不难，大多数人的幸福可能通过故意对少数人的不公而得到，可能由个人来当这个替罪羊，也可能是一个集团。比如，出于对恐怖分子的炸弹战役的气愤，公民有爆发骚乱的危险，而人们相信某个被捕的罪犯安装了最后一枚炸弹也是讲得通的，并且对这个罪犯的处理可以控制局势，那么此时当局尽快处理这件事要比对是否有证据大惊小怪好得多。又如，如果社会中的大多数人憎恨少数种族或少数教派，大多数人的幸福完全可以通过驱逐少数人得到，尽管这是不公正的。信守诺言也是一样，有时它产生的不幸多于幸福，这样，在任何条件下让功利主义者来判断是否应该遵守诺言都是很困难的。然而，如果诺言有一点点意义，它们都一定会比权宜之计获得优先的考虑。无论违背诺言对大多数人有多大利益，在事后都会留下背叛和不正义的感觉。

所以根据行为的最终结果来衡量行为的正当与否，这与以行为本身的性质为标准有很大的区别。由于前者与结果有关而被称为效果论或目的论伦理学，后者被称为义务论——这种伦理学根据行为本身正当与否判断其性质，与其结果无关。这就是把善当作人们的某种目标，与把善当作达到最终目标的方法，无论其目标是什么，二者之间的区别，这也是根据行为的结果判断其正当与否，与根据行为性质判断其正当与否的区别。

43

试想，在一种情境中说谎可以产生总体上有利的效果。普通人在类似的情形中，会无条件地赞同真诚，不会把它当作可以根据情况而简单地抛弃的东西。而功利主义者似乎会致力于比较一下诚实和欺骗这两种方法中，哪一种会影响每个相关的人的幸福，然后才能得出什么是应该做的事情的结论。不必把谁是相关者的问题看得太狭窄，只要在计算中只考虑实际的后果，功利主义者就可能允许将最多的特定直接相关者的幸福置于进行更长远的和一般的考虑之后。由于边沁对"与功利相反的原则"不予采纳，看起来他不会不同意对这个问题的阐释，特别是在谈到正义时，他说它"只是一个想象的工具，用于在某种场合以某种方法促进仁慈的目的"[2]。

✏️ 功利计算的问题

对功利主义来说，这是最基本的困难。但是，当功利主义触及应用的细节问题时，会有更多的进一步的现实问题。如果人类幸福是一个真正涵盖一切的术语，那么可以断定它包含全人类的幸福，包含过去的人（必须承认关于他们的幸福我们已不能再做任何事）、现在的人和将来的人的幸福。然而将来的人一定在数量上大大超过我们，而且谁能说出他们的欲望和偏好？对任何人来说，即使只把现在世界上的人类的幸福作为计算的基础，计算他们的幸福也是不可能的。如果取一些更为有限参考群体，那应该是家庭、朋友、阶级、民族或种族吗？对这个问题的不同回答会使计算的结果有很大的差别。

不过，对一些人或关系的考虑确实应该比对其他人或关系的考虑多一些。配偶、孩子、父母的幸福看起来应该比同事或熟人的幸福计数更大，即使他们的需要比这些近亲的需要更迫切、更重要。比如，某人知道她的一个熟人有债务困难，她可以精打细算，把花在给孩子的生日礼物上的钱节约下来，用来资助这个熟人，这样这个熟人的困难就能得到解决。尽管生日礼物似乎对孩子来说几乎是不需要的，但是很少有人将幸福最大化的需要解释为首先处理熟人的困难，即使他们的关系很好。

一个彻底的功利主义者可能会否认这一点，特别是从亲近的或在地域上

44

接近的关系转向考虑世界上其他地方的饥荒、营养不良、疾病和早夭等问题时更是如此。很多功利主义者认为人们应该考虑到所有的以任何方式与他们相关的人。[3]当这种观点扩展开来的时候，它的分量是太重而不是太轻，这是因为这种扩展不会停止，除非这样的功利主义者所拥有的任何东西都已经低于满足基本生活需求的水平，没有一个追求这种观点的人愿意做这样的事情。然而这并不必然是件坏事，因为人们尊重选择了这种牺牲的个人，但如果她也强迫她的家属做出同种程度的牺牲，那人们就几乎可以肯定她的道德是错误的。不承认对一个比较亲近或者承担了特别的责任的人有某种程度的偏爱似乎是不可能的。从个人的观点来看，功利主义可能要求得太多了，不只是要求人们付出金钱，也要求人们付出时间、精力，做出承诺，它所坚持的观点是，应该做的正当的事情，不是一个简单的选择，而总是唯一可能的最好选择。[4]

采纳更为普遍的原则也许还会遇到这样的困难：把功利主义计算限制在某个人有兴趣且能够影响到的情形下是有意义的。事实上，在大多数实践背景中，功利主义的计算通常限定在行为所能影响的最近、最直接的人的范围内。例如，在卫生保健的案例中，如果病人已经处于不可挽回的昏迷状态，那么功利主义在决定是否关掉维持病人生命的医疗仪器的问题时，通常会倾向于将焦点集中在病人及其亲属的利益上。与之类似，关于生育障碍的治疗和相关药物的生产问题，一般说来那些与之直接相关或相近的人的需要和利益也会产生重要的指导作用，虽然对这个问题的决定也会产生长期的"他者"——新的生命的存在，他们的利益无限地扩展到未来，而且他们可能也期望考虑他们的利益。也可以采纳一种近似的特殊方法，比如在教育的案例中，如果问题是在其父母选择的基础上是否应该允许孩子上一所超员的小学。

45

在某些情况下，功利主义理论的实践者可以选择把考虑的范围缩小到直接的参与者，范围较广的问题将不得不由管理者和立法者在更广的基础上来决定，并在某些特殊的情形下产生深远的影响。功利主义的立法者面临问题可以被描述为加总功利，经济学家会把它描述为把个人功利集合起来而形成社会功利的方法问题，换句话说，怎样能使个体的善集合起来成为全体的善。请注意，人和人是不同的，不能认为适合一个人的就一定会适合另一个人。甚至不能认为善或者利益本身是可比的，或是可以用统一的标准来衡量的。比如，怎么比较在肾衰竭的情况下能够使用透析仪器的权利与乘坐公共交通工具去超级市场、接受高等教育、享有高质量的住宿、参观艺术画廊、听歌剧或者观看主场的足球比赛的权利？

此外，边沁的追随者不是缩小计算的关注点，而是更喜欢把覆盖的范围不仅扩展到全人类，而且扩展到动物，也许还要扩展到宇宙中其他的非生命的方面。但是如果整个人类已经是一个难以计算的参照群体，那宇宙中的有情生物和其他生物就更是如此了。甚至那些希望在计算福利时把动物也包括在内的功利主义者也一定要在实践中画出一条分界线。否则，就会把每一只猫身上的跳蚤的幸福也当作猫的幸福来加以考虑。但画的线应该是非常精确的，仅仅简单地从功利主义本身出发不能做到这一点。哪些人和什么应当包含在道德领域之内或者排除在道德领域之外——那些需要给予伦理考虑并且或许也被视为有道德义务的清单——其本身就是一种道德判断，但它是一个无法在功利主义的立场上做出决定的判断。这不是说动物等的幸福不重要，只是幸福和利益的计算有如此巨大的附加成分，这会把功利主义理论本来的清晰界限拉入几乎无法挽救的数学模糊的领域中去。

但是当幸福用于先前提到的非常严格的、狭小范围的标准时会发生什么事呢？那么我们会进入不同种类的快乐计算问题的世界。行为会有眼前的结果和长远的结果，哪一种结果是决定性的？假设一个人资助一个朋友进行一次远征，去到一些遥远但据说很安全的地方看野生动物。这似乎是很好的推进幸福的项目。但是再假设一个淘气的动物袭击并伤害了这位朋友。这会不会改变对最初的邀请在道德上的赞许？那么，再试想，尽管这很离奇，这个朋友意外地在受伤的结果中得到幸福——也许一个已经离开他的崇拜者重新与他和好，因为她忽然意识到了这个人对自己生活的重要性，如果是这样，那又会发生什么呢？道德上的评价是否会又一次改变？所有这些说明了一个事实，个人行为是在池塘中激起了无限扩展其结果的涟漪的石子，如果人们相互影响的池塘具有无限性，那么人们所做的在哪一点上停止关注这些涟漪的决定必定是相当随意的。

46

结果或期望的结果

但是，如果最能打动公平的观察者的恰恰是相关的人有意要达到的结果时，在任何情况下都通过行为的结果来判断这个行为，这是否公平？如果动物的袭击是旅行的组织者存心使之发生的，或者甚至是因为他很粗心而没有采取相应的防范措施，都有理由责怪他，但是确实不是别的原因——不是因为简单的、不可预见的不幸。

看起来有两方面需要考虑，旅行的组织者的意图和他可能已经理性地预料到的最终结果。但是功利主义并不认真地对待动机，因为这样做会在某种程度上破坏功利主义学说的总体构架。功利主义关注未来，而动机和预期的结果（合理的期望）的问题涉及在当事人的心理状态下回顾过去。功利主义寻求客观性，而动机和期望属于主观世界和内在体验。

对功利主义者来说走出这种困境的方法是把对行为做判断与对人做判断区分开来——把断定行为是错误的与责备行为人区分开来。在这个远征旅行的案例中，人们可能说，组织者对所发生的事情没有责任，而以一个客观的功利主义者的观点来看，这是一件错事。然而这包含着接受两件奇怪的事情：第一，一个人有时必须因做错事而受褒扬，而为做正确的事受谴责——或者，如果你愿意换种说法，有时做错事是善的，而做正确的事却是恶的；第二，除非武断地确定了停止点，这可能不得不是一个变动不居的判断。

整个关于赞扬和责备的讨论还有另一个奇怪的特点。在某种意义上，功 利主义者总是把这些话放在引号中，因为从在功利主义理论的角度来看，赞扬和责备只有作为某种行为的激励和阻碍机制才能得到理解，事实上，如果与功利无关，那么功利主义者什么都不会说。

47

产生幸福的规则

然而，还有更激进地处理这些困难问题的方法。如果不考虑个人情况或个人行为，在更高或更概括的水平上进行幸福的考察，很多错综复杂的计算问题就可能得到解决，某些一般规则就会作为结果随之出现，因为，无论特殊案例的结果是什么，遵从这些规范在总体上就会造成一个更幸福的社会。这个理论通常被称作规则功利主义，与个案形式的行动功利主义相对照。把有限数目的一般原则作为行为指导，避免了根据每一个新案例的功利去做判断的困难。例如，人们对近亲的责任问题就可以通过公认这样一个规则得到解决，即如果从综合的、长远的观点看，人们对自己的家庭成员承担特殊的责任会产生更多的幸福，在特殊的情况下人们无法实现幸福最大化就会被认为是正当的。

这个思想可以扩展，这样得到广泛公认的道德原则即使不被视为绝对的规则，至少也被视为粗浅的常识，它也将支持鼓励遵从道德原则的社会政策，如不加思考地习惯性地遵从说真话、守诺言、不偷盗等道德原则。约翰·密尔（1806—1873）追随边沁深化、发展了功利主义学说，认为很多道德规范，特别是正义的原则可以用这种方式得到证明，而且"正义是某些道德要求的总名称，它在社会功利的尺度上处于更高的地位，并且因此与其他道德要求相比具有更重要的义务性"[5]。他说，在过去几千年里这些原则被认为是推动人类幸福的绝对的原则——无例外的原则。除此之外，密尔还认为追求幸福的意识常常会事与愿违，并相信遵守已有的道德规范从长远的观点看，可能比只是把功利作为行为的目的对于幸福更富有建设性，当然极端的情况例外。

然而，有疑问的正是这些极端的情况。例如，无辜者是否应该为阻止一个凶残的暴徒疯狂地屠杀大批无辜的人而被牺牲？他们是否应该受到严刑拷打或者被处死，如果这是唯一阻止核战争的方法？自由民主国家的情报局是否应该安排暗杀行动，以阻止对其自身存在产生威胁的政变？这些正是功利主义的试金石。但是人们提出的问题能够通过以规则功利主义代替行动功利主义来解决吗？如果一个人在任何情况下都不准备牺牲无辜者或者计划谋杀，看起来他绝不是一个功利主义者。此外，那些在某些极端的情形中能够接受牺牲诸如正义、真理等重要原则的人正是功利主义者，但他们是不是有援引某种理论的特殊形式的需要就不是很清楚了。毕竟在这些事件中所涉

48

及的是功利的坦白的计算，而且进行计算的时间和空间的范围都是存在问题的。规则功利主义只是做了较长远的打算。

幸福的类型——质量或数量？

当然，在类似的极端案例中，幸福往往被等同于无可争辩地保存生命的利益。但是，事实上，幸福的目的所涉及的准确内容并不总是这样清晰。一方面，边沁以实用的、物质的方式解释快乐的概念，并且这使快乐的计量成为可能。另一方面，密尔认为人类的幸福是比这更复杂、更理性的快乐，那么追求幸福的建议到底包含哪些内容呢？

首先，说明它不包含什么更容易一些。它不是与现实世界无关的简单的心理状态的描述。如果幸福只是对福祉的心理感觉，当然会有很多解决问题的捷径。处方药或者违禁药，都可能在环境和形势并未改变的情况下，改变对它的感觉。自从赫胥黎出版了小说《勇敢的新世界》，与小说中的麻醉性药物有同样效果的东西已经通过种种不同的方法变成了日常生活的重要部分，而且也许还可以通过心理治疗得到使用化学药品无法得到的东西。但是大多数人能够看到事实的幸福与感觉的幸福的区别，虽然对他们的选择很难有理性的证明，但他们多数会选择前者。药品实际上将会缩短寿命或者威胁生命，即使科学幻想中可以给人们提供一种可能性，即能够一生都安全、确定地产生一种幻觉，实现了所有最期望的目标，大多数人也宁愿拒绝它而愿意真实地实现部分目标。[6]

人们所期望的目标可能相当复杂和微妙。一个人希望成为歌剧演员，另一个人想种植一种特别大的菜葫芦。但在纯物质的水平上，有某种确定的利益——包括健康和一定的生活水平——人们会认为这些对幸福来说是很重要的，虽然他们可能同意没有这些东西也可能得到幸福。要求一定的基本物质生活条件的唯物主义的幸福概念不可能是很高尚的，但是在一般的政治和社会政策中，这种易理解的有限的目标优于理想主义乌托邦的追求，这些目标对于作为社会政治理论的功利主义也是合适的。但是如果功利主义作为道德理论来讨论，它就有必要寻求不那么平淡而应该更丰富、更具有人性的幸福解释，换句话说，这种理论应当是一种如密尔和摩尔所构想的那样认识到了人类追求幸福的特殊潜力的理论。

✏️ 理性的幸福

密尔的关于幸福观点体现在他对人们对古希腊哲学家伊壁鸠鲁的批评——他的哲学只适合于猪的反驳中。密尔认为，这种非难是假定人类只能有与猪同样的快乐，但快乐存在不同的种类——密尔区分了高级的快乐和低级的快乐——并且人类在总体上在各种感觉中更喜欢理性的快乐，这是密尔的理论区别于边沁的标志性的观点，边沁这样写道："快乐的质量是相同的，儿童玩的针戏①和诗同样是善的。"

密尔因为他所坚持的观点受到了批评，他立场不一贯地援引了不同于快乐标准的标准——一种超越于纯功利的标准。但是密尔的立场事实上并非不一贯，他简单地表达了一种特别的、丰富的人的本性概念，并且这对于幸福来说，是必需的。密尔相信，就像人类需要满足他们生理上的饥饿一样，人类也需要满足他们的理性需求。他也相信进行选择和展示个性时需要政治、社会自由，选择和个性必须是完整的幸福概念的基本组成部分。

50

✏️ 理想功利主义

50 年后，在维多利亚时代末期，摩尔（1873—1958）提出了功利主义的理想形式，反复重申人类的满足感比早期功利主义所假定的范围更广，更具有精神性的特征。对摩尔来说，幸福的组成要素是"意识的某种状态，这种意识可以被粗略地描述为人际交往的快乐和对美的东西的欣赏"[7]。

———————————

① 一种儿童游戏的名称。——译者注

摩尔更为重视个人性情、爱、对美的欣赏，从而提出了与密尔不同的对幸福的描述。如果密尔的观点更理性、理智，摩尔的观点则对全部的甚至是感性的生活方式有足够的建设性，以至于成为一种灵感来源——布卢姆茨伯里区的人文思想家群体的哲学支柱，这些思想家包括形形色色的令人激动的人物，如维吉尼亚·沃尔夫和伦纳德·沃尔夫夫妇、鲁珀特·布鲁克、利顿·斯特拉奇以及约翰·梅纳德·凯恩斯，等等。他们把摩尔看作维多利亚道德传统的反对者，看作一个拒绝传统规范，倡导其他的、富有美感的东西的人——考虑到他平静的、很少外出的个人生活方式，风格审慎、平实的哲学著作，这是一个令人吃惊的结果。[8]

 ## 含义丰富的幸福概念或多元价值？

功利主义的观点有一些修改的余地，以使它避免一种最粗糙的解释，为不同幸福概念留下空间。问题是，这些是否应该全部简化到"幸福"这个概念中，还是应该认识到除了幸福生活中还有其他价值。换句话说，如果自由和个性、理性的约束、对真理和爱的追求，以及美和友谊等都是有价值的，为什么不直接认为——有很多善而不是一个？

但是如果存在其他价值，除了上述列出的，还有权利、正义、公平等更具道德特色的价值，没有理由不把这些包括进去。例如，无论怎样解释，不仅在一个特定的行为中产生了多少幸福与道德相关，而且如何分配它也是与道德相关的。在分配利益时，把全部利益都分给一个人，一点都不给其他人，这是不公平的，即使在数量的感觉上幸福的总数是相等的。

当问及人们自己的行为——努力、工作、诚实——是不是使他们的幸福的水平有所不同时，公平的问题就出现了。由于某些东西属于有权享有它们的特定的个人，即使他人也许可以多享受它们一些，它们也是不能被分配的。比如，人们对他们自己的身体的态度。如果我在医院门前的台阶上昏迷了，为了研究的目的把我的身体留给医院对我来说也许是件好事，这样可能是有益的，但是我又有强烈的意向，觉得医院不应该直接带走它——毕竟，它是我的身体。

 **目的和手段**

正义、公平和权利是具有竞争力的，这对于把幸福作为优先追求的思想是一种挑战。关键的问题是，首先，幸福或好的东西一般是怎样得到的，坏的东西是怎样避免的。是不是为了达到非常希望达到的目的，任何手段都可以被证明是对的？对这个问题给以肯定回答的道德是不可信的道德，而且它是效果论的确定特征，效果论用目的来检验手段。这意味着，对效果论者来说，说谎、杀人、欺骗或者背叛不具有道德上的正当性，特别是不可能成为道德义务，这样的论断也仍然是有待讨论的问题。

有些必要的情况可能要求道德上意想不到的例外，这样的观念现在已经非常普遍，它甚至被巧妙地体现在主要的伦理政策的公共宣言中，这些宣言的意图或目标是为人们可以做什么设定道德界限。例如，海牙会议，其目的是特别要禁止战争的恐怖形式，禁止使用"足以引起不必要的痛苦的武器、投射物或物质"[9]。看起来，这个章程的条款是足够了，它取缔了毒气、凝固汽油弹、化学武器的使用，它也适用于有长期辐射影响的核武器。然而，由于大多数战争中武器将作为必要的条件被用来进行防卫以实现军事目的，"不必要的"这个词的模糊、不明显的含义就足够证明在适当的条件下使用这些武器是正当的了。

此外，大不列颠的工程学会理事会的行为规范所使用的"不必要地"（needlessly）一词也有极其相似的效果。这个规范具体指出工程师"不做，或者在他的权力范围内不允许其他人做任何事……以致不必要地污染环境"，而事实上英国工程师不可能有意污染环境。在这些规范中，"不必要"这个词的指导性是惊人的，因为言外之意，污染环境可能作为某些实践目的的必要手段而被认为是正当的，而事实上，环境污染所造成的危害看起来远比个人或财产风险更为严重。

功利主义的立场是一种尊崇以必要代替原则的立场。但是参照"必要"

52

基本上都要诉诸事实，无论是行为的特殊过程所达到的结果的事实，还是人类对那些后果的态度的心理事实。但事实并不最终决定价值，虽然它对于进行价值思考，做出道德判断可能是很重要的。如果选择了一个确定的行为过程，总是有可能以不同的道德方式回答什么是或什么将会是事情的来龙去脉。幸福的最大化原则越是解释得宽泛，越容易否定以幸福为目的的义务。也许，在面对功利的讨论时，我固执地坚持我已经发誓做别的事或者坚决主张建议我做的事是不公平的，也许我会优先选择个人幸福，而不是推动实现所有相关者的最好的结果。甚至对世界的描述，这个世界贫穷、疾病已经消除，国家之间和谐相处，也只是一种描述。还需要其他的东西以创造一个观点，从这个观点可以推出我可以做什么来实现它。

🖉 陈旧的权宜阶梯

为什么这样一个有缺点的理论——可以从事实的、逻辑的方面提出反对意见的理论——会有这么多的拥护者？因为功利主义在所有当代的理论中也许是影响最大的，被广泛地当作哲学、政治学、法学、经济学的前提。它被许多人默认为一种无可争议的社会和国际道德理论——在当代，它被想当然地与公共选择问题和社会政策联系在一起。虽然它有缺点，但它仍是很多西方哲学家的宠儿，特别是那些工作在应用领域如医疗伦理学、教育理论或者环境等领域的人。[10]

对这种普遍吸引力的解释只能是对道德的轻蔑、不耐烦和对道德的集体厌倦——也许是对把道德看得太严肃的反感。然而从近代的历史观点来看，这种对道德的否定是令人惊讶的。它表现了集体的人类记忆缺失，甚至不能从留下最深的印迹的经验中学有所得。对这个观点的最有力的压倒性的论述是二战刚刚结束时由小说家亚瑟·库斯勒提出来的。库斯勒的论述的焦点是斯科特舰长在 1912 年的南极探险中所做的救助下士埃文斯的决定，当时埃文斯已经得了病，成为探险队的负担，最后这个决定归于悲剧性的结果。库斯勒给斯科特的选择是两条道路的选择，一条是权宜之计，将埃文斯扔给狼群，从而给探险队另外4个队员以生存的希望；一条是尊重个人，拒绝暴力。在与世界刚刚经历过的黑暗事件进行比较——绥靖政治，纳粹的暴行，最后是原子弹在广岛、长崎爆炸——之后，库斯勒写道："权宜的逻辑导致道德的原子解体，——一种所有价值的放射性衰变。"最后，他这样结尾："我不能确定是否存在哲学家所称的'伦理的绝对'，但我能确定我们必须像它们确实存在那样行动。伦理学必须从功利主义的锁链下解脱出来，语言和行动必须再一次地根据它们自己的价值被评判，而不能只是服务于长远的、模糊不清的目标的代用品。这些陈旧的天梯并非把人们引向天堂。"[11]

 插曲

我讲完以后有一个短暂的停顿。由于功利主义在我的世界是占优势的，所以在介绍的最后，我的声音充满了感情色彩，潘海顿对此似乎稍稍有些尴尬。很明显，他未被我提出的任何观点所征服。事实上，很多我作为问题提出的观点，他继续看作有价值的观点，他认为是与他自己的观点一致的。我认为他对于埃文斯的命运会毫不犹豫，对我假设的昏迷的病人也是如此，而且他对国家不可能正当地使用尸体的有用部分的想法感到迷惑不解。

潘海顿只是冷静地看着我，并不直接与我讨论问题，好像我是实验标本——他说："那只是你的看法，并且我发现你们有多少看法就会有多少争论。但是让我把我的朋友波利多斯介绍给你。他对我们社会中以及边境居民的多种伦理学观点进行了特别的研究。你可能会很吃惊地了解到甚至在我们这儿也有越轨、亚文化和非正式群体。因为波利多斯相信每个人关于正当与不当、善与恶的观点都和其他人的观点一样是有价值的，所以他努力不忽略对它们的评判。自然，由于我相信我们刚刚讨论的这种理论可能解决这些伦理学问题，所以我不赞同那样，而且我也没有时间花在那些愚人的不成熟的思想上。但是，毕竟，听听波利多斯说些什么，你会发现这很有趣。"

54

◎ **注释**

[1] Bentham, *Introduction to the Principles of Morals and Legislation*.

〔2〕Ibid., ch.10.sec.XL, n.2.

〔3〕例如，见 Singer, *Practical Ethics*。全面讨论这种义务见 chapter 12, pp.213-6。

〔4〕有关动物的伦理问题的讨论，参见 chapter 12, pp.219-22。

〔5〕Mill, *Utilitarianism,* p.59.

〔6〕诺齐克描述想象的"经验的机器"认识到了这种可能性，见 Nozick, *Anarchy, State and Utopia,* p.425。

〔7〕Moore，*Principia Ethica.* 特别见 ch.6, "The ideal"。

〔8〕这段时间的一般背景以及摩尔（Moore）的影响，见 Rosenbaum, *The Bloomsbury Reader*。

〔9〕Article 23(e) of the Hague Convention No.IV (1907).

〔10〕Anscombe, "Modern moral philosophy".

〔11〕Koestler, "The dilemma of our times".

第四章

相对主义的变异

- 第四次对话
- 道德相对主义
- 道德两难
- 情感主义、后现代主义和其他形式的主观主义
- 传统和宗教
- 宽容
- 人类共同拥有什么？
- 插曲

第四次对话

波利多斯：任何人都应该认为伦理学问题只有一个答案，这种看法是令 55
人相当困惑的。以我的经验，人们对于正当与不正当、对于善与恶的意见是
不同的。正因为这些不同，我认为，像我的朋友潘海顿，就不只有一种善值
得追求，或者说在一种特定的条件下不是只有一种正当的行为。相反，有多
少人认为它们是对的就有多少种正当的行为。

旅行者：我明白你的意思，波利多斯。在我们那个世界，有一个人们熟
知的古时候的故事，这是历史学家希罗多德记述的。一些希腊的参观者被召
唤到波斯大流士王的法庭上，大流士问他们：给他们什么才能劝说他们吃自
己父亲的尸体？他们说：在世界上没有什么能使他们那样做。然后，大流士
又叫一些卡雷逊部落的成员来，他们有吃父母尸体的风俗，他问他们：给他
们多少钱可以劝说他们烧掉自己父母的尸体？他们被吓住了，要求大流士不
要谈这么恐怖的事情。

波：我一定把这个故事记在笔记里。它非常符合我要收集的资料。所
以，如果你问我关于责任和义务的问题，我宁愿简单地说，每个人应该做他
们认为他们应该做的事。我还要增加一句，我是宽容的坚定信仰者。我反对
任何形式的独断论，所以我赞成接受甚至支持其他人所做的选择。

旅：我发现你的表述不是很清楚。

波：你的意思是？ 56

旅：嗯，你的第一个观点是我们的社会所称的多元主义的基础。你指出
正当与不正当、善与恶的观念依不同地点甚至不同人的变化而变化。

波：是的，是这样。

旅：很多人愿意把它描述为一种文化的或描述的相对主义——虽然，必
须承认，把它叫作相对主义可能会增加混乱——多元主义是一个不那么含糊

的术语。但是谁能否认人们之间确实存在不同意见？如果我对此还有任何疑问，在你们的社会中我自己的观点的存在就足以使我相信这种观点了！

波：我很高兴你能赞同这种有道理的观点。

旅：是的，但是我看到你继续推论出被我们的哲学家称为规范相对主义的观点——正是因为这个原因我愿意保留这个简单的术语"相对主义"。但是无论怎样称呼它，它都表达了这样的观点：不同的理想和规范同样有效——因此，实际上个人应该遵从他们所在的群体的实践。

波：这确实是我的观点。

旅：但是，这与你刚才对我说的大不相同。那些不认同自己所属群体的观点的人呢？你似乎建议他们遵从自己的意见。

波：我想这也是我的意思。我的意思是说，"每个人都应该做他们认为应该做的事"。

旅：是，对我来说，你这个观点与认为人们应该做他们所属的群体认为正当的事是不同的——个人观点的相对主义与集团或文化的相对主义是不同的。

波：这很有趣，我想，如果必须做出选择，我宁愿选择前者。

旅：我肯定，这就像避免困难一样，非常不易。此外，还有另一件事，另外一种不同的困难。当你谈到你对宽容的责任，我注意到你似乎指一种更为直接和实在的责任，而不是你自己的理论所容许的——就是说，这种责任并不完全依赖于某个特定时间你自己的思想状态。我并不是说，这一定是件坏事，但它确实是值得注意的，在某些事情上，你似乎不介意做个独断论者。

波：呃……

57　旅：但是让我们过会儿再谈这个问题，因为我在你所说的一切背后，还看到了第三个观点——这似乎是另一种相对主义。确实，我相信一定是这样，据我所知，它被称作"元伦理学"的相对主义，意味着你不认为有一种伦理学理论比另一种伦理学理论更好，而且也不存在道德上看起来更有道理的一般规范。你是一个道德怀疑论者！

波：我不知道你是否认为这是一个粗陋的术语，但无论如何，我很高兴地赞同它。

> 旅：我明白了。但若是那样的话，我们可不可以更细致地分析一下你得出这种观点的思路？

 ## 道德相对主义

人们认为有关对错、善恶的事情是不可讨论的，仅限于某一局部的观点有时也同样是不可讨论的。这就是说，在某些时候、某些地方、某些人群中，会确立或者固定下来某个观点，这个观点可能是超越争论而成为那个集团或社会长久不变的观点。例如，有这样的社会，人们相信荣誉必须通过追究族间世仇来证明，为了复仇要杀掉无关的第三者。19 世纪的英国也和今天世界上的某些地区一样，认为对那些触犯法律的人公开执行死刑是正确、适当的处理方式。而在任何一个人类社会，性行为都很少不受规范的束缚，一些社会接受一夫多妻或一妻多夫，另一些社会坚持一夫一妻制。古代的斯巴达人似乎尊敬成功的盗贼，但轻视懦夫、优柔寡断、缺乏勇气——这种态度在今天也存在于一些都市的亚文化中，被一些传媒产品如小说、电影、戏剧心照不宣地传播着。

多元主义观念引起人们对信念和理想的多样性的关注。因为人们认识到个人的意见存在差异，所以很多人接受道德相对主义观点：正确与错误没有外在的客观尺度。确实存在道德意见，但那总是某个人的意见，或者是某个集团或社会的意见。当然，当人们试图考虑他们自己对某些困难问题的态度，或者当某人需要在两个行为过程中做出一个伦理选择时，就产生了一个问题，他们为什么而犹豫呢？他们可能认为他们正想知道什么才是应当做的正确的事情，但是根据他们自己的描述，他们可能只想知道他们自己的心灵状态——尤其是，为了掩盖这种混乱，他们可能已经捏造出来一个有用但空洞的短语"探索你自己的价值"。

58

持这种观点的人会继续得出一些矛盾的结论并不令人惊奇。首先，当思考其他人的道德见解时，他们似乎高度评价良心，即使他们没有用这个术语，因为无论他们怎样描述它，他们都相信跟从良心的指引总是对的。其

次，至于他们自己，他们得出结论，在他们坚持自己的观点时，只有非常微弱地或暂时地持有自己的观点才是正当的。因为他们把自己的道德观点看作可能的多重选择中的一种，他们厌恶企图给别人建议，或者表达对别人的行为的意见，即使碰巧别人直接要求他们给出建议。

但是难以证明这些矛盾的态度都是对的。在某种程度上，听从良心的指引这样的建议不会受到责备，这是从相关的个人的观点出发的，也要求个人对自己的观点负责，接受赞扬或承担责难。但是听从你的良心的指引这一建议是否确实是正确的，毕竟依赖于你的良心告诉你做什么。这就存在一个悖论，例如，下列论述最典型地概括了听从良心的指引总是对的观点：

每个人应该做他们自己认为应该做的事。

或者，更简短地：

做你认为对的事。

人们总是犯这样的错误，通过把这个原则和其他他们不关心的甚至认为无关紧要的道德观点相比较来检验它，比如：很多人认为不应当说谎，或者说谎总是错的。所以他们把"不要说谎"看作"做你认为对的事"这一原则的附属物。但是如果他们把另一个原则当作他们的标准——如"不要进行种族灭绝"甚至"不要做评判"——他们都不可能把这些定为居于"做你应该做的事"原则其次的原则。这里的悖论是，如果他们继续把这个原则作为最优越的原则，同时顽固地坚持种族灭绝或者评判主义都是错误的信念，他们将最终认可两个矛盾的论述：根据"每个人应该做他们自己认为应该做的事"的原则，种族灭绝是对的，但是独立地看种族灭绝，它是错的。[1]

即使不是就个人判断而言，而是涉及某个群体的，甚至某种文化或宗教的少数派的意见，也不会改变这种状况。比如，假设存在一个信仰虐待、杀害动物的仪式的派别，道德相对主义者可能会说，虐待动物一般来讲是错的，但对"那个派别的成员"来说，它是对的。或者，如果一个文化集团允许杀害女婴，相对主义者可能会说："对那种文化的成员来说，杀害女婴是对的。"但是这个附加的"对于 X 来说"在这些情况中是没有任何意义的，

59

"对于 X 来说是对的"近乎矛盾，或者至少也是人们所说的"认识论的谬误"[2]。因为"对的"展示了一个对世界开放的判断，而"对于 X 来说"立即限制了它的范围。在某些场合，这是有意义的，——它可能是义务性的，比如，对罗马天主教的修女来说就是如此，因为对她们有未婚的要求，所以，这是对于有限的群体的特殊的义务，而且这个群体的性质对这种义务做出了解释。这种义务不是就某一时间、地点的某件事而言，相反，它实际上是一个适用于选择了成为那个群体成员的人的普遍义务。

这与道德相对主义把"对、正当"说成是任何一个任意定义的群体的内部事务是不同的。对这种群体，道德相对主义与一个失去信任的观点非常接近，这个观点是：对的就是大多数人认为它对的——其失去信任的原因在于，说"X 是对的"意味着"X 是大多数人同意的"，就像伦理学的主观主义的其他形式，它改变了伦理学讨论的性质，把一个关于道德判断的事情变成了一个事实判断。由于每一个争论中有待讨论的事实变成了关于人们的态度的事实，所以它也使道德上的不同意成为不可能。而且文化或群体的相对主义者一定在某种意义上持有"对的是大多数人认为对的"的观点，因为作为一个文化群体的一员，如果我认为对的就是这个群体相信其为对的，我会发现对错只是通过数人头决定的。这里没有私人的异议或者行为越轨的空间。

与有关事实的问题相比较会使这个问题的关键点变得更为清楚。因为很容易看出存在不同意见，其中的错误意见不会排除经验主义真理的客观性。人们一度相信——而且一些人可能现在仍然相信——太阳绕着地球转，但这一事实并不意味着对这件事存在任何合理的怀疑。当然一些人可能指出地心说的信仰——地球是宇宙的中心——是一种文化或一个阶段的特征。这是事实，但是从中没有产生任何有科学意义的东西——当然与物理宇宙的排列毫无关系。所以当哲学家约翰·麦基（1917—1981）在我们的道德判断依赖于文化事实（实际的生活方式）的基础上为道德怀疑主义辩护时，毫无恶意地承认我们的道德意见事实上深受我们的环境、教养，包括经济、文化以及宗教的影响。[3]但事实上，不只是道德意见，我们所有的意见都是如此。我们所有的信仰都屈从于这种影响。

60

✏️ 道德两难

　　这种从道德分歧的可能性经由伦理的多元主义到相对主义，是一种常见的假定。奥地利哲学家路德维希·维特根斯坦（1889—1951）在一些谈话中说明了这个问题，他的朋友和同事拉什·李兹曾经要求维特根斯坦就一个丈夫被迫在他的婚姻和癌症研究的职业中做出选择的事发表评论。维特根斯坦回答说：

> 　　一些人可能问基督教伦理学对这样的问题的处理是对的还是错的。我想说这个问题没有意义。问这个问题的人可能说："假如我以不同的伦理学来看他的问题——也许是尼采的——我说，'不，他是不是会忠于她还不清楚；相反，……'这两个答案中一定有一个是对的。一定能够断定哪个是对的，哪个是错的。"
>
> 　　但是我们不知道这个决定会是什么样的——它怎样被决定，适用哪种标准，等等。比较一下这样的说法，一定能断定两种准确的标准之中哪种是正确的。我们甚至不知道问这个问题的人追求什么。[4]

　　但是在反思维特根斯坦的言论时，注意到不同道德意见的冲突并没有带来怀疑的结果是很重要的。例如，"基督教把虐待视为不当"这个陈述，是一个简单的关于事实的陈述，能够通过参考有关基督教伦理学的权威著作来确定。在伦理判断层面的重大冲突中区分出伦理学理论之间的冲突也是很重要的。例如，比较：

　　虐待是错的。

与

　　虐待是错的主张不比它不是错的主张更"有效"。

61　　在做第一个陈述时，我实际上对此做出承诺，并且向世界表达了自己对它的有效性的信仰。如果我立即对它的有效性提出质疑，我无疑是在收回我的主张。试图保持这种质疑，同时又维持关于有效性的陈述，这就变成了另一种认识论的谬误的牺牲品。如果我做第二种类型的陈述，它可能是道德哲学家或者是伦理人类学家的态度，而不是一个道德顾问的态度。即便如此，要做这个陈述我也需要有特殊的地位，事实上对我来说这个地位是不可能得到的——一个在人类的相互关系之外的、超越于道德共同体的地位。毕竟，维特根斯坦在这一点上是对的。这就像问两种准确的标准中哪种对一样，这个问题只能用第三种起决定作用的更综合、更准确的标准来回答——除了上帝或者更高级的存在，这几乎是不可能的。换句话说，它只能产生于近来被称作"无所由来的观点"（the view from nowhere），而我们自己无疑是在"某一所在"（somewhere）。[5]

　　做一种不同的类比——一个有关事实的争论——能够使讨论的问题更为清晰。当人们在离山区还有很远的路时，要他们说出两座山是否一样高是很难的。即使很近的时候也不是很容易。现在假设两个相邻国家的地理学家对这个问题意见不同。显然，这两个势均力敌的地理学家作为勤奋而负责的人无疑值得尊重和敬仰，而对他们所持的观点则不必给予同样的尊重，因为其中一个观点肯定比另一个更近于真理——存在这一事实。在很多伦理争论中，同样有这种情况。但是地理学家的例子比伦理争论更容易分离出独立的步骤来：

　　1. 认同竞争对手的存在，这是指，实际存在彼此不同意对方观点的人们。

　　2. 认同竞争的观点的存在，这是指，彼此不相容的抽象的态度。

　　3. 假定在个人基础上各种有争议的观点的持有者有被尊重的权利，这是指宽容的政治和社会原则。

　　4. 主张他们坚持的冲突的观点有同等的地位和同等的效力，并因此值得同等的尊重。

　　第四步通常被错误地看作第三步的必然结果，但实际上，没有理由尊重虚假的或者会对人产生误导的主张。[法国讽刺作家伏尔泰（1694—1778）说，"我不同意你所说的，但我誓死捍卫你说话的权利"，重视这一名言第一部分而不是第二部分是比较简单的。]尽管如此，这一系列步骤，勾画出了人们所熟悉的根据宽容的原则从事实的多元主义发展到基本上前后矛盾的相对主义的进程。

伦理相对主义被限定为主张"两个人或者两个群体可能持相反的观点，而任何一个都不错"[6]。这样，它似乎使道德冲突成为不可能的。尽管如此，仍然有很多明显的冲突，因为生活经常造成维特根斯坦所设想的那种情形。人们有时面对道德两难，感到自己屈服于两种冲突的道德要求的压力。两项义务可能对同一个人具有同等的道德约束力，而这两项义务对这个人来说又无法两全；或者两个人可能都相信自己在一种情境中负有道德责任，而这种情境又不能同时执行两个行为。一般接受的"应该"包含着"可能"的原则，与某人可能有义务做行为 A 又有义务做行为 B 而不可能两者都做的假设存在着冲突。这种情况的经典案例是两个小孩都处于危险之中，但只有一个能获救。选择救其中的一个，就不能救另一个。[7] 还有经常出现的两个行为过程在道德上都为恶的情况，然而必须选择其中之一。由于这个原因，这个问题经常被描述为脏手的问题。无论做出怎样的选择，都会留下罪恶和遗憾。[8]

人们很容易把道德两难是否存在的问题当作一个事实争论，通过举例子的方式来解决，有很多这样的例子。在最近的哲学性的文学作品中，也许最著名的道德两难问题是第二次世界大战期间有个年轻人向法国存在主义哲学家让-保罗·萨特咨询的问题。那个年轻人的问题是：他是应该撇下他的母亲去参加自由法国武装，而他的母亲已经失去了丈夫和其他儿子；还是他应该留下来，尽作为儿子的义务，但是却放弃他参加战争的爱国义务。萨特用这个例子支持他自己的哲学观点，他认为没有正确的答案，这个年轻人在这种情况下可能做出一种选择，在同样的情况下别人可能做出相反的选择，没有更对或者更错之分。这与很多哲学家，不只是亚里士多德和康德的观点形成鲜明对照，用一个评论家的话说，他们认为"最好的道德理论一定表明，要么道德要求从不真正冲突，要么这样的冲突总是能够通过找到一种正确的行为得到解决"[9]。

63 但是坚持道德判断应该在各种情况下保持一致是不是一定意味着不存在道德两难？为了回答这个问题，有必要从日常困难的、可能使人痛苦的选择中区分出真正的道德两难。人们有时确实处在考验人的道德的十字路口，但是困难的选择并不必然是真正的道德两难选择。这就是说，一方面，在道德上并非同样重要的被选项之间的选择，在严格的意义上讲并不是一个两难选

择；另一方面，虽然可能受到感情上的伤害，在无疑地同等重要的道德责任之间的选择不是一个道德的问题，就像在同样远近的引向目的地的两条路径之间的选择一样，是一个数学问题。如果布里丹的驴能够掌握这一点，它就不可能在两捆绝对相等的干草之间饿死。在这种情况下的道德挑战——特别是道德上的痛苦的原因——与评定这两种选择是否确实同样重要。如果不是，就必然有一个答案，或者一个解决方案，这就是道德上正当的行为过程。

 ## 情感主义、后现代主义和其他形式的主观主义

认为存在不能解决的道德两难是坚持道德推理的主观主义解释的自然结果。道德推理的主观主义解释在当代有很大的影响，一方面是因为马克思主义和存在主义等多种因素影响的结果，另一方面也是因为分析哲学中的反形而上学和科学定位倾向的影响。在 20 世纪初期，著名的情感主义伦理学理论使每个人成为正当与否的裁判者，在 20 世纪晚期，各种形式的后现代主义——社会学的、文学的、女权运动的、哲学的——使"立足点"统一于社会中"他者"的集体感觉。如理查德·罗蒂所写，存在"立足点的无限多元性"，其中"真理是决定的而不是发现的"[10]。同时，后现代主义倾向希望用新的、现在已经成为社会中的"他者"的那些人的美妙的联盟，取代旧的、民族的和父权制的立足点的主导地位。

这种道德的权力分析不是新现象，而且这种观点作为西方传统中最早的哲学争论被记录下来。在《理想国》中，柏拉图（公元前 428—前 348）描述了苏格拉底和斯拉斯马寇之间的谈话，斯拉斯马寇是苏格拉底哲学的反对者，他认为正当存在于社会最强者的利益之中，或者至少他们相信正当存在于他们的利益之中，并能通过法律得到加强。[11] 斯拉斯马寇观点的困难是把道德判断归结为某种事实判断的结果。这种直接的主观主义把"X 是正当的"等同于一些人或群体对 X 的态度，所以很容易受到反对。主观主义有各种形式。它可能把"X 是正当的"限定为"我同意 X"，或者"我的社会同意 X"，或者"大多数人同意 X"。但是所有这些都是事实陈述。伦理学的情

64

感主义理论通过宣称"X是正当的"不是关于某人的心理状态的陈述来避免这个困难。而且，它根本就不是陈述，而是简单地表达一种态度，也许试图在别人的心中也唤起这种态度。[12]

艾耶尔在他的《语言、真理与逻辑》一书中用简洁的语言概括了这一理论："我们将让我们自己表明，只要价值陈述是有意义的，它们就是普通的'科学的'陈述；只要它们不是科学的，它们就实在没有意义，只是无所谓真假的简单的感情的表达。"[13]

艾耶尔把这种理论作为逻辑实证主义的推论来介绍，逻辑实证主义是一般性的哲学立场，其显著的特征是把有意义的陈述限定为两类：

1. 分析陈述——这种陈述因包含的词语的意义而是真的，所以，如果它是真的，就是自明的。

2. 经验陈述，它被感觉经验与分辨它们的真假有关这一事实所界定。

后者的特征导致作为其基础的理论被更加模糊地描述为验证主义（"意义的验证理论"），在这个理论中，一个陈述是不是有意义依赖于验证它的可能性，或者甚至其意义可能正是它被验证或被兑现的方法。如果没有可信的方法来验证它，一个陈述会被认为没有确切意义。但伦理的陈述不是分析的，也不能被经验证实；这意味着它们和形而上学一样，被情感主义者归于无意义的一类。然而，由于伦理学语言有明显的用途，它不应该被一起扔掉。艾耶尔解释道：

> 我们开始于承认基本的伦理学概念是不可分析的……我们说，它们之所以不能分析的原因是它们只是伪概念。在一个观点中伦理符号的存在没有为它增加任何事实的内容。因此，如果我对某人说"你偷钱的行为是不正当的"我没有比只是简单地说"你偷了钱"陈述了任何更多的内容。在增加这个行为"是不正当的"的过程中，我没有对它做任何进一步的陈述。我只是简单地表明我对它的道德上的不同意……但在每一种作为伦理判断的普通说法中，相关的伦理的语词的作用纯粹是"情感的"。它常常用来表达对某一宾语的情感，但没有做任何关于它们的断言。[14]

65

艾耶尔承认这种理论归功于大卫·休谟（1711—1776）[15]，在休谟生活的年代，哲学家们争论情感与理智在道德中的作用，在他自己的理论中，他倾向于前者。正如他所说："宁愿毁掉整个世界也不愿损伤我的一根小手指，这并不与理智相反。"[16]与此相一致，他认为事实与价值应当分离——不可能从"是"中产生"应该"。与之相似，对当代的情感主义者来说，道德判断——在情感的理论中人们更愿意用价值判断——并不是对某事的描述的附加内容，而只是对于它的评判。这意味着两个人可能同意所有的事实而不同意相关的伦理判断。但是在对一个残酷的谋杀事实的叙述中增加"它是不正当的"确实没有增加内容——这个判断是从事实中得出的结论，不是一个外加的事实——很多反对意见认为这个理论仍有待讨论。

首先，认为存在只适用于一个人自己的道德规范是错误的，但是情感主义作为伦理学理论似乎认为某种情形下存在只适用于一个人的义务；其次，这种道德只适用唯一一种场合，它和主观主义的古老形式一样，把伦理的不同意变成了口头的争论，使道德上的有罪判决变成了易变、可变的条件，而且也不要求在适用道德分类时有任何一贯性。

它也夸大了道德语言的情感作用，没有在道德语言和单纯的宣传口号之间画出清晰的分界线。道德判断经常需要冷静评判，而不是一个仓促的反应，但是"情感的"这个词没有表示出这个要素其应有的重要性。而且道德判断与态度的关系常常比与情感的关系更为密切，所以情感主义理论的弱点是企图把着重点放在情感的言辞上，以此代替传统的主观主义把理论的着重点放在态度上，而态度正是比情感更安全、更长久的字眼。[17]

虽然当代的后现代主义的哲学基础是不同的，但可以说它是随着情感主义的原始推动而达到其逻辑的结论的。[18]然而后现代主义超越这种分析，把对一个观点的理智的赞同视为对提出这种观点的人的社会权力的服从，它把思想、争论和信仰描绘成人类权力之争的棋子。这种思想以多种复杂的形式盛行，特别是社会学家，尤其强调这种思想和理论的源流、继承性。但是哲学家 W.D. 罗斯（1877—1971）于 20 世纪 30 年代所做的评论就这种当代的论战而言仍然是贴切的："不只是有如此之多的能够被描述的、其复杂多变可以追溯历史原因的道德规范，也有道德真理的体系，像所有的真理一样

66

客观，我们对于揭示其内涵有着极大的兴趣；并且从真正的伦理学问题的观点出发，社会学的追问是简单而不中肯的。"[19]

然而社会学的态度有着广泛的吸引力，女权主义也拒绝对人类历史的包罗万象的解释：拒绝如黑格尔、马克思等人的综合展现历史过程的描述。南希·哈特索克再次强调特殊性和代表性，她写道，只有"特别的、关系之中的、众多的和有限的"东西；而另一位女权主义作家苏珊·博都则认为，出现于20世纪六七十年代的政治（而不是哲学的）运动揭示了客观、基本、中立判断是"自吹自擂和幻觉"，那个运动"不只是声明了边缘文化、不被倾听的声音以及被压抑的叙述的合法性，而且揭露了官方的解释的明晰度和不公"[20]。

由此出现了两个问题。其中之一可被称为"主体消失的案例"。后现代主义没有提供总览世界的基点，没有提供能够判明我们的思想或其他观点与真理的适应性的基础。与米歇尔·福柯（1926—1984）、罗蒂，或者与女权主义联系在一起的知识权力分析，完全依赖于能够找到判断的来源或者知识的决定者。换句话说，这种权力分析本身依赖于定位、限定和认识知识主体的能力。当然，这种分析的重点是细分，表明只有特定的人定位于特定的时间、地点。但在这里第二个问题又显现出来，它可以称为"特殊性偏好的迷惑"。因为后现代主义者攻击的焦点是自由主义的哲学和政治学所理解的个人。这个"个人"因其普遍性而被怀疑，这是从所有的时间、地点的特性中抽象出来的个人，也是从个性化的特点如种族、性别、生理和心理的禀赋中抽象出来的个人。然而这种攻击是基于流传极广的误解之上的。因为自由主义政治学理论的个人在这些诋毁者所指的意义上不是普遍的——不是明显的无特征的存在——恰恰相反，是最大的特殊性的存在，总是置于国家、政治的总部或者权力的来源的对立面。不被任何群体成员资格所定义，这个"个人"最终就是一个名单——不是一个无限的或者无尽头的名单，而是一个只能通过罗列所有过去的和现在的世界上的人类居民来耗尽的名单。

至于特殊的女权主义，后现代主义的自由是一个错误的开端，因为如果没有普遍的男性，也不可能有普遍的女性。所以（政治的）女权主义运动的基本的理论基础已经丧失了。如果共同拥有的东西只是社会性别，其本身已经淹没在种族、财富、阶级、宗教以及教育的差异中了。

 ## 传统和宗教

但是如果拒绝了各种成熟形式的激进的主观主义，那么，什么能为客观主义理论提供根据，并且它一定隐含着服从于这个根据？一些特殊的传统能否为道德提供根据？在捍卫传统的过程中，T. S. 艾略特通俗易懂地写道："当道德不再是传统和习惯的事情，……当每个人都将用心地成为他自己，个性就将变成一件极其重要的事情。"[21]言必称我的个性比只遵从现行的习惯更是一种灾难。但是，道德是一定要奴隶般地在遵从特定时间、特定地点的主导传统，还是存在某种经得起时间、地点、文化检验的肯定性和确定性？如果答案是肯定的，那么应该可以把不同的传统一一并列，使之接受道德的审查——当然，这种方法不可能从传统的角度为道德提供基础。试图使道德建立在不可估价的传统的基础上，也就再一次地走上了道德相对主义的边缘。

宗教是否能够为道德提供理论基础？世俗哲学家对这一问题的标准回答是否定的，因为宗教本身最终还依赖于终极道德判断——掌握最后的道德权力的上帝的善性的判断。如果这种观点是正确的，它意味着把道德建立在宗教基础上的企图本质上是一个循环论证。但是把当代主要的宗教与道德体系紧密地联系起来是有意义的，虽然这可能是出于对宗教信仰本质的误解而产生的虚假逻辑。宗教要求人们"信"，也同样要求人们"从"，而且宗教的伦理规范至少和对教义细节的理智赞同一样，是宗教的一个非常重要的方面。

无论如何，我们生活在一个分裂的世界，生活在被文化和宗教差异所分裂的社会，而这正是冲突和异化的重要根源。所以，如果不依赖于特殊的宗教观点，而使穿越文化和宗教领域的道德问题找到答案，这些答案在社会上和政治上将更为有效地鼓励道德的践行。对个人来说，这也可能是对那些用自己的理性能力解决道德问题，而不是简单地接受外部权威的人的最根本的个性化的回报。奥卡姆剃刀也应用于此——在这种情况中可以解释为在道德

生活成为可能之前，不要无意义地增加需要接受的观点的数量。[22] 所以如果能够找到道德的基础，它不要求信仰超验的存在，也不需要在它直接关心的问题之外的复杂学说，这就比在宗教学说中寻求基础更可取——即使世界上大多数主要的信仰引向共同的伦理规范，而且，这也是事实：那些宗教信仰很坚定的人，他们的伦理生活也将是安全的。

 宽容

对多元主义的真正意义上的认识、对文化和伦理的变动的欣赏，不是把人们引向相对主义的老路，而是能够引向一种最好的状态，即高度评价人们的宽容、他们的思想和生活方式，并且这些与体现宽容精神的生活方式相协调。宽容社会的理想——包括尊重个人，他们的希望和自由——被深深地嵌入西方的文化和传统之中。无论用伦理的、社会的还是用政治法律的术语来表达，宽容的原则都建议人们最少地干预个人或群体的信仰、观点或者对另一个人的行为。它特别地与私人空间、与划分公共和私人领域的界限联系在一起。在密尔的经典著作《论自由》中有对此界限的最著名的表述：

69
> 一个人对社会唯一负有义务的是与他人有关的行为……个人是至尊的，高于他自己，高于他的心灵和身体。[23]

密尔为自治的私人领域的辩护引出了对宽容的界限的持久争论。[24] 而这个争论起源于古希腊，在政治家伯里克利就行为自由对雅典人民发表演讲时就开始了：

> 在我们的公共生活中，在我们的私人交往中没有排他的行为。我们不怀疑其他人，如果我们的邻居做他喜欢做的事，我们也不会生气；我们也不会对之施以不豫之色，这虽不会造成任何伤害，但令人感到不快。[25]

随着自由和多样化的产生，它们确实使柏拉图成为雅典民主的批评者，虽然他批评的词句可能作为雅典民主的引人注目的写照，给人们以强烈的震撼。他说，奴隶和妇女开始看重他们自己，甚至连"狗的行为都符合谚语'像女主人，像女佣人'；而且马和驴子也养成了和所有体面的自由人一起在大街上漫步的习惯"[26]。

在类似的自由概念再一次找到哲学的表达方式之前，大约过去了2000年，这段时期处于不同的关注的背景下——16世纪的宗教战争和宗教迫害。某些观点已经被公式化，因而继续有效：真理将经过时间的检验而显现，真理最终必然胜利，无论如何，认识永无止境，永远不可能为外力所强加，由此而引申出对待观点正确的人和对待观点错误的人要同样宽容。[27]

所以，宽容本身就是一个重要的道德原则，但是不应该把它与道德相对主义混淆起来，这更为重要。在宽容中，在涉及思想的方面，人们可以充分地加以指责。因为即使是强有力的宽容原则也只是意味着不应当干预；它不意味着判定讨论中的思想或行为是对的。特别是，"宽容"一词包含着宽容者认为所要宽容的行为或者观点是错的。

人类共同拥有什么？

道德相对主义所依据的差异的观点是不是被夸大？否定存在超越于文化和其他差异的普遍价值核心的本质主义思想——诋毁人本主义启蒙的传统已经变得很时髦。但是很久以来，人类学家对于寻找人类不同"部落"的伦理信念中的共同因素充满着浓厚的兴趣。作家和人类学家克莱德·克拉克洪在20世纪50年代有一篇产生很大影响的文章，他在其中写道："人类有区别，也有一般化的东西。在人类的游行队伍中有不同的彩车，但当剥掉其文化的象征，伦理的标准是相似的。"[28]克拉克洪把共同的伦理标准的思想描述为全人类道德的思想。他写道：

70

> 虽然人类本性的特殊性表现为文化之间和同种文化的个人之间的变化，但人类的本性是普遍的。所有的价值体系都不得不对本性的世界，人类的本性是其中的一部分做出同样的让步。某些需要和动机是如此深切、普遍，以至于它们是超越于讨论的：全人类的道德表达和支持它们。[29]

如克拉克洪所指出的，每一种文化都有各自的关于谋杀的概念，以区别于死刑、战争中的杀人以及其他"可证明为正当的杀人"，但乱伦的观念、性行为的规范和父母与子女间的互相义务则是普遍的。还有其他方面的特征，如：具有基本的共同结构要素的语言，艺术、音乐、舞蹈，关于亲属的观念和义务，包括战争、家庭关系以及宗教信仰和仪式等在内的普遍的人类经验的某些广泛特征几乎可以在所有的社会中发现。还存在着克拉克洪所说的"普遍的感情"，诸如：爱、嫉妒、尊重以及对尊重的需要。

从亚里士多德以及斯多葛派以来的哲学家已经认同了共同的人性的思想。休谟认为人在任何时间、任何地点大多是一样的。卢梭（1712—1778）也以此作为他的政治哲学的基础前提。但是虽然在不同社会中存在相似性——虽然人类经验的外部特征、共享的全球环境、持续的人口增长、疾病、衰老和死亡都是共同的，然而，认为理性的一致在任何时候都不可避免仍将是错误的。但是，在部分心理学和社会学领域，这确实是符合事实的观点。从共同的人性的思想中确实可能引申出理性的一致。从哲学的观点来看，对这种可能性的确信是对下列观点的简单的信仰：人作为独立的个人思想者能够彼此认同就道德问题达成的结论，同时他们能够建构一些观点，并在面对反对或挑战时为之辩护，使人们确信这些观点与其他观点相比有着更为坚实的基础，而某些结论比其他结论更为可疑。其基础最终一定在于对人性的更为全面的理解——人类的潜力在某些条件下更有可能实现，并且服从于某些规范而不是另一些规范。

在这里将会发现事实和价值之间的联系——在人类的生理、心理、历史和政治以及社会组织的事实中，至少提供了人类可能同意分享什么利益，他们可能愿意接受对行为的怎样的束缚和限制的线索。例如，那些限制了人类的潜力的，首先是在生物学方面——通过威胁生命和健康——然后是文化上、精神上和理智上限制了人类潜力的实践或原则显然将不会广泛应用。具有最直接和当下的伦理意义的事实是简单而毋庸置疑的：对人类来说，第一位的、最重要的是他们的生物学的存在；但他们对食物、安全以及繁衍和养育后代的条件的必然需求意味着生物学领域立即扩展到了经济、社会、政治领域。

共同的人性的概念远远不是来自当代文化，它作为道德和政治思想的硕果累累的出发点，已经在斯多葛派的自然法观念中得以体现，它最早把道德与人类的概念——既不是本国公民也不是外国人，既不是男也不是女，既非奴隶也非自由民——联系起来。但这种思想在意识到风俗习惯的文化多样性之后，得到了迅速加强。它与两个进一步的观念联系在一起，第一，道德价值超越于社会和政治安排的特殊性，超越于时间和空间位置的特殊性；第二，在人类事务中将伦理置于首位。今天，在人权观念中将会找到自然法观念的后继者，它们具有这两个重要特征。

插曲

波利多斯很有礼貌地、认真地把我的话听完。也许不完全是出于礼貌，因为我相信他对于思想和争论相当感兴趣，而且我觉得他离开以后会把我向他提出的质疑掰开揉碎，然后看看他是否能在那些思想的碎片中保留一些有价值的东西，他已经明显地开始认识到他的这些思想是相当混乱的、不一致的。

当然，这并不妨碍他把这些讲给那些愿意听的人。我想，这是相对主义者的一件怪事。他们总是试图使其他人改变立场以认同他们的观点。

72

但是在我们谈话快结束的时候，另一个人也来了，虽然她并没有插进来表达意见。这就是菲茜娅，爱格的孪生姐妹之一。一个平静却给人留下深刻印象的女子，她很坚定地表达自己的观点，但听我的意见时也是一副极感兴趣的样子。我已经听说她与她的姐姐的观点不同，而且听到我最后的那些话时她不住地点头同意。

◎ **注释**

[1] 这个讨论的有关细节，见拙作 "An ethical paradox", ch.9 of Almond, *Moral Concerns*。

[2] "认识论的谬误" 这一术语被 A.D. 伍兹利（A.D. Woozley）用来描述如 "X 是真的，但我不相信它是真的"（"*x* is true but I don't believe it is"）这样的陈述，见 Phillips Griffiths, *Knowledge and Belief*。两个声明不是独立的，所以，从逻辑的观点看，它们不可能都是真的。但坚持两者都是对的，那会是很荒谬的。

[3] Mackie, *Ethics*, p.49.

[4] Rhees, "Some developments in Wittgenstein's view of ethics", pp.17–26.

[5] 见 Nagel, *The View from Nowhere*。

[6] Taylor, "Social science and ethical relativism", p.32.

[7] 关于影片《苏菲的抉择》（*Sophie's Choice*）中突出的两难问题的讨论，见 Judith Wagner De Cew, "Moral conflicts and ethical relativitism"。

[8] 出自萨特的戏剧《肮脏的手》（J.-P. Sartre, *Les Mains sales*），其中政治领导者为了事业出卖了他的朋友。

[9] Sinnott-Armstrong, *Moral Dilemmas*.

[10] Rorty, *Contingency, Irony and Solidarity*, p.51.

[11] Plato, *Republic,* Book 1.

[12] 在美国，人们总是把情感主义与 C.L. 史蒂文森（C.L. Stevenson）联系在一起，他的作品集中分析 "善"，而在英国，情感主义是与 A.J. 艾耶尔（A.J. Ayer）联系在一起的，他把分析的重点放在包含 "正当" 与 "不正当" 的句子上。

[13] Ayer, *Language, Truth and Logic,* pp.102–3.

[14] Ibid., pp.107, 108.

[15] 休谟注意到了经验主义基础的两个基本区别：关于事实的问题及关于逻辑和推理的问题，关于事实的陈述和规范（道德）的断言。

[16] Hume, *Treatise of Human Nature*, Ⅱ iii 3.

[17] R.M. 黑尔的普遍规定主义是情感主义的发展，是对情感主义中的道德词语的活力的认识。黑尔已经指出，即使是命令也有逻辑，但他主张所有的规定都有命令的成分，则把自己置于主观主义者、不可知论者的阵营中，见 R.M. Hare, *The Language of Morals*。后来黑尔保留了个人选择和决定的成分，但更加重视道德 "应该" 的理性方面，见其 *Freedom and Reason*。特别是他更强调两个基本特征：可普遍化性和规定性。这些观点得到了进一步的发展，见 *Moral Thinking* (1981)。菲利普·富特（Philippa Foot）攻击了休谟、史蒂文森、艾耶尔和黑尔的道德结论不能最

终通过讨论而证明，只能依赖于个人决定的观点。相反，她坚持认为，为了驳倒某一道德结论，你需要不同意作为其基础的证据，并不是任何证据都能发生作用，见"Moral arguments", in *Mind*, vol.67, 1959。

［18］后现代主义的基础在于 20 世纪中叶以来的法国哲学，而情感主义发源于20 世纪二三十年代维也纳的逻辑实证主义的潮流。

［19］Ross, *The Right and the Good*, pp.14–5.

［20］Bordo, "Feminism, Postmodernism and Gender Scepticism", pp.136–7.

［21］Eliot, *After Strange Gods*.

［22］奥卡姆剃刀（Ockham's Razor）是推理中的节约原则。它表述为："如无必要，勿增实体。"（Do not multiply entities needlessly.）——最好选择简单的解释而不是复杂的。

［23］Mill, *On Liberty,* p.73.

［24］Devlin, *The Enforcement of Morals,* and Hart, *Law, Liberty and Morality*.

［25］引自 *History of Greece*，p.404。

［26］Plato, *Republic,* VIII, 562.

［27］关于宽容的历史，见 Kamen, *The Rise of Toleration*。

［28］Kluckhohn, "Ethical Relativity—sic or non?", 引自 Ladd, *Ethical Relativism,* p.89。

［29］Ibid., p.93.

第五章

诉诸权利

- 第五次对话
- 道德是建立在社会契约基础之上的吗?
- 权利和正义
- 什么是权利?
- 插曲

第五次对话

菲茜娅：你刚才表达的思想对我的朋友和同伴们而言是很难理解的。而 74
你所说的"权利"观念正是我在与姐姐和父亲的对话中谈到过的观点，但
是，遗憾的是，我父亲称之为"愚蠢的见解"。

旅行者：我真高兴发现有人同意我说过的某些观点。我怀疑，我们俩都
在思考的问题是人们称之为"正义"的观念——某种与权利概念紧密联系的东
西。但是你和我有同感。显然，这里几乎没有人对这两个概念有任何感觉。

菲：是的，甚至连和我的信仰最接近的同胞姐姐诺米娅都说，如果她允
许你所说的权利概念，它也只能是人为的或人造的东西——是人们之间为了
换得来自他人的保护而牺牲部分行为自由而达成的共同约定。

旅：你确切的意思是什么？牺牲的是哪种自由？

菲：例如，从别人那里进行索取的自由，如果你很强大，你就想为了自
己的利益而索取别人。诺米娅以及家里其他成员在什么是促使人行动的动机
上持有同样的观点——作为理性主体，他们都试图最大化地满足自己，只有
当为了维护自己的需要或个人的舒适而有必要为他人做出牺牲时，他们才会
这样做。但是她退一步承认说，在一个共同体里生活，法律的实施是达到这
一目的的最好手段。

旅：我懂了。也许你愿意听一听这种观点在我们的传统中是如何形成 75
的，从中你可以看到这些观点与你的观点有什么不同。

菲：那肯定相当有意义。

道德是建立在社会契约基础之上的吗？

道德是建立在每个人与每个人之间隐含的或技术性的约定之上的吗？这样做的目的是维护一种社会生活的体制，每个人都将从中受益，但仅仅以牺牲他们自己一小部分的行为自由为代价。这种观点可以追溯到古代，在柏拉图《理想国》的第二篇，这种观点很清楚地被表达出来。苏格拉底的一个对话者名叫格鲁肯，他简单地描绘了一幅人们聚到一起来履行专家功能的图景——鞋匠用他的产品与农民交换粮食等等。但它表达的不仅仅是原始的经济理论，还为正义的起源提供了一种解释——道德是为了维护简单的社会秩序而共同约定的规则体系。正当与错误、正义与非正义被解释为那些为了相互的利益而愿意以这种方式生活在一起的人的创造。而一涉及年轻人的问题，格鲁肯认为，如果人们教育他们的孩子遵守社会传统，这仅仅是因为他们想让自己的孩子成为富裕的和成功的人物——而不是因为他们看重正义本身。

尽管社会契约观念的要素在早期的讨论中就被勾画出来，但是直到近代，从 17 世纪开始它才得以真正全面的发展。近代的概念不是很多平等的个人聚到一起来在他们之间签订契约，而是签约的一方是人民，另一方是统治者，是人民与他们的统治者或统治者们签订的契约。现代契约理论试图解释为什么每个人应当遵守统治者的命令或国家法律。它也代表了对流行理论的间断，那些理论或者从宗教权威或者从世俗权威那里寻找这些问题的答案。

托马斯·霍布斯（1588—1679）在这样的观念下回答政治义务的问题：个人一次性放弃他们的政治意志，并把它交给一个绝对的统治者，只有一个条件：因为契约的基础是自利，就不存在遵守要求牺牲自己生命的命令的义务。霍布斯把没有法律和道德的状态描绘为"自然状态"——一种"每个人与每个人的战争"。他还指出，即使是最强壮的人也不可避免地受到偷袭、攻击和谋杀，因此即使是最强壮的人在一个有秩序的社会中也能获益。同时代的另一个英国哲学家约翰·洛克（1632—1704）认为，社会契约不是一次性发生的事件，而是一个技术性的和连续的过程，需要通过人是否愿意保留在一个特定国家的疆界范围内，并受其法律统治的意愿不断地得到确认和再确认——如果他们不适合你，那么你就可以而且应当离开。

　　研究这个问题另外一个视角包含了一种更一般有关人性的概念。出生于瑞士的哲学家让雅克·卢梭（1712—1778）认为，社会契约是由一个程序代表的——多数人选举的民主体制——它保证了他所称为的普遍意志。卢梭相信多数人选举的结果即使与你投票支持的决定相反，也依然揭示出什么是你真正想要的，它和什么是你觉得你想要的恰好相对。

　　早期的社会契约论者写的似乎是在遥远的过去真正存在过的事情，尽管可能他们只是简单地喜欢这种生动的方式来表达自己的观点。但是今天的契约论者的视角是谨慎的假设，而不是历史的事实。一些当代作家用这种理论解释伦理和政治义务，这方面的争论在有关博弈论的经济和哲学的讨论中继续着。[1]

　　社会契约论在当代最有影响的发展视角是哈佛哲学家约翰·罗尔斯提出的。在《正义论》（1971年）中，他发展了一种有关正义的说明，这种说明是基于自由平等的个人之间的想象和假设的契约之上的。罗尔斯设计的方法是为了从无偏涉的视点出发得出基本的正义原则。这种无偏涉可以通过一种思考的试验而达到，在试验中潜在的社会成员在"无知之幕"后面为他们将要在其中共同生活的共同体制定出组织生活的基本原则。在这种"原初状态"下的人们被假定为，首先，是自利的；其次，是理性的。用经济学的术语讲就是"理性的合同人"。"无知之幕"使他们不知道自己将要生活在哪种特定的社会条件中——生活的偶然性使一个人富裕而另一个人贫穷，使一个人在家庭和抚养孩子方面处于优势，而使另一个人处于劣势；使一些人聪明、智慧或强壮，而使另外一些人在智力和体力上有障碍。

　　无知状态的直接结果是创造一个支持平等的前提，因为如果你不知道你将处的位置，那么，罗尔斯相信，你就想确保自己不会被任意地对待并因而比其他人的状况都糟糕。他认为，确保这种情况不发生的方法，是接受两个基本的原则。第一原则是涉及基本自由的绝对平等原则；第二原则是差别原则，它允许在社会的利益分配中存在某些不平等，以使每个人都有机会生活得比其他人好，只要允许的差异实际上是使处于最不利地位的人获利：

　　1.平等的自由原则认为，每个人对那种与所有人都拥有的类似的自由系统相容的、具有广泛的平等之基本体系，都应拥有一种平等的权利。

2. 差别原则认为，生活和经济的不平等应当这样安排，以便它们：（a）适合于最少受益者的最大利益；（b）依附于机会公平条件下的职务和地位对所有人有效。

差别原则的前半部分被称为"最低的最大限度"。它是原初状态下人们理性选择的原则，它意味着在这种情况下的理性行为的过程是，在每种选择都可能被你得到的情况下确定最坏的可能结果，然后选择那些能够使这些"最坏的结果"最好化的政策。万一在你很不幸的情况下，这可以保证你的利益。如果平等使你的贫穷超过了体制所允许的财富的极大不平等，那么你自然就会接受不平等以使自己的状况更好一些。或者，用另一种方式解释就是，在坚持平等要比坚持不平等使自己变得更加贫穷的情况下，任何关心自己最大利益的理性的人都不会再坚持平等。罗尔斯体系的一个独特之处是使两个基本原则在任何特定的情况下都没有优先权之争；相反，第一原则总是优先于第二原则，但是差别原则的后半部分要优先于前半部分。这就是说，罗尔斯相信一个理性的人首先坚持个人的自由，然后才转向经济和社会的正义问题。

78　原初状态的人们涉及分配的基本的善不仅包括收入和财富，而且也包括权利和自尊。这意味着，当两个原则的社会和政治含义很重要时，它们的伦理含义也很重要。罗尔斯写道：

> 对于一个理解并接受契约论的人而言，正义的情感不是一种不愿依照理性的个体在原初状态中所赞同的原则而行事的情感，这个原则使每个人都平等地代表着一个道德的人。它也不是一种不愿依照表达了人是自由、平等、理性的存在物本性的原则而行动的情感。对这些描述的正义的原则性回答和这一事实允许我们对正义感给出一种可以接受的解释。通过正义的理论我们理解了道德情感怎样规范我们的生活，怎样通过基于道德原则的形式条件而起作用。受这些原则支配意味着，只要从一切都被接受为合理的角度讲每个人都认为是公平的话，我们愿意与其他人一起生活。建立在这种基础上的理想的人与人之间的合作，演示着一种基于我们情感之上的自然吸引力。[2]

因此，罗尔斯把熟悉的道德原则——普通意义上的原则——看成是根据构成他理论起点的正义概念得出的。它们是"关心自己利益的自由理性的人们在起初平等的状态中愿意接受的"[3]正义原则。由于这些原则与人性相符合的事实而被证明为具有特别的合理性。这些原则彼此之间必须相一致，也必须与正义的两个原则相一致。总的来说，罗尔斯相信直接的功利计算与这种要求相冲突；而且也不必要，因为契约论本身就是试图为道德和社会正义提供一个理性的基础，这个基础是人们赞同的。他写道："因此我们的目标应当是形成一个正义的概念，无论它在多大程度上依赖伦理的或审慎的直觉，其目的是使我们思考的正义判断汇合在一起。"[4]这种反思过程的结果被罗尔斯称为"沉思的平衡"，并认为这种状态是在个体综合考虑了各种不同的概念之后达到的，无论平衡的结果是修正自己的判断还是决定坚持原来的信念。

但是一种假设的契约能够产生事实的职责吗？思考的试验在建议什么是理想的道德规范方面当然是有价值的。问题只是它是否也能证明采纳它们也是合理的。罗尔斯自己的回答很谦虚："我不认为原初状态概念本身没有道德力，或者从它得出的概念群是伦理中立的。这个问题我简单地放在一边。"他补充说他的目的不是为道德推理提供任何自明的基础，而是仅仅表明"与我们熟虑的信念中确定的观点相符合的理论要优于其他那些熟悉的理论"[5]。

然而，似乎如果契约的观念成功地在自利和道德职责之间找到了结合点的话，这只能建立在这样一些假设的基础之上，即人的正义本能比人自然的社会性更为重要。的确，他后来的著作《政治自由主义》中，罗尔斯抛弃了正义的自由理论具有普遍吸引力的观点，相反，他试图把它的应用局限在那些接受它的基本前提，特别是接受把自由置于优先地位的社会中。[6]

另一位美国当代哲学家 R.B. 布兰特提出了一种不同的心理学假设作为理论的出发点。和罗尔斯一样，他试图把道德建立在理性沉思的基础上，但是采取了一种不是很抽象的、更"显现的"和更具体的动机。[7]在罗尔斯试验其体系所得出的道德判断是否符合"我们熟悉的信念中确定的观点"的地方，布兰特认为最好把抛弃我们先在的道德观念作为起点，仅仅因为这些道德观念是根植于文化传统的，并随着时间、地点的变化而变化。在罗尔斯那里理性的契约人是无个性的、被剥夺了对个人欲望的认识的，而布兰特的"完全理性的人"则把个人的要求和欲望作为反思的出发点。

布兰特用"理性的"一词指代欲望、行为或道德体系，由于避免了来自事实和逻辑的批判、纠正而得以保留——这个过程被描述为"认知心理疗法"。它是一个进化的——也就是说，达尔文主义的——概念，因为理性的欲望是用保留这样的词汇来解释的，或者解释为经过复杂的沉思过程而保留下来的欲望。这就在布兰特的体系中产生了一个如何解释利他主义和仁慈的问题，以及如何解释出于纯粹的道德动机而行动的想法。在某种意义上，布兰特准备把先前的调节看成是一种既定的东西——一种影响认知心理疗法的结果的东西，并因此而影响一个人对"什么是理性可以接受的？"观点。在他看来，"我们为什么应当是理性的？"问题是一个关于动机的实践问题。答案是：这是最大限度满足我们的欲望的方式。因此，对布兰特和罗尔斯而言，伦理问题就是一个完全理性的人在他想要生活的社会中应当支持怎样的社会道德体系。像罗尔斯一样，布兰特相信纯粹的利己主义不能作为政策来考虑，因为从实践的基础上讲，即使是理性的利己主义者选择的体系也要能够被很多其他的人，而不仅仅只是他们自己接受。尽管布兰特相信一些规则功利主义者最符合这一要求，他的论述与契约论观点更为相似，他也试图在最终成为前提的、理论的思考中为道德寻求一个基础。正是这一点，及其依附于契约的重要性一起，构成了契约论的本质属性；又因为契约的需要来自假设的对个人自由或自律的赞同，契约论不可避免地与政治和道德的自由、权利、正义等概念联系在一起。[8]

遗憾的是，作为道德理论的契约论的这几个方面之间似乎注定保持着永久的张力。因为它取决于一种对什么是理性的人的最终利己主义的解释，契约论不能提供它似乎在寻求的道德结论的普遍性或严格性。不是建立在个人欲望基础上的作为道德绝对观念的权利和正义概念，注定要躲避那些把职责建立在社会传统之上的人。

进一步讲，如果仔细思考一下暗含着诚实、信任、守信等的传统观念，似乎预先假定了它试图证明的具有合理性的道德观念。它仅仅是对基本的道德概念的代替，当它把自己局限在强调契约的人为特征和自利的优先权的时候，也是对权利和正义概念的代替。当它试图避免这一点的时候，它就建立在一种深层的基础的感觉之上——本能的信念——在它是绝对的而不是人为的意义上讲，要优先于权利和正义。

✏️ 权利和正义

如果正义简单地被认为是社会传统，那么，它的范围就受到了极大的约束：人们所享受的权利只能在特定的社会中、在特定的法律体系下才适用。但是，是否有可能采取一种更广泛的、真正普遍性的观点呢？是否能够说那些折磨、掠夺和强暴他人的人正在侵犯别人的权利而并非正义地对待他们呢，而无论当地的法律是怎样讲的？这种可以诉诸更高追求的想法，一种更强烈的正义观念，在索福克勒斯（Sophocles）的剧作中被安提戈涅用优美的语言表达出来。安提戈涅认为不惜任何代价，她也有义务违背统治者——她的叔父的命令，因为他不允许埋葬她哥哥的尸体，她在剧中说的话经常被引用为对自然法观念的重要性的诗意的表达： *81*

> 我也不相信
>
> 你的命令具有如此的约束力
>
> 因为垂死的人能够克服它
>
> 那不可改变的来自天堂的自然法则；
>
> 不是为今天和明天而设的，
>
> 但是有其起源并将永存
>
> 何以无人知晓。[9]

它断言伦理的考虑是第一位的——在特定的情况下，它可以优先于人类法和传统——这一点也被亚里士多德以更规范的语言表达出来：

> 政治的正义有两种：一种是自然的，另一种是法律的。自然的正义是那种在任何地方都具有有效性的正义，而且不依赖于其是否被接受；法律的正义是那种首先可以采取完全不同形式的正义，但是一旦被规定下来，就是确定的了。[10]

这种能够拿自然法或普遍法与城邦现实的（正面的）法相比较的观念，不是因为当时希腊的各个部分不能欣赏彼此之间的差异性的事实而导致的。相反，正是他们自己贸易、旅行和战争的经历的结果，他们实际上敏锐地意识到，不同国家、群体之间存在着各种文化和伦理上的差异。但是一些人，如智者派的普罗塔哥拉从中得出结论说，不存在普遍的道德论断，另一些人则在传统法与普遍法——自然法——之间划分了严格的界限，前者能够随地点的改变而改变，后者则是不可改变的和非相对的。就像安提戈涅用诗意的语言所表达的那样，这是一种任何人通过良知都能达到的，它代表了诉诸一种更高的追求，根据它，会发现城邦的法或统治者的法有所缺乏。

然而在当时，没有进一步从自然法观念过渡到权利观念，其中的权利概念是很模糊的。安提戈涅埋葬哥哥的义务在现代更有可能用权利的字眼表述为他哥哥有被埋葬的权利，但是现代对权利的要求以及安提戈涅的自然法概念都指向同样更高、更广的义务和职责观念。但是如果它的起源在于对古希腊哲学的反思，那么还需要加入其他两条线索共同编织出现代的权利观念：一是罗马的"城邦法"的概念，即前面提到的纯粹地方性的习俗；二是认为个体在道德上可以直接对上帝负责的基督教信仰。而作为统治者的个人也平等地向上帝负责，这给予原本上属于伦理学的概念以一种政治学的、实际上破坏性的边界，特别是在这种情况下诉诸上帝不是诉诸拯救或权威，而不过是简单地诉诸人的良心而已。

受罗马法和基督教宗教传统的影响，以权利形式出现的自然法和正义观念对现代政治思想的确立起到了重要作用，特别是在自由传统的确立上。当权利在欧洲和美国革命中重新努力地被呼唤时，与 17、18 世纪的契约论一起，权利概念成为 18 世纪的一种实践中的政治力量。它们体现在两个重要的政治宣言中：美国《独立宣言》（1776 年），法国《人权与公民权宣言》

（1789 年）。这样，用第安切沃斯的话讲："以前律师、哲学家和政治作家用了很久的旧的词汇变成了……一种自由的原则，它为现代人准备好了对体制发起挑战。"他接着说："理性主义、个人主义和激进主义联合起来给予旧词汇以全新的意义。这种曾经促使形成了普遍的法律体系并为伦理学提供了理性基础的观念，激发了权利理论的形成，这种权利理论很难从西方人的心目中删除，并支持了它的慷慨和理想主义。"[11]

但是与这种新观念的盛行同时出现了来自新功利主义哲学的反对。具有讽刺意义的是，曾经因为对法国大革命的支持而被评为荣誉公民的边沁，就抛弃了权利的观念。他把权利看成是胡说，绝对的权利更是"无稽之谈"。在拒绝了权利之后，边沁也拒绝了正义观念："正义，如果有任何意义的话，是一种想象的角色，伪造出来为了叙述的方便，它的指令是功利的指令，被应用于特殊的情况。那么，正义无非是一种想象的工具，在一定的场合下以一定的方式为了仁慈的目的而被拿出来。"[12]

毫无疑问，部分地由于功利主义反对的结果，权利观念在 19 世纪的影响削弱了，直到 20 世纪，它才恢复了自己作为重要的道德概念和政治概念的地位。在 20 世纪，经历了那样具有规模和破坏性的战争的洗劫之后，各国纷纷联合起来制定宣言、和约和准则以保证人的权利不遭到最恶劣的践踏。联合国人权宣言（1948 年）、欧洲人权和基本自由权保障大会（1950年）就是这个目的的实践结果。

然而，在寻求和约的过程中，权利概念本身遭受了意义转变的不幸，即从拒绝考虑某种东西的道德概念转向了提出要求的概念——从宣告自由转向了提出承认其权利的要求。的确，只要通过同意加入新的权利概念——积极的而不是消极的——这些和约才得以最终达成。在旧的消极的权利为政府设定界限、保护公民不受统治者和其他公民的侵犯的地方，新的积极的权利已经把政府的角色扩展到提供各种各样的福利上。总的说来，一方面，消极的权利属于形式正义的范围——作为互利的正义概念，它构成了包括法律实施、制定政策和惩罚在内的法律体系的基础。根据这种观点，正义是盲目的——它的适用必须具有一贯性，而不是任意的。另一方面，积极的权利观念涉及善和利益的分配，因此属于社会的或分配的正义。[13]

在当代的讨论中，积极和消极的权利概念的相对反映在保护选择的权利和要求保护利益的权利的对比中。前者是一种建立在自律基础上的权利概念，保证了选择的自由；后者建立在需要和人的福利的基础上——是一种给予了各种各样的福利以权利的概念。最终，积极的和消极的权利概念——奢侈的和节制的解释——之间存在着张力，提供了对政治及伦理冲突的强调。[14] 那么什么是真正的权利？对这一概念的进一步理解是否可以解决其功能和程度的问题？

✏️ 什么是权利？

尽管很多权利体现在法律中，这并不意味着没有独立于法律的权利。的确有一种观点，在英国法学家中，尤其是在法律实证主义者中很盛行，认为权利只是在一种法律体系中规定的东西。尽管对于法官和律师而言把他们的注意力集中到这类权利上是必要的和恰当的，但是没有理由拒绝承认事实上存在着三种类型的权利：特定的法律权利；特定的道德权利；普遍的人权，它们通常被称为道德权利但并不是在任何情况下都被认为是法律权利。[15] 权利曾被（罗纳尔德·德沃金）表述为"王牌"，也被（罗伯特·诺齐克）表述为"单方约束"。[16] 但是为了更好地理解什么是权利，必须首先回答另外两个问题。

首先，有必要问这样一个问题，谁或什么可能成为权利的主体？其次，什么可能成为权利的客体？说人是权利的主体是很自然的。但是这就为医学伦理学某些领域的案例带来了问题，而这些领域得出的结论具有重大现实意义。胎儿、胚胎和不能苏醒的植物人是否拥有权利？认为他们确实有权利的判断影响着对待他们的恰当方法。因此一些人试图通过他们拥有还是缺乏某种能力来确定其是不是可能的权利主体。例如，感受痛苦的能力经常被作为这样的特征而提出来，它包括了动物但是排除了植物人和起初阶段的人作为权利的主体。

一种更广义的利益标准包括了以上提到的一些方面，但不是全部，而且还包括了自然界的某些方面，如树木和植物；而更狭义的拥有理性和选择能力的标准则可能包括一些动物，但排除了年幼的、大脑受到破坏的或不省人事的人。此外，具有获得选择能力和推理能力的潜能通常不被考虑在内，特别是涉及那些早期阶段的人的时候。有时也有人试图把这些特征汇集在一个包含了构成人的所有要素的标准中。[17]

从对这些不同的可能性的简单列举中就足够看到把权利限定在人与人之间的关系中是必要的。因为如果把这个概念扩展到广大的世界的范围，那么这个概念本身就不可避免地遭到削弱，尽管把它限定在人的世界范围内也不能防止包括所谓的"边缘现象"——精神有障碍的人、植物人和潜在的人。认为他们应当被排除在外的论点的依据是他们不具有作为人的重要特征的理性能力。然而，根据慷慨的原则而不是根据逻辑，考虑到其过去或未来的人的身份，他们仍然可以被包括在内。同样的慷慨也可以延伸到那些具有人的相关特征的高级哺乳动物身上。

这种建议也至少部分地构成了第二个问题的答案：什么可能成为权利的客体？对哪类东西可以拥有权利？因为只有当其他人的行为与保护那种权利相关时，才能有对某种东西的权利——例如，只有当纯净水成为只有特定人具有供应它的权力时，才谈得上对纯净水拥有权利。至于谈到节制的和奢侈的权利概念问题，建立在积极的而不是消极的权利之上的方法产生的问题是实践的和政治学的问题，也是哲学的问题：不可避免地，它们产生了对重税的需要，不仅是为了支持提供利益和服务，也是为了支持庞大的官僚机构来管理整个体系和安排分配。正如经济学家 F.A. 海耶克指出的，这是对自由的威胁，而自由是权利的功能所保护的。他写道："那种认为当公民的某种需要成为单一的官僚机器唯一关心的问题时，对官僚机器的民主控制就能有效地保护公民的自由的观点不过是幻想而已。"[18]但是如果这些思考能够使那些谈论权利的人的意思更加清楚，仍然存在着一个如何证明权利的合理性问题。它们是否需要单独的合理性证明？契约论似乎只能证明作为社会传统的人为产物的权利的合理性。功利主义也似乎没有为权利留下任何余地。但是后来的功利主义者，与边沁不同，曾准备接受以功利证明权利的合理性——他们说，权利是可接受的，如果它对于制造幸福是有用的话。因此，边沁愿意把法律和惩罚直接建立在功利的考虑之上，而他的后继者密尔则试图通过把正义等主要道德原则置于每天的功利计算范围之外而把正义观念整合在功利主义理论体系中。在《功利主义》的第五章，他写道："正义是某种道德规范的名称，它与人的幸福生活的关系更为紧密，因此比其他任何指导生活的规范都更具有绝对的义务性。"[19]

另一种以这种方式要求人的利益和福利的方法是：把权利置于对人的自由的要求上，美国哲学家艾伦·格沃斯认为如果人承担着道德主体的功能，在选择的过程中体现着自律，那么权利就是必要的。[20]

86　　但是，是否真的需要进一步为权利寻找道德理由呢？为什么不考虑至少存在着这样的可能性，即权利观念自身就可以证明其具有合理性呢？毕竟，权利作为道德观念并不比义务、职责或守诺等观念更具有可疑性。对权利理论的批判经常仅仅因为它们是抽象的概念就错误地抛弃了它。当然，权利的确不是那种能够为肉眼所能看见的东西，它也不能被触摸到、被感觉到，或被观察到；但是很多的人类活动都涉及最终是非经验的概念。为什么这些具有可疑属性的东西都具有合理性，只有权利例外呢？

但是即使直觉的信念不能成立，还可能退一步诉诸纯粹教条的权利的合理性证明。首先，权利在把身份给予错误的人方面占有优势，而其他的道德观念是以对他人的义务和职责为核心的，这样就把它们错误行为的潜在受害者放入一个自贬身份的"客体"的目录。即使更重要的是事实上权利观念以及对权利的践踏，在不同的政治体制和宗教权威中都被广泛地认识到，因此在维护权利和防止对权利的践踏方面取得了广泛的一致意见。权利实际上是在一些重要领域中被国际争论普遍接受的。律师和哲学家认为它们是有问题的，似乎人们和政治家并不这样认为。总之，它们主要的特性是它们决定伦理的需要优先于纯粹权宜之计的考虑。

这并不否认权利有时是相互冲突的。例如，在有关萨尔曼·卢士迪的著作《撒旦诗篇》(The Satanic Verses)的争论中，似乎存在着一种实践中不可解决的矛盾，即言论、出版自由与以宗教要求的方式实践这种宗教的权利，包括阻止出版不敬神的作品并处死作者的权利。如果经济权利和社会权利是被承认了的，这些被承认的权利中的很多权利是不能获得的，因为世界人口作为一个整体，一些国家居民的权利可能与其他国家居民的权利相冲突，现在人的权利可能与下一代人的权利相冲突。这就提出了这样的问题，是否至少有一些权利——主要是消极的权利——可能不是绝对的。首先是生存权和自由权，以及不屈从折磨的权利。其他的还可能有言论、结社、出版自由和免受任意逮捕入狱的自由。

权利最终建立在人的共同性的基础上，他们共同的需要和共同的能力，与他们纯粹自私的利益相反，正是这一特征使他们超越了社会和经济背景。但是尽管权利是普遍性道德中的一个重要元素，它也不能独立存在；它需要与之具有同样重要性的道德概念——义务、职责、责任、关怀和关心他人等的支持。

权利概念的道德力量没有防止它们遭到来自各个方面的攻击——马克思主义者（尽管他们在一些解放运动中运用了它们）、文化相对主义者和像边沁一样的功利主义者。在实践政治学领域，它们也不受有权威主义色彩的右翼政府的欢迎，因为它们设定了政府滥用权力的界限；它们也可能被一些国家看成仅仅是西方自由文化帝国主义的另一种形式。在西方自由民主制内部也有一些批判，他们把西方自由主义中要求权利的个人看成是无根的和无政府的，并试图以"共同体中的个人"概念代替个人主义。[21]

有些批判因为依赖于人的决定论观点而可以被排除，其他观点的理由是权利与社会责任是相矛盾的——社会责任事实上恰恰要求认识到他人的权利。然而，最终权利的合理性不是通过它们被普遍接受的事实而得到证明的——它们并没有被普遍接受——而是通过它们可能被普遍接受的事实：它们具有获得同意和接受的潜力。正如玛格利特·麦克唐纳所说的："关于自然权利的宣言，是关于什么应当成为人类选择的结果的宣言……宣称'自由比奴役好'或'所有人具有同等的价值'不是在指明一种事实，而是在选择一种立场。它表明这就是我的立场。"[22]

那么，权利和正义都是强烈的道德概念，它们所要求的不仅仅是理智的同意——就像在柏拉图的对话录中，也需要欲望和情感的支持。但是"权利"一词，因为它在法律的、政治的历史和含义，有效地提醒我们个人的道德生活只有在社会的和法律的背景中才能进行。相关的强有力的正义观念，历史地与平衡、和谐的观念联系在一起，也具有调节社会中人与人之间关系的功能，更进一步说，具有调节观念与观念之间的关系的功能。也有人把正义的范围扩展为调整当代人与未来人、人类与自然界其他部分之间关系的概念。

 插曲

88   在我的陈述开始不久，诺米娅就赶到了绿藤下——我们进行对话的地方，并静静地加入我们中间来。她显然对我陈述契约论的方式很满意，特别是当她得知我提到的契约论者在我们的文化体系中都有举足轻重的地位时很高兴，并把这当作是她自己的观点应当受到同伴和朋友们重视的证据。

但是当我接下来表示出对一种更像她妹妹菲茜娅所持观点的同情时，她似乎就不那么高兴了，她认为这种观点即使不是完全荒谬的，也是不能自圆其说的。在诺米娅看来，像权利和正义这样的抽象概念是不能接受的。像她父亲和其他大部分艾洛依人一样，她喜欢那种被她称为"可为经验证明的充分理由"——一种能以视觉、听觉或其他感觉经验到东西所"兑现"的概念。

相反，菲茜娅则被我所讲述的、构成我所在的世界中的一部分的、更强烈的绝对权利、自由和正义观念深深打动了，尽管我知道，她只能为这样的观念不太可能在她自己的传统中生根而感到悲伤。尽管存在着这样的疑惑，她还是介绍了另一个对这些问题也进行着思考的思想家，一个忧郁的名叫迪恩的人，被她看作是自己的同盟或自己观点的支持者。迪恩没有诉诸契约论或传统，但在他也认为道德观念具有普遍适用性的意义上说，他也是一个同盟者。

◎ **注释**

[1] 见第二章关于囚徒的两难（困境）的论述。当代有关这个问题的有帮助的讨论，见 Hollis, *The Cunning of Reason*。关于博弈论的宽泛领域的起源，见 Von Neumann and Morgenstern, in *Theory of Games and Economic Behavior*；又见 Braithwaite, *Theory of Games as a Tool for the Moral Philosopher*。

［2］Rawls, *A Theory of Justice.*

［3］Ibid., p.11.

［4］Ibid., p.45.

［5］Ibid., pp.579–80.

［6］Rawls, *Political Liberalism.*

［7］Brandt, *A Theory of the Good and the Right.*

［8］参见第三章有关规则功利主义的讨论。

［9］Sophocles, *Antigone,* pp.452–60 (trans. George Young).

［10］Aristotle, *Ethics,* p.189.

［11］D'Entrèves, *Natural Law,* pp.60, 62.

［12］Bentham，*Introduction to Principles of Morals and Legislation,* ch.10, sec. XL, n.2.

［13］有关形式的正义与分配的正义的比较，见 ch.10。

［14］有关这一争论的历史和讨论，见 Cranston, *What are Human Rights?*。

［15］美国法学家韦斯里·N. 霍夫尔德（Wesley N. Hohfeld）区分了四种不同的权利：要求的权利、权力的权利、自由的权利和安全的权利，见 Hohfeld, *Fundamental Legal Conceptions*。

［16］见 Dworkin, *Taking Rights Seriously*; Nozick, *Anarchy, State and Utopia*。

［17］有关全面的"人的身份"讨论，见 chapter 9, pp.151–2。

［18］Hayek, *Constitution of Liberty,* p.261.

［19］Mill, *Utilitarianism,* p.55.

［20］Gewirth, *Human Rights.*

［21］例如，见 MacIntyre, *After Virtue*；*Whose Justice? Which Rationality?*。

［22］Macdonald, in Waldron, *Theories of Rights,* pp.34–5.

第六章

原则与直觉

- 第六次对话
- 康德的绝对命令
- 原则的缺陷
- 直觉主义种种
- 未加深究的原则
- 插曲

第六次对话

迪恩：我同意你关于正义的看法——不应当存在建立在不相关理由上的 *90*
歧视，每个人都应受到同样的尊敬——除非他们用自己的行为证明他们不值得
尊重。我也同意，对那些掌权者来说，很容易否定他人的言论自由，甚至逮
捕、拘禁和杀死那些与他们政见不同的人。但是尽管我并不否定权利的概念，
我更喜欢用义务或责任的语言来谈论那些可能考虑做以上任何行为的人。

旅行者：这在我们之间构不成任何障碍，毕竟在实践中，这两者指的是
同一件事。例如，在我来的那个世界，有很多少数民族进行的各种政治自由
运动，都打着权利的旗号，但是这些运动也可以很容易地以其他的道德名义
得到支持。

迪：我懂了。这是一个重要的实践问题。但是我们有可能在理论上也会
持有同样的观点。我知道，对于你来说，对把伦理学称为权宜之计持有批判
的意见——我对此也总是持反对意见。因此，我不知道你是否认为那些持有
这种立场的人是否在提出一个无效的命题？

旅：你确切的意思是什么？你头脑中思考的是哪种观点？

迪：我指的是他们总是试图从"是怎样"推导出"应当怎样"。他们从
事实开始却希望得出根本不是事实的结论——或至少不是同类的事实。换句 *91*
话说，他们从事实的前提出发，却得出了道德的结论。

旅：你指的是他们这样认为：某某行为会产生某某结果，因此这是一个
正确的行为，这也是我应当做的行为。

迪：完全正确。

旅：你能谈到这个问题太令人吃惊了，因为你说的话让我想起了一位叫
大卫·休谟（1711—1776）的哲学家所讲的一个命题。应当承认，他所说的
诉诸事实是指诉诸过去的事实，而你现在讲的是诉诸将来的或期望的事实。

但是你自己可以做出判断，因为我恰恰记得有关这个问题的一段话，这样我就可以确切地告诉你，休谟在这个问题上究竟说了些什么：

> 在迄今我所了解的任何一个道德体系中，我总是发现，作者有时沿着通常的理性推理方法建立起关于上帝的存在物，或者做些涉及人间事务的观察；突然间我惊奇地发现，取代平常宣布主张的联系动词，"是"和"不是"，我遇到的主张都与"应当"和"不应当"联系在一起。这种轻微的变化带来了深远的影响。因为这种"应当"和"不应当"表达了某种新的关系或断言。有必要对此进行观察和解释；同时，应当给出理由，因为似乎这种新的关系是如何能够从与之完全不同的其他关系中推理出来的这一点也一起被忽视了。但是因为作者们没有普遍地提高这种警惕性，我就在此提醒读者这一点；我认为，这种小小的注意，将会推翻所有粗鄙的道德体系，并让我们看到，美德与恶德的区分不仅仅建立在对象的关系上，或仅仅通过理性就可以观察到。[1]

但是，迪恩，我想我应当补充一点，休谟不是用来引证你的立场的，因为在最后一点中，他明确地提到，他认为道德根本不能建立在理性的基础之上，而我想这恰恰是你确信不疑的观点。

迪：你说得对极了。但是休谟对此没有更多的阐发吗？

旅：他说得已经很清楚了，"理性本身从来不能成为意志的动机"也许我也应当承认，因为休谟认为功利——对人是有用的或为人所赞同的——对正义是至关重要的，因此他通常被认为是功利主义的先驱——而这显然不是你所支持的立场。

迪：这两点你讲得都对。在我看来，功利与行为的正确与否是没有任何关系的——行为本身，或行为的动机才是至关重要的。我当然认为把道德建立在理性的基础之上是可能的。在你们的传统中，是否有些思想家持有这样的观点呢？

旅：当然有了。德国的哲学家伊曼努尔·康德（1724—1804）就极力反对休谟的经验主义，认为道德必须有一个先在的要素，那就是被人称为理性的东西，而不是通过感觉的观察。同理，他认为，一涉及物理世界的知识也是如此。这也是为什么他认为把道德与幸福这样纯粹经验的东西混同起来是错误的原因。

但是我觉得最好还是能详细地告诉你康德的观点，以及他之后的对原则持严肃态度的哲学家们的观点，或者至少是那些认为存在特别的道德知识的哲学家们的观点。

迪：这看起来是一个不错的建议。

康德的绝对命令

与很多哲学家不同，康德不相信道德应当建立在对事实的心理学或人类学的观察上。相反，他坚持认为道德的崇高原则应当由理性单独发掘。正如他所指出的："如果法要成为有效的道德，就必须具有绝对必要性——有效的，意思是作为义务的基础……义务的基础不应当从人的本性中或它所在的世界的环境中来寻找，而只能是纯粹理性的概念中的先在性。"[2]

《道德形而上学原理》一书仅仅是他更系统的伦理学理论的基础，但事实上已经非常清楚地确立了其道德理论的本质。在这本书中，康德把不需要任何附加条件的唯一善是善良意志的主张作为逻辑起点。例如，尽管意志坚强和决心通常是好的东西，但当人把它们用于邪恶的目的时，就适得其反了，而这也适用于其他表面的善。相反，有一种善良意志——也就是只想做正确的事的愿望——是一种不需要附加条件的善。那么，对于人而言，其正确的目的就不是一种物质的目标，如幸福，而是尽义务的动机——希望遵从道德律仅仅因为它是道德律。

当然，有时义务与幸福是统一的，因此就难以分辨出动机。康德对这个问题的看法使很多人得出这样的结论：康德认为喜欢去做本来属于你的义务的事情会减损它的道德价值。一位与康德同时代的人基于这样的假设而嘲弄他：

93

> 我很高兴为我的朋友服务，但是不要带着快乐为他服务。因为这使我陷入对自己德性的怀疑当中。的确，你唯一能做的是试图鄙视他们，然后带着厌恶去做义务指示你的事情吧。[3]

然而，康德的观点不是认为你应当去憎恨属于你义务的任何事情——义务总是应当自愿被履行的——而是认为当你应当做的事情就是你愿意做的事情时，道德的动机就不能在行为中得以体现了。例如，当某种关系是令双方都满意的时候，就很难分辨两个人是否对这种关系有一种道德上的认同。只有当这种关系变得更难维持的时候，是出于道德的认同还是出于方便的考虑之间的差别才显现出来。康德自己举了一个诚实的店员的例子，从实际的观点来看，店员的诚实是建立在"诚实从长远上看可以带来更多的顾客"的判断的基础之上，还是出于遵守原则似乎并不重要。但是如果他按照"好伦理带来好生意"或"顾客的信任带来顾客的忠诚"的格言行事，事实是他的行为是诚实的，在实践中也是重要的，但却与道德无关。

康德对义务是出于对道德律的尊重而行动的信仰表现在被称为"绝对命令"的原则中。它之所以是一种命令，是因为它所说的是必须做的事情；它之所以是绝对的，在于它断言必须无条件地做某些事——根本不从属任何条件。与此相对，纯粹的假言命令说如果能得到某些希望得到的结果，就必须做某些事。康德坚持认为只有一个绝对命令，尽管它可以用不同的方式来表达。他提出了很多种绝对命令的定义，其中最著名的一个是：

94

> 仿佛你是在为每个人立法而行动。[4]

其他的定义与此类似，只有一个例外，它强调的是人的方面而不是普遍性的方面——自身是目的原则：

> 总是为了将他人当作目的，而决不仅仅只是当作手段而行动。[5]

这样，绝对命令是一种普遍性的命令，没有为任意的例外留下任何余地，它也是纯形式的——它描述的是道德义务必须履行的形式，而不是其内容。然而，康德认为，实质性的道德规范可以从形式的原则中得出，通过对任何具体的行为提出这样的问题："这里我所依据的金律是什么？它是不是我简单的任性选择的行为，还是可以被看作对任何一个理性的主体都有效？"只有后者才能被认为是形式的金律，因此可以作为绝对命令的结果。

康德通过一些例子阐述了绝对命令的应用。他沿着当时两种习惯性的划分方法将义务划分为：绝对的义务和非绝对义务以及涉及自己的义务和涉及他人的义务。结果得出了四种不同类别的义务：绝对的关于自己的义务、绝对的关于他人的义务、非绝对的关于自己的义务、非绝对的关于他人的义务。康德为第一种绝对的关于自己的义务给出的例子是某个人思考自杀的例子。康德认为，一个因为生活的不幸想实施自杀行为的人，是在按照这种金律而行为，"从自爱的观点出发，如果生活带给我的痛苦多于快乐的话，我就会缩短自己的生命"。但是康德认为如果这种金律被普遍化，就会很容易地发现允许自杀的自然法本身就成为自相矛盾的了，因为自爱指向的是维持生命，而不是结束生命。换句话说，生存的本能本身是不能改变的。

第二个例子是有关信守诺言的。一个人借钱，前提是他承诺一定会偿还，尽管事实上他并不打算这样做。康德说，这个人奉行的金律是"每当我缺钱的时候，我就去借钱，并承诺说要偿还，尽管我知道我并不会偿还"。但是康德认为，这种金律会使承诺的目的变得毫无意义，而有可能使"我承诺"这样的话不再被人认真地加以对待。事实上，这破坏了承诺的制度，而使得食言成为可能。

正是因为不能想象这些金律或行为的原则普遍化后得到的结果——其根本点是自相矛盾的——它们才被作为绝对义务的例子，前者是对自己的义务，后者是对他人的义务。康德提出的两个非绝对的义务的例子是不同的。在这种情况下，把这些金律普遍化的，甚至成为普遍的自然法的结果是可以想象的，但关键点在于没有人愿意得到这样的结果。

康德给出的关于对自己的义务的例子是培养某种天赋。尽管不必培养天赋这一金律普遍化的观念本身并不存在直接的矛盾，康德认为，理性的人并

95

不希望这成为一条普遍的自然法则，因为作为理性的存在物，他们当然愿意他们自己的能力得到发展，以便为很多有用的功能服务。

同样，在最后一个涉及都对他人义务的例子中，如果人们在公共生活中都接受不帮助他人的金律，这本身并不存在什么矛盾的地方，但是人们并不希望这种原则成为普遍接受的原则，因为人们可以预料到，在这样或那样的情况下，他们自己也会处于需要得到他人的帮助和同情的境地，在这样的情况下，他们自己的期望与他们所信奉的金律就会发生冲突。

举这些例子是用以说明绝对命令究竟是怎样的。通过普遍化试验的运用，这些例子表明，当人们不遵守某个道德规范的时候，他们实际上是使自己成了例外。康德继续证明当绝对命令以尊重人的形式被定义时——"总是为了将他人当作目的，而决不仅仅只是当作手段而行动"——以上四个例子所得出的结果还是一样的。在这种情况下，要问的问题是"所采取的行动与人自身是目的的观念是否一致？"许下错误的诺言、不帮助他人、忽视自己天赋的培养甚至决定自杀，都经不住这一测试。

96   并不是所有的人都同意这种把人仅仅用作手段的严格限制，这种反对可能基于他们自身是道德的考虑。例如，尽管康德反对这种观点，但是有时把自己用作达到其他人目的的手段，在道德上是允许的——很多自我牺牲的行为似乎就属于这类行为。因此，例如，从道德上讲，为了医疗目的而自愿献血毕竟完全不同于出于义务的自愿献血。

这种自我决定的方面实际上涉及另一个具有重要意义的原则：自律的原则。康德认为理性的存在物必须把自己既看作法的遵守者，同时也看作法的制定者："每个理性的人都必须把自己看作仿佛是普遍目的王国中的法的制定者而行动。"[6]这种规定通过把意志看作为自己立法而认识到选择的方面或道德自由的重要性。康德说，其他的哲学家拥护的是他律的原则；也就是说，他们试图把道德义务建立在人的意志之外的事物的基础之上，因此，为了避免人的意志违背道德律，而用义务把人紧紧束缚住；这也是为什么他们总是试图证明人们履行义务可以获得某种利益，或者至少可以导致某种欲望实现的原因。相反，康德的理论认为道德律是人为自己立法的结果，是通过为达到这种目的而设的人的意志而达成的。这意味着道德与自由意志之间有着内在的必然联系。

尽管假言命令基本不需要太多的解释或证明，康德认为，有必要解释绝对命令是如何成为可能的。绝对命令被看作是有相反的特点的：它既是综合的（也就是说，这不是无谓的反复，而是有真正的实体和内容的），也是先在性的（也就是说，不是来自经验的——不是建立在经验事实或感觉观察的基础之上的）。这种明显的矛盾需要给予解释。因此，在原理的最后一章，康德对其合理性进行了证明。

康德的论证从自律和意志自由是人性尊严的基础这一立场出发，在他看来，自由是一种非由外在的原因所决定的东西。这种否定性的自由概念直接导致了积极的作为自律的、为自己立法的意志自由概念。这样，康德认为自由意志与道德律下的意志是同一的。他继续讲到，意志的自由是人的必要特征，仅仅是因为他们是理性存在物的事实：理性存在物的概念就包含了对自由的保证。因为一个没有自由意志的存在物是一个由本能决定的存在物，而理性的存在物就是用由理性统治而不是由本能统治的存在来定义的。康德承认这明显地具有循环论证的特征——道德律是自由的基础，自由也是道德律的基础。然而，他通过转向更宽泛的形而上学理论而力图避免这种循环，其中他假定了一种现象与本体的划分。

现象与本体的区分，代表了变化的可感触的感性世界与永恒不变的智性世界的区分。在康德看来，人通过他们的感觉而成为感性世界的成员，通过他们的理性思考而成为智性世界的一员。反思证明其拥有理性，理性是区分感性世界和智性世界最重要的功能。因此人可以认为自己既处于道德律之下（他律），也属于智性世界，因而处于以理性为唯一基础的法之下（自律）。但是作为智性世界的成员，他们可以只想象在自由观念的支配下的自己的意志。

康德认为，通过这种从自由推出自律，再从自律推出道德律的推理中，就不存在循环论证的问题了。他自己总结道："现在我们看到，当我们把自己看作是自由的时候，我们把自己转向成为智性世界的一员，认识到意志自律及意志自律的结果——道德；然而当我们把自己置于义务之下进行思考时，我们是把自己看作是属于感性世界的，而同时也是属于智性世界的。"[7]

正是通过这种方法，康德回答了"绝对命令是如何成为可能的？"问题。他认为，如果人只是属于智性世界的，那么所有的行为都遵守道德律；如果他们只是属于感性世界的，那么他们就完全受自然法的支配而导向对幸福的追求或欲望及爱好的满足。但是，康德认为，智性世界包含着感性世界及其法则的基础，因此人开始发现自己服从智性世界的法则，而智性世界的法则在他们看来似乎是强加义务的命令。这样，康德的回答是，正是混合的人性使绝对命令成为可能——使道德"应当"的存在成为可能。他写道："作为智性世界的一名成员而言，道德上的'我应当'因而成了'我愿意'；而只有当他同时也把自己作为感性世界的一员时，他才设想'我应当'怎样。"[8]

但是人不了解智性世界，他们只知道它是为感性世界设立界限的"更多的东西"。"智性世界的概念因此仅是一种观点，即为了把自己变成实践的，理性发现自己被迫接受外部的表象。"[9]事实上，康德想说的是我们恰恰是在形式条件的方面来设想智性世界：意志的金律应当具有法的普遍性。我们不能解释纯粹理性如何才能是实践的，或者自由如何才是成为可能的。我们所能做的是解释清楚自由观念中存在的明显矛盾，这也是康德区分感性世界和智性世界所要完成的任务。

康德特别坚持认为，即使人们确实有一种遵守道德律的气质，可以称之为"道德感"，但它不能决定道德判断——它仅是法则对于意志发生作用的副产品。他们可以快乐地履行其义务，但是这种快乐不构成道德律有效性的基础，道德律必须是超越利益和情感的。

康德说自己已经达到了道德探寻的极限。极限的最终结果是把理性从在经验世界的道德动机的寻找中解救出来。康德把道德探寻指向的理想描述为"一种普遍的目的王国，在这个王国中，理性的存在物自身就是目的；只有我们自愿依据自由律而生活，把自由律看得像自然律一样重要，我们才能成为目的王国的成员"[10]。他最后的结论是，对道德律必要性证明的失败是由其自身的本性决定的：因为要证明它，就必然把它建立在利益的基础之上。而事实上，它是自足的，独立于、外在于其自身的任何考虑。

 **原则的缺陷**

康德的伦理学理论为一种非常简单明了的道德立场进行了非常复杂的理论论证，这个道德立场是：道德在于忠实地遵循某种普遍有效的行为原则、在于在任何特殊情况的具体条件下，不因犹豫或听人劝告而对之有任何偏离。在一篇题为《论假定正确的出于仁慈动机的说谎》的短文中，他因为坚持这个立场而得出了一个被人认为是难以接受的结论：甚至是为了救一个无辜的生命而说谎也是不正确的——例如，对一个杀手隐瞒某个人藏身的地方。因此，康德通常被指责为呆板的和教条主义的——把原则不假思索地和缺少同情心地加以应用，这种方法在实践中会产生许多"难题"。 *99*

康德的形式主义也受到批判——他拒绝考虑道德选择的实际条件，以及认为感觉和情感在道德判断中不起任何作用。然而，康德不把这些看成是批评，因为他的反驳依然坚持认为道德原则必须是严格的、有约束力的，而不论条件如何。因此，他指出："所有关于正义的原则必须包含严格的真理，而这里所说的中间原则只能包含它们应用于实际的进一步的定义……它们之中从没有例外，因为例外破坏了普遍性，仅仅因为普遍性才使原则成为原则。"[11]

但是尽管这种普遍性的论题——验证道德金律的普遍性标准——已为许多不一定接受康德理论的呆板结果的道德哲学家所接受，它仍然成为批判另一种理性的主题：逻辑的理性而不是纯粹的有说服力的理性。批评指出，所应用的普遍性验证的不同层次，会导致不同的结果。例如，说谎的例子，可以说康德随便选择了一个中间的层次，正因如此，他得出在任何情况下说谎都是错误的这一结论，然而，如果他把这种关于普遍性验证应用于更一般或更具体的层次的话，结果就会截然不同。例如，更具体的原则"为了拯救无辜生命而说谎"就可以普遍化，而更一般的原则"加入谈话"则是一个不妨碍道德的原则，这里，"说谎"仅仅是其中的一个从属目录。

这意味着，作为一个道德行为的直接逻辑标准，绝对命令只能消极地应用，而不能积极地应用。毕竟它不能为一个可行的道德标准提供实际的内容。的确，很多道德标准可能与之相符合。然而，作为对那些已经承认道德行为观念的人的指导，它起作用的方式与在康德所举的四个例子中起作用的方式是相差无几的。它揭示了什么是不能被接受为道德行为的。即使接受最小范围的解释，那么，康德给出的案例也把平等作为道德判断的必要特征，

100 并显示了纯粹自私的道德逻辑上的不连贯性。用今天的术语讲，康德意在建立一种必然包含着普遍适用观念的"道德的"观念。正是这一点构成了牛津哲学家 R.M. 黑尔普遍规范主义的最基本特征，因为，像康德一样，黑尔同意坚持道德的"应当"作为一种逻辑的必需，是普遍性的"应当"。尽管黑尔在他后来的著作中试图把康德的这一洞察与功利主义结合起来，但这个方面始终是其伦理学说的根本。[12]

 ## 直觉主义种种

很多哲学家同意康德关于把道德作为一种自足原则的总和的观点，但是与康德把这些原则建立在理性的基础之上不同，他们从其他的角度为这些原则寻求支撑点和合理性证明。与康德同时代的及其之后的道德哲学建立在直觉或道德感的观念之上。的确，对普通人道德能力的信任也更早就为一位思想家所表述。约瑟夫·巴特勒告诉他的会众："让任何平凡的诚实人，在他进行任何活动之前问自己，我将要做的是对还是错，是善还是恶？我一点也不怀疑，几乎所有公正的人在几乎所有的情况下的回答都符合真理和美德。"[13]

20 世纪的哲学家也发现"平凡的人"天生被赋予了道德知识。正如 W.D. 罗斯（1877—1971）所说："在我看来，平凡人的主要道德信念不是由哲学赞同或不赞同的观点，而是从一开始就有的知识。"[14]

罗斯的评论与其同代的 H.A. 普里查德产生了共鸣。普里查德在 1912 年发表的题为《道德哲学是否建立在错误的基础之上？》一文中写道："实施某种行为的义务感绝对不是衍生的或者是立即产生的……这种理解力的即刻产生就像数学上的理解力的产生一样，是立刻的。二者都是即刻产生的，是在二者对主语性质的洞察，直接使我们认识到其对谓语的所有关系；只有从另一个方面讲这个事实时才说，在两种情况下被理解的事实都是自明的。"[15]

与对数学真理的理解进行对比，在直觉主义者中间是非常普遍的。法国哲学家勒内·笛卡儿（1596—1650）所做的关于哲学一般知识的相同论点以同样的方式支持了它：我们尽力依靠我们清楚地观察到的东西，因为推理的过程越长，留给错误渗入的空间就越大。

甚至在普里查德和罗斯论证直觉在决定道德义务中的作用之前，G.E. 摩尔就在其富有影响力的著作《元伦理学》（《伦理学原理》）中论证了一种不同的直觉主义观念。在摩尔看来，道德的基本概念不是权利，而是善。因此他并不宣称道德原则是直觉获得的；相反，他认为一种非诉诸感觉的直觉使我们认识到善，然后通过我们的行动制造最大数量的善是我们的义务。摩尔因此经常不被认为是一个直觉主义者，而被认为属于某种功利主义者。因为在著名的题为"理想"的一章中，摩尔规定了构成"善"的概念——真、美、善——因此其学说经常被称为"理想功利主义"。[16]

普里查德是直觉主义学派的典型代表。和摩尔一样反对偶像崇拜，他认为自己以前的哲学家，包括康德和功利主义者，在为人履行义务寻找理由时犯了错误——他认为义务是你已经知道理所应当做的事情，而无须任何论证。他拿这与哲学其他领域那些试图证明已经为其所熟知的知识的哲学家相比——无论是关于心灵还是关于物理对象。他坚持认为，这些东西，包括道德真理，或者可以被直接认识，或者根本就不能被认识。

然而，普里查德同意康德的这种观点，即认为某种东西优越与否与它是不是一种义务的问题无关。他也相信伦理的"应当"必须是绝对、无条件的。否则，就像康德指出的，你面对的是假言的"应当"，而不是绝对的"应当"。但是与摩尔不同，普里查德不认为"善"是基本的伦理概念：他坚持说，我们仅有做某种具体行为的义务，这种义务是立即被理解的，而不需要经过任何推理过程。普里查德写道：

> 假设自问我们应当偿还债务或应当说实话的感觉是否出于这样的认识：当我们这样做的时候，我们是在制造善，例如物质上的舒适或真正的信任，而假设我们自问是不是行为的这个方面使我们认识到我们应当这样做，我们马上而且毫不犹豫地说："不是"。

102　　　　普里查德认为似乎不可能为某种义务寻找理由的一个原因在于讨论中的义务只是部分地被提到。人们有时在什么是他们的义务的问题上会犯错误，然而，在一个脚注中，普里查德解释了犯错误的原因。这有几种可能性：第一，这可能是一种只有较高道德能力的人才能欣赏的义务；第二，这个人可能急于做出决定；第三，这个人可能缺乏"细心"。[17]

　　　　最后，普里查德认为如果我们开始认真地怀疑，我们是否应当偿还债务时，唯一能做的是陷入产生义务的状态，或者试图想象我们自己陷入那种境地，然后"让我们的道德思考能力发挥作用"。

✏️ 未加深究的原则

　　　　普里查德准备做出的一个有重要意义的让步是"承认存在着不同程度的义务"。这意味着可能通过提出这样的问题来处理义务之间的冲突："哪一个是更重要的义务？"这个问题构成了更精细的罗斯伦理学说的核心要素。像普里查德一样，罗斯认为"权利"和"义务"是不能被定义的独特概念。但是罗斯知道像康德那样关于原则的绝对主义观点存在着问题——也就是说，在任何具体的案例中都不允许任何例外的观点——罗斯试图以一种独特的和受欢迎的方式强调这个具体问题。

　　　　他以一种可能的义务信守诺言问题为例，在某种条件下，你可能确信有一种严重的意外使你不能信守承诺。这使他引入了一个新的概念。他说，这里有两种未加深究的义务：信守诺言的义务以及减轻痛苦的义务。在一种特别的条件下，可以使后者重于前者。那么，未加深究的义务就不同于那些在任何情况下都必须履行的绝对义务。它们可以被称为条件性义务。

　　　　这样所有未加深究的义务都倾向于成为义务，但是它们不明朗的状态取决于仅仅看到部分条件，而实际上的义务取决于看到全部条件。未加深究的义务在这种意义上是自足的，即"一旦我们达到了心智的成熟，对先决条件给予了充分的注意，它不需要任何证据就是明白的。它就像数学公式一样是

103　自足的"[18]。因此，罗斯也把道德律与代数或几何定律相对比——它们在任

何可能的空间都是适用的。然而，罗斯认为我们无论如何不能确知我们的绝对义务是什么，因为我们不是无所不知的，因此我们也决不会知道由特别的行动过程所引起的结果。

罗斯的理论遭到了批判，理由是没有以此为特点的未加深究的义务：说某事具有"倾向于错误"的特征不过是说，"大多数这样的行为是错误的，但是有些是正确的"。换句话说，这里根本就不存在普遍性的特征，因此没什么是可以直觉得到的。这似乎是一种受欢迎的批判，但事实上，如果"倾向"一词被解释为"在其他条件相同的情况下，这种情况就会发生"，那么在处理"倾向"这一概念时就不存在特别的困难了。例如，我们可以理解这样的论断：金属受热倾向于膨胀，或重的物体倾向于以这种方式坠落。同时，当然我们也明白其他条件并不总是相同的，某些东西可能会干涉并抵消这种倾向。

最后，拒绝直觉主义的最普遍的批评是基于这样一个一般性的理由，即不存在那种像是直觉的心理体验。应当承认，在直觉到的究竟是什么的问题上，即使是在保卫直觉和某种类型的道德感的人们中间也存在着争议。除了像摩尔那样认为善的品质是通过直觉认识到的人之外，在直觉主义的著作中还存在着其他模棱两可的地方，使得人们不清楚被直觉到的是原则或条件性的原则，还是特殊条件下的特殊判断。然而，大多数直觉主义的观点是把直觉知识与有限数量的简单的道德原则联系起来。对此两种主要的反对观点是，首先，人们对其中的一些原则持不同的意见；第二，这些原则本身在具体情况下会相互冲突。

然而，也有一些方法避免这些困难。就第一点而言，道德上的不一致经常被否认或解释掉。首先，实际的信念对判断某一情境所采取的方式具有重要意义。例如，经常被提到的因纽特人——据说，他们过去的风俗是没等父母年纪太大的时候，就要将父母杀掉——实际上不是否认广为接受的有关孩子有照顾其父母的义务的道德信念。相反，正是因为他们相信父母将其生前的身体进入来生的生活，因此他们认为，在父母的器官变质之前为他们安排好死亡是一个好儿子应当做的事情。同样，甚至那些参加令人憎恨的天主教宗教法庭的人也做类似的事情，因为他们相信焚烧掉他们的受害者是把那些受害者从死后更深重漫长的痛苦中解救出来。

104

也有其他的解释可以用来说明表面的道德上的不一致，有些具体到特别的人。例如，一种偏离常轨的态度可以追溯到早期童年的某些重要的和痛苦的个人经历。有时，它也被认为是纯粹认识上的迷惑而导致的结果，因此，如果迷惑解除了，不同的意见也就不存在了。

至于第二种观点——不同的义务之间有时会彼此发生冲突——即使罗斯的解决办法遭到拒绝，直觉主义者还可以将不同的义务划分级别，例如直觉主义可以允许这样认为，打破一个小小的承诺要比没能拯救一个人的生命好得多。

应当承认，像这样的结论不能建立在理性的基础上；如果这些结论被接受了，那是因为要求自己直接得出不是偏见的判断。因此康德把原则建立在理性的基础上，而直觉主义同意普里查德的观点，认为寻找原因本身就犯了错误。这种理由的缺乏既可以看成优点，也可以看成不足。如果它被看成不足，就有一些人转向宗教为他们直觉的道德信念寻找一个更坚实的基础。对这些人来说，这种基础是由上帝是某种道德感的始创者的观念提供的，正是这种道德感为上帝的创造物揭示了什么样的行为是对的，什么样的行为是错的——或者，的确，在具体的情况下直接告诉他们应当做什么。然而，良心的观念不仅仅以宗教为基础；像这样基本的道德感被那些有很深的信仰的人以及没有任何信仰的人所共同分享。

 插曲

我可以看出迪恩对我所描述的哲学家的观点很感兴趣，而且，的确，如果还有更多时间的话，我愿意继续告诉他在当代一些哲学家，特别是那些被称为现实主义者的著作中很流行一种观点，认为存在一种在某种意义上可以为人们直接认识到的道德真理。但是这些哲学家通常继承了经验主义传统，**105** 认为只存在两种类型的知识：分析的和经验的。因为道德原则要适应这种框架并不容易，这些哲学家倾向于把他们的现实主义应用于特殊判断的层次上，而不是讲原则。结果，他们把道德的质的表现与某一情境的经验特征联系在一起。这样，它就变成这样一个问题，即道德的质能否说成是紧随（或产生于，或必然伴随）着经验特征的，如果是这样的话，我们怎么能够知道的确是这样的呢？毫不奇怪的是，新西兰哲学家约翰·麦基（John Mackie，1917—1981）作为一个强硬的经验主义者，既反对那种认为紧随平常的经验特征的特别的道德的质的观点，也反对那种认为我们可以觉察到这些道德的质的观点。[19]

　　尽管存在这样的批判，那种依赖对特殊情境做出直觉反应的而不是依赖原则的直觉主义仍然有话可说。把一些行为如谋杀和伤害等判断为错误的，把这种判断建立在立即产生的理解之上，这并不比把它建立在一个更复杂的伦理认识上更缺少逻辑性，在这种复杂的伦理认识中，特殊的判断必须通过一个更一般的或确实普遍适用的判断推理出来。而且，在后者中使用的推理比立即的反应更值得怀疑。当然，还存在着确立枝节的界限问题，但是我们可以运用经验得来的法则来处理。我们可以衡量这些即刻的反应，然后用它们建立一种更坚固的综合性道德视野，反过来它本身可以验证新的特殊直觉。

　　但是那些可能已经准备考虑转向赞同对情境的直觉道德反应的较早的直觉主义者，仍然坚持认为，无论多么复杂的判断，都具有普遍适用性。新的真正的道德理解的保卫者很清楚地拒绝承认这种可能性。英国哲学家乔纳森·丹西在他的著作《道德的理由》中用"特殊主义"一词来描述他的道德现实主义。[20] 这里包含的理解不同于对某一情境的简单理解，因为其动机是内在的。这就是被称为内在主义的论题。它意味着，如果你认为自己应当做，那么你就有这样做的理由。与此想法相反的观点——如果道德判断需要动机的话，就需要涉及外在的考虑——被称为外在主义。

　　尽管这些道德现实主义者有时被称为"新直觉主义者"，他们还需要一种不同的理论框架，因为他们拒绝把普遍性作为原则的特性。我想这种框架可能需要更多关注有关人性的事实。因为对这些直觉主义者而言，有某种官能，无论怎样称呼它——良心、道德感、直觉、良知——只要这种官能还没有因受到特殊影响而丧失，它就能使人清楚地知道怎样做才是正确的，哪些属于正常人性的一部分。对其他的直觉主义者来说，道德在任何一种意义上讲都不是自然的，在这种情况下，有必要诉诸更细致的证明——或者诉诸僵硬的结果论，或者诉诸道德的理性根源。然而，也许这两种令其尴尬的正好相反的观点是由于没有彻底思考"人到底是怎样的？"这一问题的结果。其中的一位艾洛依人确实认真思考了这个问题，我发现，这集中在对另一个伦理问题的谈论上。她听到了我们对话的后半部，并在这一点上插入我们的对话中。

106

◎ **注释**

［1］Hume, *Treatise of Human Nature,* III i 1.

［2］Kant, *Groundwork of the Metaphysic of Morals,* p.55 (389). 所有的引文引自帕坦 (Paton) 的翻译，括弧里的页码是 Prussian Academy 编辑的版本页码。

［3］弗里德里希·席勒 (Friedrich Schiller，1759—1805)。

［4］Kant, *Groundwork,* p.84 (421).

［5］Ibid., p.91 (429).

［6］Ibid., p.100 (438).

［7］Ibid., p.113 (453).

［8］Ibid., p.115 (455).

［9］Ibid., p.118 (458).

［10］Ibid., p.122 (463).

［11］"On a supposed right to tell lies from benevolent motives"，in Abbott, *Kant's Critique of Practical Reason and other Works,* p.365.

［12］见 Hare, *Moral Thinking*。黑尔提出了两种层次的道德思考：一种层次是把简单明了的、可传授的道德原则应用于日常生活中例行的决定中，这类似于康德的方法；在第二个层次，需要时间和反思的投入以产生复杂的适用于解决道德难题的原则，其最终的结果是一种功利的计算，见 chapter 4, n.17 above。

［13］Butler, *Fifteen Sermons,* p36.

［14］Ross, *The Right and the Good,* p.21, n.1.

［15］Prichard, *Moral Obligation,* p.7.

［16］Moore, *Principia Ethica,* preface. 关于摩尔的讨论，见 chapter 3, p.50。

［17］Prichard, *Moral Obligation,* pp.10-11.

［18］Ross, *The Right and the Good,* p.21 n.1.

［19］Mackie, *Ethics.*

［20］Dancy, *Moral Reasons,* ch.4, pp.60-72.

第七章

美德与境遇

- 第七次对话
- 美德与恶德
- 亚里士多德
- 美德概念的变化
- 好的生活
- 道德教育
- 女性伦理学观点
- 插曲

第七次对话

艾莱特：你讲的直觉主义者似乎对人类的善良很有信心，这不同于你先 *108*
前提到的那些人，他们坚持人仅仅会计算自己的利益——甚至很可能仅仅对
快乐和痛苦的刺激做出直接的反应。

旅行者：很有信心？也许是这样。但是我不敢说直觉主义者及其后继者
们对所有人的善良本性都持有同样的信心。是的，他们确实相信每个人能够
以正确的态度观察形势，而且他们也认为的确存在一种正确的关于形势的看
法。但是他们也可以允许各种对人们观察的歪曲。而且，这不意味着他们相
信人们必然会做对的事情。

艾：我想，你的意思是说，他们为人性恶，或简单地讲，为人性的弱点
留下了余地。

旅：是的。

艾：对我来说，这意味着你应当对品格的问题采取更加认真的态度。难
道你不认为有些品格自身就包含伦理的描述吗？——好的品格你们称为美
德，坏的品德则被称为恶德。

旅：但是，我怀疑你能否把整个道德建立在这上面。

艾：我不是建议你这样做，而是建议你将直觉主义的信仰作为你刚刚所
谈到的关于怎样成为一个好人——一个本性具有某种正确信仰的人——的观 *109*
点的补充。

旅：但是"本性"在这里是什么意思？你的意思是不是说一个人的本性
是一成不变的呢？

艾：从某种意义上说，是这样的。在这一范围的两极——圣人和犯罪者
可能是天生的，而不是培养出来的。但同时我认为你在对"本性"进行假设
时所持的谨慎态度是正确的。人性具有某种可塑性。它可以因为被错误地对
待而变坏，但是也可以变得更好。

旅：那么你也同意耶稣基督说的一句话：在 7 岁之前把孩子交给我，我将还给你一个真正的人。

艾：其实，不完全同意。我不认为你能把任何一个孩子塑造成为任何一种品格。我不认为有道德教育这样的事情——寻求发展儿童们更为正确的反应，并影响他们远离坏的品行。因此对于人类是如何获取某种道德的问题至关重要。这说明就我所听到的在你与迪恩的谈话中，你似乎遗漏了某些东西——道德还包括正确的态度和情感。它不仅仅是对某事有了一定的知识。

旅：可以看出这可以避免一些我们已经谈过的问题。当然，与迪恩对确定的原则的忠诚相比，它具有更大的灵活性。这意味着成为一个善良的人还包括能够挑出那些与道德无关的情况，了解它们的特征。这就不仅仅是一个机械计算的问题了。

艾：听起来你已经对这种方法思考过了。也许对你来说，这并不是什么新观念了。

旅：我必须承认以美德为中心的道德观念恰恰是我们自己传统中的一个观点。直到最近，它才在现代社会变得非常有影响，当然现在在我们的同代人中间可以找到它的解释者了。它也符合某些女权主义者关于这些问题的观点——尽管这一点还没有被普遍地注意到。

艾：我很希望能知道这到底是怎么一回事。

旅：我很愿意告诉你。但是我需要回顾一下事情的来龙去脉。你愿意听下去吗？

艾：当然了。我们有足够的时间呢。

 **美德与恶德**

110　当代对美德道德哲学的阐述很可能不是由哲学家发起的，而是由一位小说家发起的，他写道：

从人类的生命中——从他们的思想，他们的饥渴和野心，他们的贪婪和野蛮，也从他们的善良和慷慨中——从一个由善与恶编织的网中——可以捕捉到人性。我想这就是我们所有的唯一的故事，它可以发生在情感和理智的各个层面。美德与恶德就像我们意识中的经线和纬线，它们将构成我们过去的一部分，这一事实不会因为我们对大地、山川、河流甚至对经济、风俗的改变而改变。除此之外，没有其他的故事。一个人——当他摒弃了生活中的尘屑和碎片之后，所剩下的仅仅是这样一个明确而又困难的问题：它是善的还是恶的？我做的是好还是坏？[1]

那么，美德理论的实质是强调品格，强调把人的生活看成一个整体——也把人的生活放入善与恶这样大的双重目录下来看。正是在这样一种框架之下谈论美德才有意义。

对美德的谈论没有局限在学术的范围之内。在公共（管理）领域中，也能找到它的位置，如政治领导人，无论是属于保守党还是共产党的，都在促进日常行为的标准化。当然，这些政治家也不过是反映了选举他们的民众想法，反映民众对崇拜自由选择生活方式的普遍排斥，20世纪末，这种对生活方式自由选择的崇拜曾经对西方民主政治产生过深刻的影响——这种排斥建立在一种影响日益广泛的观念基础之上，即无论是从经济的还是从社会的角度讲，一个人的行为对其他人的影响的不负责任——包括为青年人树立榜样，不仅是一个私人问题，而且是一个公共问题。

在一些政治哲学家中，谈论公民的美德取代了对权利和契约的自由强调，在这里很可能更强调道德在于公民认真地履行义务和责任。其他的哲学家认为以美德为核心的伦理取代了正当与错误、应当与义务等概念，或者至少优先考虑"善"而不是"正当"。这就是1958年G.E.M.安斯康姆所写的文章《现代道德哲学》的主题。在这篇文章中，她建议有关义务和责任的讨论——"伦理学中的法律概念"——应当被关于美德和品格的讨论所代替。她认为一般性地诉诸道德义务，包括如"应当"、

111 "正当"和"错误"等概念不含有任何意义，因为它们没有包含任何有
关人类应当和不应当做什么的任何信息，并号召这些概念应当被一方面
指美德、另一方面指恶德的概念所代替，这些概念本身有具体的描述的
内容。[2]

麦金太尔在《美德的追寻》（又译《德性之后》）中发展了安斯康姆的主
要观点。他攻击了自由个人主义，认为它是康德主义和功利主义的混合体，
它把个人的偏好置于重要的社会和文化传统之上。与之相反，麦金太尔认为
个人深深地植根于品格、历史和道德传统的特殊性之中。他进一步指出，当
这样的个人试图寻求一种普遍的文化和普遍的道德——启蒙运动的理想——
时，只能促进一种无根的世界主义。

麦金太尔的方法，本质上是一种社会学的方法，很容易导致相对主义和
极端个人主义。为了避免这种结果，同时拒绝权利或道德绝对化的概念，他
把美德置于某些特定的传统之中，这种传统为行为提供有力的指导，为附着
于这种文化传统上的人提供一种生活的方式。[3]

然而，一些哲学家准备沿着这种拒绝普遍性道德的路线，走向一种彻
底的特殊性的道德，而这成了他们探讨美德的方法。例如，牛津哲学家约
翰·迈克德威尔写道："如果'人应当怎样生活？'的问题能够用一个普遍
性的词汇给出一个直接的回答，那么，美德的概念在道德哲学中只占据从属
的地位。在不同的情况下，一个人如果确实知道该做什么，不是通过应用普
遍性的原则，而是通过成为某种人：这个人以一种不同的方式来看待当时的
情况。"[4]

当代探讨美德的理论家的观点存在着不同点。但是，大多数的理论拥有
一个共同点，而这归功于亚里士多德（公元前 384—前 322）。因此，一些人
提出回到亚里士多德的传统。他们认为亚里士多德的传统能对个人生活的概
念给出解释。

 **亚里士多德**

正是对"人怎样生活？"这样一个实际的个人问题的关心，架起了一座桥梁，使今天人们对美德伦理的兴趣跨过了千年的鸿沟，通向了亚里士多德的美德伦理。亚里士多德写道："我们学习不是为了知道善是什么，而是为了知道怎样才能成为善的人。"[5] "成为善的人"以两种方式包含了美德：成为有美德的人和表现美德。它们并非必然是一回事。前者指向的是品格，后者指向的是行为。另外，如果这二者不是互相联系的，就很难令人理解。一个从不或几乎不做仁慈的事情的人很难被认为是仁慈的人。同样，很难否认一个被称为"勇敢"的人经常有勇气的行为。 *112*

但是尽管这些问题很重要，只有解决了另一个问题，这个问题才能被提出。也就是说，有必要首先提出这样一个问题：为什么每个人都想成为有美德的人？在《尼各马可伦理学》中，亚里士多德通过把善——道德的本质——定义为人的终极目的或目标——而为这个问题提供了一个答案。而其他的目的，他说，还可能被看作它自身之外的某种其他东西的手段。亚里士多德的定义是，"善是可选择的，而且总是为了它自身的原因，而从不是因为任何其他的原因"[6]。但是这样看来，唯一真实的目标只有幸福。像柏拉图一样，亚里士多德把美德和幸福紧紧地联系在一起。但是他没有柏拉图走得那样远。柏拉图认为一个正义的人即使遭受极端的痛苦也仍旧是幸福的——有人说亚里士多德认为柏拉图是胡说。[7] 然而，他确实认识到，人们在处理他们所遭遇的不幸时，可以表现出德性，所以，毕竟，美德与不幸并不是完全不相容的。

如果美德与幸福是同一的，或者仅仅是相互支持的，那么就不需要为美德再找一个另外的合理性。后来的思想家也看到了这一点。达勒姆的英国国教主教约瑟夫·巴特勒（1692—1752）就预期到，对美德的追求也许不能直接吸引所有的会众。他对他们说，一种通过冷静而认真思考而得出的深思熟虑的自爱的策略，在实践中与追求美德，并以美德自身为目的的策略是相矛盾的。[8] 休谟也表达了同样的观点，他写道：

> 但是什么样的哲学真理能够比那些……以她所有的真正的和吸引人的魅力代表着美德，使我们很容易地接近她、熟悉她、亲近她？忧郁的外衣带着神圣脱落了，这是一些哲学家曾给她覆盖上去的；所呈现出来的只有温雅、人道、仁慈和亲近；而且甚至在恰当的间隙，玩耍、嬉戏和快乐。她讲的不是无用的严肃和教条，讲的不是忍受不幸和自我否认。她宣称她唯一的目的是让她的支持者和全人类，在他们存在的每时每刻，尽可能地快乐和幸福；并不是说她愿意把任何快乐来分享，但是希望在他们生命中地其他时刻给予补偿。她唯一需要的麻烦是公平的计算，以及对更大幸福的不断追求。[9]

113

　　这里的幸福与亚里士多德的幸福概念一样，显然并不仅仅是一个狭义的享乐主义的概念。亚里士多德使用的"幸福"（eudaimonia）一词，通常被译成"好的生存状态"，他很谨慎地把它与快乐区别开来。在亚里士多德看来，幸福是物质上的满足与快乐的观点尽管为很多人所信服，但并不是一种明智的观点。在那些成功地避免了这种错误的人中，存在着一种更进一步的区别：有人把幸福与名誉、荣誉联系起来，这导致了他们对公共事务和政治——一种值得尊重的中间概念——的追求。但是也有些人获得了真正的智慧；仅有少数人在沉思默想的生活中找到了幸福——追求抽象的思想并达到了顶峰，思考真理、善和上帝。

　　但是亚里士多德对幸福和美德最突出的解释不在于这一系列对不同生活方式的判断中，而在于一种更形而上学的教义中，它产生了一种普遍的、适用于全人类的幸福概念。这包含了一种宇宙目的论的观念。在亚里士多德看来，任何东西都有一个"终极目的"——一种目标和它存在的根本点。为了知道这到底是什么，有必要知道它的功能。例如，刀子的功能和用途是切东西，那么，一把锋利的刀子就是一把好的刀子。同样，一个能把乐器演奏得好的乐师就是一名好的乐师，因为那是他的目的和乐器的用途所在。

　　通过对比这些个别的案例，亚里士多德提出，不论个别的人归属哪种类别——也就是说，不论是乐师、木匠、军官或任何其他的人——都共有一个使人之为人的功能。亚里士多德认为，这就是实践人所拥有的理性官能，因为理性是人突出而特有的特征。既然要成为某一类别中好的成员就是出色地实现那一个类别的功能，那么就意味着，对于人来说，把理性体现在行为中——也就是被概括为美德的东西。因此，亚里士多德写道，人的善就是"依据美德的灵魂的活动"[10]。

但是，从良好性情意义上讲的品格，是可以通过正确的学习和训练而培养的；它是可以教会的。这意味着美德是把做正确的事情变成习惯的结果——一种纪律和实践的结果，而不是天生的特质。就像人通过不断地练习和演奏能成为好的乐师一样，人也能通过不断做正义的事变得正义，通过做勇敢的事变得勇敢，通过做自制的事变得自制。因为人能以同样的方法发展不好的或不合道德的品性，所以亚里士多德特别强调用以培养好的道德习惯的早期道德训练。[11]

114

因此，在亚里士多德那里，品格是一个人自由地选择用以表现自己特性的习惯性行为的结果。好品格是以选择好行为为特征的。尽管这还需要人找到一种方法以决定什么是正确的或好的行为。亚里士多德对这个问题的回答是，正确的行为是那些以正确规范为指导的行为，正确的规范可以通过考虑不足和过分这两个极端的不良后果而得到。这就是亚里士多德著名的中道理论。在亚里士多德看来，恶是成对存在的，一个是某种品质过多的结果，而另一个是某种品质过少的结果。中间的位置代表了正确的行为。因此勇气是鲁莽和怯懦的中道，自尊是自大和谦卑（古希腊人不认为谦卑是一种美德）的中道，慷慨是挥霍和吝啬的中道。

尽管人们从理智上懂得了如何获得美德，还有一个为什么人人都应当选择美德的问题。仅仅理解了某一规范是否提供了按照该规范而行动的动机呢？为了回答这个问题，有必要回到"什么是幸福，幸福与美德及道德行为的关系是什么？"的问题上去。我们已经看到，在亚里士多德看来，幸福是依据人性中最高的和最突出的方面——理性而行动——亚里士多德补充说，这是人性中最接近我们所想的似神的或神圣的部分。他写道："如果理智对人来说是神圣的，那么理智的生活对于人的生活而言就是神圣的生活。"他接着说，我们必须，"尽可能依照我们中最高的方面而生活"[12]。

有一种最好的生活方式的观念，可以用"旺盛"一词来概括。这个观念通过与植物或动物的"旺盛"的对比中最好地被理解——最大限度地实现其本质属性。也许从反面，即通过考察旺盛是如何受到阻碍的更易于理解这个概念，例如，从远处移植到黑暗地窖的植物，解剖实验室的狗，在密集饲养条件下生长的供食用的火鸡，如此的肥胖以至于很困难地支撑自己的身体。

115   这似乎像一种这样的断言，因为这些动物或对象有这些需要，那么这些需要就应该被实现——一种有时被称为自然主义的论题。但是当亚里士多德的宇宙目的论观念认识到一个族类有一种"终极目的"时，这里所讨论的不是这个族类的旺盛，而是这个族类中个体成员的旺盛。那么，这个断言就成为这样的：他们的确是那种拥有自己需要的动物；人可以想象他们最好的生活方式的实现，那种实现的景象带有一种对其价值的直觉确信。

这同样适用于人类。一谈到人类社会，亚里士多德对"为什么选择美德？"的回答建立在这一论断之上：对于人来说，依据理性的生活是最好的和最快乐的，因为理性比任何其他东西更符合人性。他补充说，然而，对社会道德的观察，人与人之间的道德，也带给人幸福。正义、勇气、实践的智慧——柏拉图也关心的这些美德——也是人的特质，也带给人幸福；尽管因为它们的实现要依靠许多严格的条件，因此它们所带来的幸福远远不及通过对真理的沉思所得到的幸福完美。

如果这种观点包含着享乐主义的成分，它也远远不是眼前的满足。亚里士多德的理论从整体上说是一种赞成依据原则而不是激情而生活的理论；赞成终极目的的观念似乎有必要为你的生活制订一个理性的计划。中道的理论为由理性指引的人应当选择怎样的生活方式指明了方向，亚里士多德指出，过一种有计划的而不是情绪化的生活之所以是合乎逻辑的，在于认识了这样一个事实，即一种没有理性指导的生活是超出了理性的考虑范围之外的生活：

> 一个按照自己情感生活的人是不会听从劝阻他的意见的……总的来说，情感似乎不会对意见屈服，而只会对强力屈服。[13]

美德概念的变化

　　古希腊人所认识到的主要美德是有限而独特的：勇气、正义、自制的美德，加上一个理智美德：智慧。当对亚里士多德哲学的兴趣在 13 世纪复兴的时候，基督教传统在这些美德之上加入了神学的美德：爱、信仰和希望。

　　后来，新教带来了一种很不同的关于美德的概念，它成为经常被描述为维多利亚美德的基础：努力工作、诚实、正直和为善，通过慈善或个人直接的行善，如照顾病人或教育青年。维多利亚美德也包括家庭价值观念，正如葛楚德·黑麦尔法勃指出的，这些根本构不成古希腊人启应祈祷中的一部分，更不用说如何有效管理全家人的美德了。[14]

116

　　可见，不同的美德可能适应不同的时代和地方，因此美德是一个比权利更具相对性的概念。它是否能像今天的道德特殊主义者所讲的那样，相对是更值得怀疑的。亚里士多德的中道理论对于个人是相对的——也就是说，勇气对于一个成年人和对于一个男孩而言是可以不同的——但是古希腊的美德观念是作为具有普遍适用性和客观性的概念来提出的。近期美德理论的发展更强调主观性，认为人可以对任何特别的情况做出个别的适当反应。的确，在它的一些拥护者那里，很难把它与所谓的"境遇伦理学"——一种认为不存在有关道德判断的规范或共同特征，只能对特别的情况做出特别的道德反应的观点——区别开来。然而，"这对我来说是善的"的断言与"这对我来说是正当的"一样具有相对性，二者都是相对主义的视角，都具有相对主义的所有不足。[15] 自相矛盾的是，它们都丢掉了普遍主义者的视角，不仅丢掉了近代自由道德理论的视角，也丢掉了作为其起源的、古代柏拉图和亚里士多德所构想的美德理论的视角。

好的生活

　　现代美德伦理的主题的范围是宽泛的。它不仅包括对美德本身及各种具体的美德的分析，也涉及如友谊、正直、忠诚、羞耻、罪感和悔恨等概念。

另外，今天通常所说的"如何生活得好"指的是：与智慧这种理智美德联系在一起的道德上的美德观念，柏拉图和亚里士多德都认识到这一点。"过一个好的生活"不仅是一件有效的或有能力使用恰当的手段达到想获得的目的的事情，而且意味着在一些基本的事情，如事业、婚姻和个人或家庭关系上做出明智的或好的选择。正如菲利普·富特所讲的，它意味着能够判断出什么是真正重要的事。富特补充说，美德与艺术和技能是有区别的：美德包含着意志。

117　　"生活得好"也包含着某种个人的正直观念。例如，某些人可能会去退还别人多找给他的钱，这很可能不是因为他们认为如果不这样做的话，就犯下了一个很大的错误。他们甚至可以说，因为店员的粗心大意而多找给自己的钱，不退还也是很合理的。但是让我们假设他们的确把钱还回去了。那么这样做的原因是什么呢？一个很可能的原因使他们不怕麻烦地把钱还回去，这是他们对自己有一种诚实的人的观念，或者从反面讲，认为自己不该是小偷的观念。把钱留下会不可接受地改变他对自己的看法。英国哲学家伯纳德·威廉姆斯注意到正直的观念——一种对自己的品格和自我形象的合理的道德关心，并讲了两个引起了很多争论的例子：一个是名叫乔治的年轻人，因为坚持某种原则而反对生物化学的战争，在一家防御基地得到了一份制造这种武器的工作，这显然对某些人有好处，包括对他自己；另一个名是叫吉姆的植物学家，发现他自己意外地处于这样一种境地：他被提供了一个机会可以拯救一群将被杀害的人，但是他必须开枪杀死其中的一个人。[16]

威廉姆斯的例子涉及那些认为自己是某种形象的人。在没有遇到杀害事件之前，吉姆想当然地认为自己不是一个杀人凶手——不是一个能拿起枪杀害一个完全陌生人的人——而乔治也曾认为自己的目标是成为一名为公共的善而工作的科学家，而不是毒素的制造者。

过分注意自己有时会遭到批判，但是以这样的方式注意自己和自私是不同的。维多利亚时代的人尽管很强调自己——自助、自制、自律、自尊——但离促进自私的行为很远。相反，他们相信一个自由的社会需要道德的公民。他们认识到国家可能需要通过律法迫使顺从，但他们更强调自觉接受道德律的价值。黑麦尔法勃引用埃德蒙·伯克的话说：

> 人被授予适当的公民自由以适于他们的性情，用道德的锁链控制他
> 们的欲望……如果不存在对人的意志和欲望的控制力量，社会就不可能
> 存在，人对自己的内部约束力越弱，所需要的外部强制力就越强。[17]

✏️ 道德教育

这些思考以一种更尖锐的形式又一次提出了道德发展和道德教育的问
题。对这一主题的最早记载出现在柏拉图对话录的《美诺篇》中。在那里，*118*
苏格拉底把"什么是美德？"的问题与"美德是可以教会的吗？"的问题
联系在一起。在《理想国》中，柏拉图清楚地看到对这些问题的回答不能离
开对人性问题的理解。今天，试图对这些问题做出回答的似乎更多的是心理
学家，而不是哲学家。现代理论家——特别是结构心理学家皮亚杰（1896—
1980）——为了确认一种关于道德发展的普遍模型，使用的是经验研究而不
是前提推理的方法，在这种模型中包含了从幼儿的前道德状态到个人为自己
立法的道德自律状态的道德发展。

皮亚杰理论关心的是道德理性的形式，而不是其内容，是他对认知发展
理论的一般论述的一部分——这种关于知识理论的生物学基础反映在"基因
认识论"一词中。这种特点的认知以及道德的发展，就像身体的发育一样，
是一个顺序不可改变的连续过程。例如，儿童在学会走路之前先学会爬，尽
管他们获得这种技能时的年龄可能不同——但是这个顺序，而不是时间，是
固定的。同样，皮亚杰试图证明道德发展的顺序，而不是发展的速度，是不
可改变的。根据这种理论，儿童一旦经过了前道德阶段，再经过他律阶段，
在这个阶段中道德被看作从权威人士那里——先是从年长的人，然后是从同
龄人继承而来的，最后达到自律阶段——在这之前，经历了以自我为中心的
人到社会人到普遍人的过渡。[18]

劳伦斯·科尔伯格（1927—1987）试图对皮亚杰描绘的宽泛的图画做

出限制和发展，他明确了道德发展的三个不同层次——先传统的、传统的和后传统的。每个层次又包含两个不同的阶段，加起来总共有六个相继的阶段。[19]科尔伯格的道德发展阶段通常被描绘成一个从低级到高级发展的序列。最初的和较低的阶段是：首先，儿童的思维基于听从成人、惧怕惩罚和接受权威的阶段；接下来是一个关键的阶段，在这个阶段中，孩子为了互惠或同龄人之间的公平原则而接受自己感兴趣的东西；然后是一个寻求赞同和得到其共同体或群体好的评价的阶段。在这个阶段人与人之间的关系以及人所承担的如情人、父亲、母亲、公民等角色至关重要。

119　　　　再往后就进入尊重正义的阶段：认识到规范对于公共生活的重要性，接下来理解到一些规范的普遍性以及它们如何体现在关于个人人权的原则中，并适应不同的文化和社会。科尔伯格预测存在一个第七阶段，其中普遍人的视角为一种神圣的宇宙视角所代替，这种视角很可能有一个宗教的或泛神论的根源。

✏️ 女性伦理学观点

科尔伯格的研究使用的是基因中立的词汇，但是它似乎揭示了妇女通常不能达到道德发展的较高级阶段；相反，她们不平衡地挤在第三阶段，通过人们之间的相互责任体现道德，强调个人的关系，强调帮助、关心与寻求取悦他人。起初，加入科尔伯格发展理论研究的人认为这仅仅表明妇女在道德上不如男人进步——也就是说，她们在很多方面存在着不足。然而，这触动了心理学家凯洛·吉利根，她认为道德判断和行为之间的关系值得进一步评价和研究。正如她后来写道的：

> 这存在一个矛盾，因为正是传统上被认为是妇女的"善"的关心和在意他人需要的这些特征，恰恰成为她们道德发展不足的标志了。[20]

当她听了妇女们如何做出困难的道德决定的解释以后，吉利根感到她听到的不是一种滞后的道德发展水平，而是一种关于道德的"另一种声音"。

当然，关于不同性别的人有不同的理解道德的方法并不是一种完全新奇的观念。西格蒙德·弗洛伊德（1856—1939）在 1925 年写道："妇女有关伦理正常的观念与男人的观念是不同的"，他接着说："妇女比男人更少表现出对正义的敏感，她们更少愿意在紧急时刻牺牲自己，她们更多的是受亲密或敌意的感情的影响。"几乎是在同时，改革家弗吉尼亚·沃尔夫写道："妇女的价值观显然不同于男人们所制造出的价值观。"但是在 20 世纪 80 年代，吉利根以一种更理论的方式总结了她的结论，使之成为形成一种新的妇女伦理学概念——关怀伦理学的声明。正如她所讲的：

120

> 道德问题是由责任冲突引起的，而不是由权利间的竞争引起的；所需要解决道德问题的方式是一种具体的叙述思考方式，而不是一种形式的抽象思维方式。要理解责任以及人与人之间的关系问题，涉及关怀行为的道德观念就在道德发展中占有核心的地位，就像要理解权利和规范时，公平的道德观念就必然与道德发展联系在一起。[21]

吉利根所发现的是，要用联系的观点来描述她们的道德反应，例如在堕胎的问题上，她们不讨论胎儿是不是人，或试图为妇女与婴儿之间的权利竞争而争论；相反，她们讲的是这样一些事：我婆婆病得非常严重，我丈夫没了工作。在这种情况下要孩子是错误的。换言之，她们把自己看作是对其他人负责任的至关重要的人选，这些人因为有局限而依靠她们的照顾。她们是在提供一种道德的理由，但是这种理由完全不同于那种基于康德的和功利主义的平等、可普遍化、理性所给出的理由。[22]

伦理学中的女性"声音"与美德伦理学有一个共同的倾向，即把道德的自我看作是具有其具体的特殊性——一些哲学家称之为一种"厚"的而不是"薄"的人的概念——也看作是已经为责任和关系所束缚的自我。其他的人也被看作是有其特殊的个性并被置于特殊的条件之下，而不是用诸如"需要帮助的人""如果得不到救援就会死的人"等这样普通的类别来描述。内尔·诺丁斯更进一步强调说：关怀是道德的自然基础，但是人们仅仅关怀与之有特殊关系的人，他们因此而回报或至少感激这种关怀。[23]

像一些美德伦理学家一样，很多女权主义者维护境遇伦理学，而不是规范伦理学。她们认为，对于每一种具体的情况，都有一种关怀、责任的道德与之对应，她们强调传统的"妇女"美德，如友好、慷慨、助人和同情等。吉利根把这称为"一种特殊的道德认识论"。

121   《旧约·圣经》中的两个故事可以用来总结关怀伦理与正义伦理的不同。一个故事是关于亚伯拉罕的，在一次考验中，他因为愿意为了上帝而牺牲自己的儿子，而获得了道德上的胜利（尽管结果没有人要求他做出这种牺牲）——本质上是人为了原则而牺牲。相反，在《旧约·圣经》的另一个故事（所罗门的判决故事）中的母亲，为了救自己的儿子而牺牲了正义（所罗门已经判定孩子归所罗门和另一个妇女拥有，所以应当剁成两半以在她们之间分配）。[24]

 插曲

    在和艾莱特讨论这两个故事时，我发现自己在问这样一个问题，如果说男人和女人在理解道德的方式上存在某些重要的分歧，那么导致这些分歧的原因是什么呢？是不是因为男女之间生理上存在差异的事实，特别是女人要生育孩子，而这会引起各种生活方式的改变呢？或者是否可以用抚养他们长大的环境和文化的差异来解释呢？或者，是否那些女权主义者认为家长式的制度——在所有的文化中男人都压迫女人——可以解释所有的问题是正确的呢？

    艾莱特对这些问题表现出极大的兴趣，我们对此又进行了深入的讨论。但是最终我们一致认为，我们感兴趣的这些问题事实上已超出了性别的差异。但是我们都有种共同的感觉，即强调的两个不同的重点——关怀和正义——不是真正不相容的，但是二者都是在自己的领域内才是适当的。我们还一致赞同，如果不同性别的人之间确实存在着差异，那么这可能正构成了彼此之间应当互相学习并应当调整自己，以适当的方式对对方做出反应的理由。

但是我越来越清楚地感到，随着我与艾莱特的对话方式的进展，我们所讨论的许多伦理学的理论问题集中到个人关系中最深刻和最亲密的特殊关系上，特别是涉及那些把一个新生命带到世间以及抚养其成长为共同体中有道德的一员等问题。我想知道艾洛依人在这些问题上是怎样处理的，他们是否有关于婚姻的制度，或类似的东西，以及他们如何抚养其子女等。同样，艾洛依人也希望知道我及我所来自的社会对这些问题的处理方法。但是艾莱特似乎急于想把我们的讨论分享给其他的同伴，所以他离开了，而把我留给了 *122* 另外两个人——吉纳和安，与他们继续讨论这个问题。这是两个睿智的人，似乎总是为这个群体里的其他成员提供有关私人问题的建议。

◎ 注释

［1］Steinbeck, J., *East of Eden,* p.459. 注释由邓肯·波斯维尔（Duncan Boswell）提供。

［2］Anscombe, "Modern moral philosophy", 1958.

［3］MacIntyre, *After Virtue.* 关于自由主义和共产主义的讨论，见 chapter 10 below。

［4］McDowell, J., "Virtue and reason", pp.347-8.

［5］Aristotle, *Ethics,* p.72 (10966b26-1097a14).

［6］Ibid., p.73 (1097a35).

［7］Ibid., p.254 (1153b)："那些坚持认为只要他是善的，即使遭遇极大的灾难，他仍然是幸福的人是在胡说。"

［8］见 Butler, *Fifteen Sermons,* 特别是 sermon 11。

［9］Hume, *Enquiry Concerning the Principles of Morals,* p.279.

［10］Aristotle, *Ethics,* p.76 (1098a17).

［11］Ibid., p.92 (1103b).

［12］Ibid., p.330 (1177b).

［13］Ibid., p.336 (1179b 25).

［14］Himmelfarb, *The Demoralization of Society.* 作者认为，美德的观念并不局限于中产阶级或上层阶级。"体面"是工人阶级的一种特殊美德："工人阶级回忆录以及口述历史令人心酸地证明了人们不管面临多少困难与诱惑，为了保持体面，保持良好的个性以及品行所做出的努力。对男人来说，这就意味着无论多么低微都要拥

有一份工作，切勿有酗酒的习惯；对女人来说，就是要保持整个家庭的整洁、有序，以勤俭持家；对孩子们来说，就是要在家或者学校都乖巧听话，主动承担家务，如果可能，还要给家庭贡献一些收入；对整个家庭来说，它意味着'离开济贫院'，不再靠领取失业救济金生活，加入丧葬俱乐部或者是互济会，以免受穷人葬礼的耻辱，拥有一本'干净'（已付清）的租金簿，能够在特殊场合穿着自己最好的衣服，它们即使破旧却依旧整洁，更无须给出理由或感到耻辱（比如因为醉酒或私生子被捕）。"（pp.32-3）

［15］见 chapter 4，特别见 pp.57-63。

［16］Smart and Williams, *Utilitarianism: For and Against,* pp.97-118.

［17］Himmelfarb, *The De-moralization of Society*, p.51. 她评论道："今天，在尼采或福柯的追随者中，正是这种自我诱导式的道德，内化的良知被认为最具强制性与专横性。几乎所有的维多利亚人都无法理解这个观点。"

［18］见 Piaget, *The Moral Judgement of the Child*。

［19］Kohlberg, *Essays on Moral Development.*

［20］Gilligan, *In a Different Voice,* p.18.

［21］Gilligan, *In a Different Voice,* p.482.

［22］女权主义者关于堕胎问题的议论，见 Gilligan, *In a Different Voice,* chapter 9。

［23］见 Noddings, *Caring*。

［24］关于对这些故事的评论，见 Gilligan, *In a Different Voice,* p.104。

第八章

个人的关系

- 第八次对话
- 性道德
- 激情还是诺言？义务还是意向？
- 婚姻
- 家庭
- 插曲

第八次对话

安：我们听说你从非常遥远的地方来。现在你可以想象到了，这在我 124
们中间引起了怎样的好奇。我们很想知道你们的社会在很多方面是怎样管理
的，以及它与我们的社会有什么不同。

旅行者：我很高兴告诉你们，尽管你们应当理解，在我们的社会，一涉
及个人关系问题，没有一个统一的生活方式——无论是个人的观点或在实践
中都存在着多种不同的选择。因此，我可以给你们提供这些不同的观点——
更重要的是——在这些差异背后隐含的原则。

吉纳：那正是我们想知道的。也许别人会来问你有关的事实——有关你
们的实践和制度的细节——但是我们对其背后隐含的东西更感兴趣。例如，
你们是否有关于调控个人关系的规范？这些是否被看作是伦理问题？当人们
决定要孩子时会怎么样？谁为孩子负责？这些个人生活中的问题是留给个人
自己处理，还是有法律和规则来调整？

旅：是呀，一些人认为个人关系问题当然是私人的事情，我们认为划清
公域与私域的界限是非常重要的。但是其中也存在着矛盾，如果你想谈论的
是影响到家庭基础的性关系，那么我必须告诉你，事实上，几乎没有任何一
个社会不对人生活中最亲密的方面给予法律或规则的调整，尽管所实行的管 125
理方式随着时间和地点的变化而不断地变化。

安：真有意思。也许我该告诉你，在这里，在我们这群人中间，几乎
没有调整个人关系的规则。如果你想知道其中的原因，那么我得说，是因为
我们的科学家在为了医药的目的而培养植物方面很在行。结果使得我们完全
控制了生殖的过程，这意味着我们可以把性和性关系与生孩子的事完全区别
开来。

旅：这一定为你们的个人生活提供了极大的自由。

吉：从某些方面讲，是这样。但是它也使得我们的规范委员会要更多地调整这些"个人"的决定。在这里，妇女必须向生育委员会申请才能怀孩子，非计划的生育被认为是一件很严重的事。至于男人，他们很少有权利对这些事发表意见。但是如果他们愿意，可以找一个女人为他怀一个有名字的孩子。他们大都不必麻烦，孩子一出生就被送到由公共基金建立的全日制护婴房。

旅：那么妇女为什么要有孩子呢？她们几乎与孩子没什么关系呀。

吉：我能理解你为什么认为这是个问题。但是很多女人确实还是希望自己至少有一个孩子。我们还有一种被称为"生育妇女"的人，她们以生孩子为职业而且报酬丰厚。

旅：关于这一点，我希望你能告诉我更多的情况。你讲的很多方法使我想起我们社会中有关的发展趋势，以及在我离开之前听到的有关其他地方实践中的谣言。我应当补充说，这类事也是柏拉图的理想国的一个特征，但是在那里，事情不是偶然发生的。他们组织配对节，统治者在幕后安排谁可以接近他们，并与他们发生关系。但是在这次必要的配对之后，配对的双方以及父母与子女之间任何束缚都不再延续。

安：听到这些不同的实践和观点实在是太有趣了。但是我们更感兴趣的是作为其基础的原则，而且讨论的起点不是对这些不同的实践的管理，而是 126 你开始提到的人们之间形成的亲密关系。

旅：我同意。应当说我用的"关系"的概念非常广泛，包含了从稍微熟悉到同事、同志、朋友和爱情的各种关系。也许因为"爱情"在我们的社会中已经大大贬值——背叛的借口多如牛毛——我实际上谈论的是超出了爱的人们之间的联系。

安：我想我们理解不了你这样高深的领域，我看我们还是谈点更实际的问题吧。

旅：好吧。但是即使你把主题局限在两性关系上，也存在着从互不相识的人纯粹追求快乐到两个人是终身伴侣的巨大差异。

吉：等一下。我是否可以问一下，你现在谈论的是男女之间的关系问题吗？

> 旅：不一定。因为在同性的人之间也存在着各种各样的关系。其中最普遍的是简单的朋友关系，在过去，朋友关系通常是同性之间的关系——无疑是由于实际的原因及其他的原因。今天对身体接触的注意使朋友的观念——甚至是同性朋友的概念——变得困难了，而且极易引起误解。此外，同性之间的性关系也不再是禁忌了。
>
> 安：是有点复杂。那么我想，对于这样一次谈话而言，这个范围可能太宽泛了。因此，让我们谈一些真正感兴趣的问题吧。那就是你说的男女之间的关系问题——特别是因为这最后涉及生育孩子的问题。因此，就像吉纳告诉你的那样，在这里我们先回避一下那些问题吧。
>
> 旅：好吧。我会尽可能引导你们。但是尽管限制到这个方面，这个主题仍然很大。

✎ 性道德

　　过去，"道德"一词除了用来指性道德以外，几乎不指代任何其他的内容。但是现在情况彻底改变了，以至于许多人认为性道德根本不属于道德的一个领域。例如，影响颇大的哲学家彼得·辛格（1946 年生）在他的《实践伦理学》一书中写道："性根本引不起特别的道德问题……相应地，这本书不包含关于性道德的讨论。"[1] 这不仅只是哲学家们所持的观点，实际上很多人都这样认为，而这很大程度上归功于可靠避孕的出现。如果不是像艾滋病等其他传染性疾病的蔓延，历史上有可能史无前例地出现了性自由的结果。 *127*

　　然而，尽管在这个领域试图避免道德评价的愿望是可以理解的，但是必须认识到，道德在某种意义上注定构成了这个领域的特征，因为它包含着一种关于什么是正当、什么是非正当，什么是善、什么是恶的观点。这当然不是说人们被迫强加其观点于他人，或者通过法律强迫他人按照他们的标准来生活。同样，他们作为一种道德的存在，被迫在一种更普遍的意义上对这些问题有自己的观点，没有理由把性和个人关系的领域排除在这种普遍的真理之外。

几乎是在同时，也产生了对性自由的生理后果的疑问——对新疾病以及复燃的失去控制的旧疾病的恐惧——性自由的经验引起了在更深程度上对过度的性的重新评价，许多人确信人们之间的亲密关系以及以此为依靠的家庭制度是社区和文明的标志。

如果这是正确的话，性不是一个道德不能涉足的领域，那么就可以提出这样的问题："性及性关系的道德基础应当是什么？"一个可能的答案用自然的和正常的标准来衡量，因为"不自然"和"不正常"已经经常被用来谴责这个领域的某些行为了。但是"正常"的观念无非指的是大多数人在如何行为，是很难带有某种确定性的观念。即使能够建立起某种确定性，多数人如何行为仍然仅仅是没有道德内涵的事实叙述。

有关什么是正常的知识确实能够被间接地加以利用，因为正常的行为在实践中对什么是自然的提供了一种指导，而把这作为伦理上健康的人类生活基础是有说服力的。人的自然也就是人的善的观念，特别与一些宗教观念相联系——例如，基督教、犹太教和伊斯兰教——但是它具有比这更广泛的吸引力。从它最狭隘的形式上讲，把自然的东西作为指导的观点就是认为，只有导致生殖的行为才是最自然的行为。然而，生殖在大多数人的生活中都只是偶然的行为，所以，按照这种解释，按照自然的指示生活就只能要求很少的性生活。一种更慷慨的和更现实的对自然的理解，可以把它扩展到在抚养孩子的长期过程中，通过稳定和强化两个人之间的关系而为生殖目的服务的任何行为上。尽管这大大地扩展了"自然"的范围，但它仍然隐含着排他性的限制，例如，泛滥的性关系和以自私占有为基础的多个性伙伴。完全抛开道德的尺度，剩下的只能是表现了人性最阴暗的一面的行为——强奸、性虐待和凌辱儿童。

"自然"的标准似乎也排除了同性恋的行为，但是当同性恋是基于生理的差异时——一种定位的问题而不仅仅是选择的问题——就可以对一些人的生活给予指导和支持，因此可以说它是另一种意义上的自然。这样一来，一涉及性问题时，"自然"就不是没有道德内涵的了。但是对于"正常"而言，在确定事实和得出道德结论之间仍然存在着距离。尽管把自然当作行为的指

128

导而完全抛弃是不明智的，人们也并不认为依据自然而行动就总是正确的。因此尽管忽略自然要求的重要性是愚蠢的——在其对于人种的生存和延续是必要的意义上而言——仍然应当探索一些不是直接出于生理上的考虑的问题。下面是几种可能性。

一、个人享乐主义

首先存在一种彻底自私的伦理的可能——享乐主义的、个人主义的，或者追求个人满足的伦理。尽管个人的享乐主义通常不被认为可以构成普遍伦理的充足基础，但是许多人认为在狭窄的性行为领域中它是可以被人接受的。但是很难把它推荐为普遍的政策，因为那就包含了自己也愿意被别人仅仅当作满足其愿望的对象，就如同把别人仅仅当作满足自己愿望的对象一样。换句话说，如果每个人都把自私地追求个人的快乐作为行为的指南，那么，性关系就变成了一种像霍布斯所说的——"每个人与每个人的战争状态"——在这种情况下，是男人与女人、女人与男人之间的战争状态。这意味着两性之间的关系将被一种性的由当事人双方自己负责的原则所统治，并将不可避免地导致对弱的一方的剥削，如果他们的利益也考虑进去，那么制造幸福和快乐的目标似乎不能仅仅局限在纯粹个人主义的基础之上。

129

二、幸福的最大化

一种避免这些困境的可能途径是，通过接受功利主义的方法，在更广泛的基础上考虑行为的结果，扩展快乐的范围，并以此作为立法目标的基础。在这种情况下，正确的事就是让人们幸福的事，但是要确定它是什么，并不像看起来那么简单。在你的计算中是否仅仅包含了直接涉及的那些人？是否应该评价对整个社会的影响？即使仅仅考虑到那些直接涉及的人，在很多情况下，这不仅包括男女双方，而且还有孩子，并不乏孩子因为成年人关系的变化，特别是父母离异而受害的例子。无论以哪种标准来衡量——健康、学习成绩还是社会表现——那些在稳定的环境下和长期由父母双方抚养的孩子都强于其他的孩子。更不用说家庭的破裂对孩子的限制了。同样，对于年长的家庭成员也有类似的问题，这会破坏他们已经确立起来的对安全感、来自家庭的温暖的照顾以及与自己的孙子们经常联系的期望；对于关键性的伙伴关系本身，也可能存在着暂时幸福和长远幸福的重要对比，尽管这一点经常为处于火热状态中的当事人所忽视。

也有一种"整个社会"的视角，虽然它一涉及个人生活的问题，就很容易打折扣，但是它认为，在自由的社会中，从确定的关系转向包括离婚、家庭的破裂、社会的变化和地理位置的转移等在内的更核心的生活方式，在情感和经济的安全方面都要付出很大的代价。

因此，任何人断言从各种可能性的观点中有一种确定的关于"平衡的幸福"的选择都是不谨慎的。以简单的方式处理要解决（较为复杂）的问题就太短视了，而更深远的考虑又是这样的复杂和昂贵，因此显然功利主义的方法对于解决性泛滥的问题是有局限性的。

三、原则化的道德

正是出于这样的考虑，使得简单地诉诸原则成为一种比争论实践结果更吸引人的选择。这是几大宗教的观点，但是它并不必然需要宗教的支持。因为当宗教信仰者把他们的原则建立在权威和拯救的基础之上时，原则也可以依靠非宗教的基础给出自己的证明，或者它们也可以建立在理性的基础之上。

然而，一种认为应当依据原则而生活的道德在处理性关系问题中并不受欢迎，而经常以各种理由遭到攻击。首先，有一种普遍的指责是这在实践中太刻板了；应当承认，从历史上看，很多人的不幸都是严格地、不折中地把原则应用于那些应当由情感、感觉占统治地位的亲密的私人领域而导致的。

还有一种更具体的反对绝对主义的或原则化方法的指责：谈论原则可能会忽视人性的局限性。例如，信守诺言通常被认为是一个重要的原则。但是在个人关系问题上，人们经常对一些严格说来超出了诺言所能控制的范围的事做出承诺——这种情况在所有其他问题上都被认为是无效的承诺。特别是，实际上人们不能承诺同一种个人的感情可以为另一个人也能保守一生。这似乎使婚姻的概念立即失效了，但是它同样也可以看作，这表明了不应该把婚姻与永远爱某人的承诺混同起来。因此，原则有它的位置，尽管被人性软化了。当然，很多普通的道德原则在这里也起到一定的作用：公平、考虑他人、诚实、开放以及对至少是意图保守诺言的某种程度的赞同。

 ## 激情还是诺言？义务还是意向？

在这些简短的思考中，丝毫没有提到法律在这方面的地位。诗人珀西·比希·谢利（1792—1822）在一篇短文中很好地表达了一种浪漫的传统，其中用被人称为爱的这种强有力的个人情感来稳定两性之间的关系。谢利确信，关于婚姻的法律制度破坏了这种理想的基础。正如她所讲的："爱在强迫下枯萎了：爱的真正本质是自由。"[2]在说这个的时候，她是继承了她丈夫的父亲威廉·葛德文（1756—1836）的无政府主义的精神，葛德文是《政治正义论》的作者，谢利对他充满了敬仰。[3]

谢利所希求的是激情的依赖。然而，很久就有一种哲学传统拒绝激情的完全依赖，或者认为这是危险的——柏拉图把激情描写为脱缰的野马，使得驾车的人处于危险的境地——或者认为是使人对生活改变的命运充满敌意。在柏拉图的另一篇关于爱的对话录中，高扬了渗入美德的关系，尽管他们可以有感情和精神的依赖，但不涉及身体的接触。然而斯多葛主义者强烈地认为，冒险地将自己的情感寄托在不可能永远属于你的东西上的悲哀，可以通过使自己不沉迷于过深的依赖上而加以避免。爱比克泰德写道：

> 每当你变得依赖某种东西的时候，不要把它当作那种不能再被拿走的东西，而把它当作像罐子或透明的高脚杯一样的东西，这样一来，当它破碎的时候，你就能够记得它原来的样子，而不会因此烦恼。同样在生活中……记得提醒自己你所爱恋的对象是不朽的；它不是属于你自己的东西；它只是现在归你所有，并不意味着不间断地或永远归你所有，就像无花果或葡萄一样，只在固定的季节开花结果，但如果你在冬季里渴望得到它，你就是个傻瓜。[4]

与此类似的观点体现在现代的存在主义者的哲学中，并为后现代主义者和女权主义者所继承。以法国存在主义思想家让·保罗·萨特（1905—1980）为例，他的哲学观点反映在他的个人生活中他与西蒙尼·德·波伏瓦的私人关系上。他们俩都是不互相拥有的理想的缩影——不对另一个人做出任何承诺。然而后来出现了一些单独或共同认可这条路的人，认为自己是这种理想的受害者；德·波伏瓦最终是否对自己的选择感到幸福是不为人所知的，尽管当代的许多女权主义者已经不加批判地把她的生活作为一种向往自由的范例了。[5]

今天的性自由思想家不是必然像斯多葛主义者那样反对激情，他们反对的是感情的寄托和持久。但是这种观点与人们的愿望——通常强烈地被感受到——亲密关系的愿望相矛盾，不仅是对同辈们的，而且是对以父母、祖父母为代表的长辈们的，以及通过对儿女、孙子而对晚辈们的亲密关系（来体现）。

除了这些考虑之外，激情或浪漫的爱的方面，即使对很多人而言，这是他们的关系中主要的方面，本质上也是属于个人经验的私人世界，但不能简单地作为法律或经济规范占统治地位的公共领域的一个要素来对待。在这种意义上说，谢利认为爱本质上是远离任何规范控制的观点是正确的。

132

这也是为什么在大多数的司法管辖权中都有特别的规定，通过法律把婚姻作为一种公共的和授权的关系，并强加了一种正式的婚姻概念。当然，社会不必用正式的契约来限制两性之间的关系。普通法婚姻和事实婚姻的关系提供了一种更不正式的形式，即使是结构非常复杂的现代社会仍然具有可行性。但是在发达的现代社会，准婚姻的管理本身也要依靠一种作为制度的婚姻概念，它们是其中没有或很少有法律参与的阴影部分。

 婚姻

接下来什么是婚姻的问题是一个更为基本的问题。也许首先从伦理的角度而不是法律或社会的角度考察这个问题是必要的。很典型地，在西方基督教和犹太教的传统中，婚姻是排他性的关系的代名词，在这种关系中的两个人各自放弃了自由，而发展一种基于相互理解之上的另一种关系。它至少包含着以稳定为中心的永久的愿望，不仅是为了婚姻的结果——孩子，也是为了夫妻双方自身。

然而，人们今天对于婚外性行为却可以广泛接受，通过离婚而终止婚姻也具有了普遍性和广泛接受性；的确，随着生存年龄跨度的增大以及改善了的健康状态，已经使得人们对年轻时缔结的契约的期望发生了变化。但是通过轻易离婚而从婚姻关系中解脱出来，在实践中存在着许多弊端。从长远上看，那些从婚姻中解脱出来所获得的自由，远远不像期望的那样好，留给他们的，同样留给被他们抛弃的伙伴的是可能要冒孤独、精神崩溃的险，以及由于关系网络的破坏而引发的各种疾病，因为这些关系网对于离异的双方确立自己的身份和自我形象有着非常重要的意义。

这些当然是出于实际的考虑，同时也存在着另一种从哲学的角度对轻易离婚的反对——特别是协议离婚，其中破裂的事实本身就构成法律上结束婚姻的依据。从中可以理解到婚姻的概念。如果大家都认为仅当方便的时候，承诺才被履行，那么就不可能建立起一种承诺的制度。同样，当人们普遍认为只要还有感情支持它的存在，婚约就会持续的观点时，事实上，就不可能不建立一种结婚的制度。婚姻的承诺就像一种尤利西斯的契约——它说："相信我，无论将来我如何感觉。"[6]

然而，有许多人提倡一种起点开放、双方自愿的形式的婚姻。当代美国哲学家理查德·E.瓦萨斯兆姆认为：同意排他性的性关系不能认为是婚姻必要或充足的条件。[7]这就把争论的焦点集中在婚姻概念的内涵上。但是，让两个人同意一种婚姻观与婚姻概念本身，要留给双方和以前同样多的自由的要求是不连贯的。相互的自由实际上否定了契约。但是没有这种同意和开放性，双方一定会采取老式的欺骗手段，其负面的特征是众所周知的：背信弃义、隐瞒、撒谎，从双方的联合体倒退到简单的共事，冒着代理或隐藏父母身份的风险。

因此，正式的婚姻是一种进入公共生活领域的关系，经过法律的授权，并经过慎重的考虑和有关团体的理解。尽管双方的爱很快就会诉诸所涉及的团体，但是从社会的角度来看，那一纸婚姻的契约只不过是表明了一种经济和性的结合。

这种相对枯燥而正式的描述，可以同一种更直接的，但更少感情化的概念联系起来——终身伴侣——一种无论是讽刺地还是现实地被描述为生活的保险政策。这种联合用基督教的语言，被描述为持久的："不论生病还是健康，幸福还是不幸，富裕还是贫穷。"这种同甘共苦、相濡以沫的观念对于一种进入婚姻关系的长远承诺而言，比激情更负责任。也许正是这种意义上的承诺才是婚姻关系本质的特征。

联合体的很多目的可以得到相关团体的帮助，这些团体通过寻求和具体化一种适合的法律结构给予其帮助——例如，共同占有财产，本身很少能够不包含任何法律的内涵。但是人们有了孩子的共同纽带之后，对它的警惕性就小多了。然而，对于这种类型的事业，需要多年的经营才能昌盛，一种共同的承诺为这个过程提供了一个合理性的证明或基础。这种考虑对于那些认为婚姻仅仅是生育孩子的联合体的人尤其重要。

134　　正是这些考虑影响了一些哲学家的观点，特别是洛克和康德，他们认为婚姻本质上是单个人之间的契约，其主要的目的是性的满足和组建家庭。洛克对契约持有一种狭隘的和相对局限的观点，这与当代有关婚姻的观点类似：他认为丈夫和妻子的角色不是一个涉及身份持久转变的角色，而是外在的社会角色，在承担一段时间以后，当婚姻的核心任务——抚养孩子——完成以后就可以抛弃。康德则强调夫妻双方的公正地位和权利，他认为婚姻是终生的，并建立起相互的尊重。在某种意义上，他认为，每一方都被另一方所拥有。

相反，德国理想主义哲学家黑格尔（1770—1831）认为，康德对契约的强调是有侵犯性的。他坚持认为，恰恰相反，涉及婚姻的契约超出了乏味的普通法律契约的性质：它在为组建一个有机的组织的两个人创造了一种精神的契合，而且它也为两个自我，以及他们的孩子创造了一个共同的世界。[8]他写道："尽管婚姻是以契约的形式开始的，但是它是一种超出了契约立场的契约，这种立场是把自己看成是个性自我维持的单元。"[9]尽管存在着这些表面的不同，洛克和康德的自由个人主义观和黑格尔的组织神圣主义都持有与浪漫的婚姻概念相反的观点，这种观点把婚姻或准婚姻关系与一时的兴致或全神贯注于个人的满足联系在一起。

当然，谢利认为不能规范心灵的非规范性的情感是正确的。但是人们还是被期望像他们承诺的那样生活。国家的功能是或者通过强制，或者通过保证对受害的一方给予补偿的方式使得长期的婚姻关系成为可能。这看起来是一种反自由主义的情绪，考虑到限制私人生活对国家利益的侵害的要求，在家庭的强弱与国家干涉私人生活的程度的强弱之间，有一个互动的关系。国家的干涉要扩展到个人遗留的真空，因为，在现代社会，真正的从属者总要以某种方式涵盖进来。即使从自由主义的观点来看，保护弱者利益的原则也是广为接受的，因为在这种情况下，孩子总是被视为弱者，而他们的利益也构成了为国家认可的婚姻契约基础的合理性证明。

家庭

首先，关心家庭的观念是有实际原因的。家庭观念来自最古老、最简单　*135*
的管理家政的概念，包含着一系列的关系：共同居住、经济共享、性关系和生育孩子等。非理性、强力和任意的性激情可以从这个乏味的框架中删除。这一点甚至被像卢梭这样的哲学家认识到了，他特别强调自由的价值，但认为友谊和相互尊敬，而不是性的激情才是婚姻更好的基础。[10]

然而，其他的哲学观点，对家庭的观念并不持有这样同情的观点。马克思主义者首当其冲，弗里德里希·恩格斯（1820—1895）认为家庭是一种使资本主义家长制成为可能并使其不朽的设置——人类把其财产和确认为自己的孩子传承下去的方式。[11]激进的女权主义者接受了这种分析的实质，但是用基因取代了阶级来解释剥削。他们把这种分析扩展为适用于各种经济和社会体系中的家长制的一般论题，因为他们把男人对女人的统治看作是所有社会秩序的特征，而不仅仅是资本主义的特征。特别是核心家庭——一个男人、一个女人和他们未独立的孩子——被认为是压抑的，制约了妇女发挥自己的潜力，因为抚养孩子的责任而勉强维持在一起。

这是一些权力和控制的问题，而事实是妇女总是处于不利的地位，不仅是因为她们平均体质的弱小，而且是因为蓄意地和不断地生养孩子——这在过去是她们的赌注——的循环。随着怀孕和孩子的生育已不再构成妇女生活的一部分，似乎她们的依赖性也会相应地减少。对于某些职业的女性确实如此。对于其他的人而言，妇女因为生育孩子而导致的依赖性理所应当由国家来解除。同时，随着单亲家庭在某些地方或群体的普遍化而不再是个例，私生子的概念——这在过去是令人害怕的耻辱——也几乎荡然无存了。然而，在这个阶段，是国家而不是个别男人为她们承担经济上的和实际上的责任的话，就认为妇女的依赖性已经被真正解除了，并提高了自由程度的观点是错误的。从实际上讲，女人接受的"国家"支持是一种来自他人的、通过义务税收的方式给予的支持。她的支持是更为分散的，而那些支援她的人从她那里得不到任何作为回报的个人关怀，但这并不意味着这种依赖关系的结束。

136

这些变化也引起了判断这些事情的道德基础的变化和道德判断与法律判断的自由化。可以预见，这也将导致国家以其他方式对家庭生活的参与，因为传统上由父母承担的责任将越来越多地为国家所承担。尽管国家充当父母的角色有很多的局限性。它不能威胁、骗取和诱惑年轻人的反抗，也丧失了做父母的压力，特别是做父亲的压力，同时也带来了创造一个更不文明的社会的压力。[12]

个体的和个人的自由被推到了极限，而让国家来管家庭生活中私人的自由，但是，自相矛盾的是，因为国家只能效率低下地处理这类问题，这最终将导致在更大的社会范围内个人自由的丧失。

插曲

安和吉纳从我的谈论中可以看到，在我们的社会中，家庭处于多种压力之下，尽管我怀疑他们是否真能理解我所描述的社会的复杂性。的确，我从他们的反应中可以看出，他们认为如果我们的生活按照他们的生活方式进行，也许不是什么坏事。当然，他们太理想化了。我不能像我打算的那样继续探讨这些问题了，因为正在这时，一个新来的人加入我们的对话中。他就是杰切斯，前几位对话者都曾经提到的一位科学家。他想的是有关家庭的其他方面的问题，而这令我想起，我所提到的一些有关家庭和两性关系的问题，他们受到的来自生物科学技术的影响与他们受到的来自社会因素的影响一样巨大。

这些意义重大的技术变革包括避孕技术的发展，早期堕胎技术和生殖技术方面的系列发展，已经触及"所涉及的人"的观念的根本。在我看来，和杰切斯谈论这些问题是值得的，因为对他来说，这些有关科学上的问题能够引起他极大的兴趣。

◎ 注释

[1] Singer, *Practical Ethics,* 1993, p.2.

[2] Shelley, "Against legal marriage", p.45.

[3] 葛德文（Godwin）与《为妇女权利辩护》（*A Vindication of the Rights of Woman*）一书的作者玛丽·沃尔斯通克拉夫特（Mary Wollstonecraft，1759—1797）结婚了，尽管他们都认为需要终身伴侣只是一种懦弱的幻想，但是玛丽在生下他们的女儿后几天就去世了，他们的关系不幸地中断了。这对葛德文的后半生产生了重要影响，并成为他们爱的纪念和标志。对于他们之间关系细微而富有同情心的描述，见哲学家让·洛克（Don Locke）关于葛德文的传记《理性的狂想》（*A Fantasy of Reason*）。

[4] Epictetus, *Arrian's Discourses of Epictetus,* Book III xxiv, pp.84–7.

[5] 见 *The Second Sex* and *The Prime of Life*。

[6] 尤利西斯（Ulysses）把自己绑在轮船的桅杆上，这样他即使听到海神女妖危险而有诱惑力的歌声，也不会为其所惑而成为牺牲品，最终导致自己的毁灭。他事先指示他的船员，即使在他表现得想受诱惑的时候，也不要放开他。

[7] Wasserstrom, "Is adultery immoral?".

[8] 关于这三位哲学家的观点，见 Trainor, "The state, marriage and divorce"。

[9] Hegel, *Philosophy of Right,* p.32. 引自 Trainor, "The state, marriage and divorce", p.142。

[10] 见 Pateman, *The Sexual Contract,* 其中引用卢梭（Rousseau）的话："人

们不是为了互相排斥而结婚，而是为了共同完成文明社会的义务，有条不紊地管理家政，很好地抚养他们的孩子健康成长。"

［11］Engels, *The Origin of the Family, Private Property, and the State.* ［恩格斯的《家庭、私有制和国家的起源》，引文参见马克思恩格斯选集：第 4 卷 . 北京：人民出版社，2020：12-174。——译者注］

［12］例如，见 Dennis, and Erdos, *Families without Fatherhood,* London；Dennis, *Rising Crime and the Dismembered Family*。

第九章

生与死的问题

- 第九次对话
- 制造新的生命
- 遗传学与身份
- 堕胎
- 杀害婴儿
- 安乐死
- 插曲

第九次对话

杰切斯：听说你们有很多成就卓著的科学家。

旅行者：是的，这是事实。但是在我看来，你们自己拥有的知识和技术似乎为你们提供了我们以科学为基础的社会里所拥有的许多东西——如生育控制、生殖管理等。我们还获得了对一些疾病、伤亡的某些控制，但是，我想你们也有类似方法可以影响到这些方面。

杰：是的，的确是。我们对人类生物学有深入的了解，我们还有一些人是各种治疗技术的专家。

旅：我知道你本身就是其中的一位专家。

杰：是的，我是个医生。人们到我这里来咨询他们所面临的问题，我通常都能知道怎样处理这些问题，或者至少我可以告诉他们根据自然发展的常理他们将会有怎样的结果。当然，有时我只能指出一种不可避免的结果，即走向死亡。

旅：那么，你会告诉一个人这个真实的结果吗？

杰：当然了，为什么不告诉他呢？因为首先，在事情没有发展到太糟糕之前，这给了他们一个机会选择如何结束自己的生命。我们是鼓励这样做的。而且，如果需要，我总是可以帮助他们实现他们的选择。

旅：然而，你不会对杀人感到良心上的不安吗？

杰：不会。至少当出于善意的目的杀人时，我不会感到不安。例如，如果我们认为罪犯的罪行非常严重的话，我们也把罪犯处死。当我们与潜伏在深林中的外族部落进行战争时，我们也为自己所创造的杀人纪录而感到骄傲。因此，当我们面对的是一个想死的人的疾病问题时，我们还有什么可犹豫的呢？

139　旅：从你所说的来看，或者有些人例外？对于患病或畸形的儿童及婴儿，你们怎样处理？

杰：是啊，在这种情况下，我很想听一听你们是怎样处理的？

旅：这是一种很复杂的情况——在我们的社会里，存在着很多反对的意见。但是，别抛开我们开始谈的问题。我们是从控制人口的再生产谈起的，而在我看来，关于生命的开始和生命的结束的问题是相互联系的。从我刚才听到的看，你们似乎有可靠的避孕方法，但我想知道的是，如果有人没有经过允许、不情愿或不小心而怀孕了，该怎么办？我想你们有很简单的堕胎方法吧？如果有，这是允许的吗？或者有一些反对堕胎的规定？

杰：对于这些事情，我看不出有什么问题。但是，从你的问题可以看出，你对此存有疑问。显然，这一定是反映了你们社会的一些观点。那么你为什么不放开谈谈这些问题呢？告诉我们有什么问题困扰着你？你为什么觉得这些事情是成问题的呢？

旅：好吧。但是这涉及许多不同种类的问题，我想我必须一个一个地分别阐述。

杰：尽管讲吧，这也正合我的工作方式。

制造新的生命

关于人类生命的最具革命性的科学发现之一，就是使在实验室里制造新的生命成为可能——这个发现引出了深刻的伦理问题。新生命开始于元素——由男人和女人提供的配子——的结合。因此，不必通过性交而找到一种把男人的精子转移到女人身上的方法不是很难——在很多国家，这是一种相对而言应用广泛的处理某些不育症的方法。但是胚胎学领域的发展意味着把雌性的配子——卵子——从女人身上转移到另一个女人身上，甚至转移胚胎，或者把它们冷冻后储藏起来。受孕的过程本身可以在实验室的试管或玻璃盘子里进行——因此有了"体外受精"一词的出现。通常，这些进展不仅是作为解决不育问题的手段，而且也作为避免患有遗传疾病的方法受到欢迎。

这些进展普遍地应用于畜牧业和植物培植已有一段时间了，但是，至少 *140* 是发展初期，人们认为要把这种实践运用于人类必须充分考虑伦理的依据。的确，试管婴儿技术的先驱者之一，罗伯特·爱德华兹在 1966 年刚刚开始从事这个领域的研究时就指出：

> 如果野兔和猪的卵可以通过培养而受孕，那么很可能人的卵通过培养也能受孕，尽管把它们移植到另一个接受者那里显然是不允许的。[1]

那个"显然"很快就被抛弃了，因为人们倾向于以这样的原则行事："如果某事是能够实现的，那么，迟早在某个地方，它终将会被实现。"因此，仅仅几年之后，在 1978 年第一个试管婴儿的诞生就打破了爱德华兹的谨慎的伦理评估。但是以这种方式决定向前发展并不意味着伦理的困惑已经得以解决。相反，众所周知，关于生殖新技术每一步的迅速发展都提出了许多关于人性的陌生伦理问题。这些问题本身的重要性来自这样一个事实：在大多数社会中，有关性与生殖问题的解决对于维持社会秩序和传统都至关重要。这些问题也经常与神秘性、禁忌、宗教和道德相关。但是尽管对于一个复杂的现代社会而言，已经把许多传统的信仰和观点作为蒙昧时代的负担抛弃了，它仍然具有重要的社会内涵。

这些社会内涵在取得实践进展的前沿表现得并不明显。因为许多新的程序都是在医学和保护健康的框架中进行的，人们通常想当然认为这将促进医学的进步。他们最初想解决的医学问题是不育症。尽管"不育治疗"一词隐约有些模棱两可。它通常既可以用来指在出现了一些可辨别的物理问题的情况下，帮助人们拥有自己的孩子的方法，也用来描述把配子或胚胎移植到与之没有基因联系的人身上的方法。宗教群体成员，包括犹太人、天主教徒和穆斯林，都认为这种区分是十分重要的。但是他们不仅认为这种区分重要，这种区分也不仅仅是一个宗教问题。相反，帮助人们拥有生物上和基因上都属于自己的孩子是一个几乎没有引起广泛的社会后果的医疗措施，而把配子或胚胎移植到与之没有关系的人身上却具有了改变家庭环境——孩子和他们的父母——的可能性，这种改变可以以一般性地冲击社会或冲击直接所涉的人们的方式来实现。

141   这其中的原因很复杂，而要寻找这些原因，也许在潜意识深度内的分析是比理性的判断更好的方法。有史以来，文学作品和传奇故事中就常有神仙偷走一个小孩后留下一个又怪又丑又笨的孩子的神秘传说。"长期为人所忽视的女子"的经验——继父母与孩子之间紧张而富有威胁的关系——也常常是个普通而又经常重现的主题。在那些生父不明早就成为人类生活的特点之一的地方，这些新技术使得人们可能通过一种根本不同的方式体验到对生身父母双方的身份都不明了时的困惑。他们的母亲真是他们的母亲吗？他们的父亲真是他们的父亲吗？吸引我的这个人真的是我永远都需要鉴别的同父异母（或同母异父）的兄弟或姐妹吗？这些问题甚至会经常萦绕在那些实际上不存在这些疑问的人的头脑中。然而，这些问题都已经成为可能的人，因为以前本来单一的角色现在却出现了分化。

首先，父亲这个简单的概念就可以区分为各个独立的方面：他可以是生物学意义上的父亲，法律意义上的父亲，或者社会意义上的父亲。这的确不算是新鲜事，因为在某些特定的环境下，人类似乎总是能够与他们生物学意义上的后代相分离。例如，在历史发展的进程中，在世界的很多地方，就出现过有人拒绝要女儿，纵容进行性别选择而按性别杀死婴儿的现象；在美国奴隶制时期，有的冷漠无情的奴隶主把自己和身为奴隶的女子生下的孩子送去接受奴隶制的残酷磨炼。[2] 今天与过去不同的是，不存在这种父亲的冷漠，但是在匿名和医疗保密的条件下，收集和分配精子中包含着无关个人痛痒的冷漠。[3]

与过去不同的也是影响更为显著的一点，在于母亲的生殖角色过去没有被分化；现在，母亲可以是胚胎原料的供应者，提供孩子的遗传基因（基因意义上的母亲）；或者她可以是怀了孩子一段时间后并生下这个孩子的人（怀孕的母亲或生育的母亲）；或者，在有人安排或支付她代理孕育一个孩子的情况下，她就可能是一个委任的母亲，她希望安排的结果是使自己成为社会意义上的母亲或养母。[4]

面对着这么多种可能性，人们会得出怎样的结论呢？一方面，一些人认为家庭并没有消失，而是更新和产生了多种形式。他们欢迎各种新的可

能性：单亲家庭，同性恋家庭，群体和团体组成的家庭，或者制造出新的
"家庭"类型来补充"传统"的核心家庭——一对异性男女和他们自己的孩
子（亲生的或收养的）组成的家庭。仅仅与生物学上的多种可能性相联系，
这些观点与牛津哲学家乔纳森·格洛威的观点相一致，他在送交欧洲委员 *142*
会的一个报告中表达了这样一种观点，应该实验性地允许未来形态家庭的
发展——我们应该对"控制我们自己的生殖过程"[5]的可能性做出正面的
评估。

他们可能是基于"生育自由的权利"[6]来维护这种目标。但是值得注
意的是，此意义上的自由并不是自由地得来的，例如试管婴儿，就是一种昂
贵的商品，并且在有健康保险的社会中，它通常是由其他人提供基金，而不
是由涉及的个人提供，因此，必须和其他人竞争医疗的需要，这种竞争可能
是很激烈的。然而，付出金钱的代价，并不是唯一要考虑的问题。更重要的
是，个人和社会为这种发展付出的代价经常被人肤浅地认为只会带来利益。
如果配子仅仅被看作医学上制造婴儿的原料，人类生殖的整个立体维度就丧
失了——特别是作为理解一个社会的文化和实践关键的亲属关系网的丧失。

因此，另一方面，出现了那些不是仅仅从所涉及的个人的利益和愿望
出发，而是从更广泛的社会视角观察问题的观点。正如社会人类学家玛丽
莲·斯特拉森所勾画的这种更宽广的图景：

> 到现在为止，在几乎所有源于欧洲的文化流派中，都能看到亲属关
> 系的影响。生殖的生物基础被视为一种关系范畴，这种关系为人类的存
> 在提供了预定的基础。他还补充说："那种认为父母和孩子仅仅影响父
> 母和孩子的构想是一种非常贫瘠的文化观。"[7]

孩子除了与父母联系之外，还和包括祖父母、兄弟姐妹、姑舅表亲等在
内的更广泛的亲属关系网相联系——这种联系的网络构成了他们寻找自己原
始身份的社会空间。打破这种基因联系就是去除这种重要的亲属关系网。同
时，从个体的角度看，如果实行严格的医疗保密制度，这也违背一些国家所
公认的基本人权：了解自己的基因的或生物学意义上的父母的权利。

遗传学与身份

143   生物科学的进步也带来了其他各种可能性。这不仅包括在试管里产生新生命的能力，也包括通过基因组合，即通过变化基因特性来改变这个生命特性的能力。这对那些易犯错误的人来说是一种令人畏惧的能力。一方面，一种担心认为脱离了伦理关怀的科学发展可能会变成有违其初衷的自己创造反而毁灭自己的恶魔。另一方面，又存在着能够实现原先不可能的期望、极大地增加人类幸福总量的诱惑。但是尽管人们常把某个实践或程序能够创造幸福或减少痛苦作为从事它的一个很好的理由，但这不是唯一要考虑的因素。例如，英国哲学家玛丽·沃诺克坚持认为："不——人的道德除了利与害的计算外，不包括任何别的内容。"[8]

    这里包含的疑问有两种：一种是关于知识的疑问，另一种是关于实践的疑问。前一种疑问来自由于对现存基因的特征越来越深入的了解而产生的问题，特别是当这种理解应用于具体个体的身上时；第二种疑问是当新知识应用于改变微小形式的生命特征时而产生的，例如，通过改变或排除实存基因的特征，或通过引入新的基因。

    就第一种问题而言，如果由于遗传的原因发现了诸如蓝眼睛、棕色头发，甚至音乐或数学上的天分，或运动体质等特征，并不会引起特别的反对或不安。但是如果发现了一些其他的特征——例如，犯罪的倾向或暴力的性格——这些过去用以解释人们的因素，或者当发现了一种遗传基因似乎是对人们自我身份的概念构成直接挑战，影响到他们关于自由意志和自我决定论的信念时，就会引起人们的反对或不安。而且，知识本身并不是中性的，因此，通过鉴别一个基因就可能预测早期患乳腺癌或者晚期遗传性慢性舞蹈病的发展有多大的可能性，这可以产生两种不同的问题。人们可能困惑于他们潜在的命运或为此深感痛苦，或者觉得被迫优先采取一些行动，例如过早地、很可能不必要地诉诸手术。他们很可能不能决定要不要自己的孩子，并发现获得保险、抵押贷款或就业是很困难的或不可能的。

144   就第二种问题——应用的问题——而言，要反对通过改变遗传物质以避免疾病和疾病倾向，如包囊纤维或肌肉发育不良障碍。但是在这种情况下的问题是，这（改变遗传物质）在多大程度上是可以采取的，以及在何种情况下，（改变遗传物质）发展的进程是应当停止的。对基因类型的粗暴干涉——塑造所谓的"设计人婴儿"的企图——被广泛地认为是应当被反对的。甚至更成问题的是胚芽线疗法的可能性——也就是，通过改变基因的特征，不仅可以改变一个人，而且可以改变这个人的子孙后代。一方面，它试图做出一种意味着可能彻底消除一些遗传疾病尝试；另一方面，知识总是不完美的，因此，当结果是长期的和不可逆转时，停下来略加思考是十分有意义的。

在这两种情况下，都存在一个决定要改变什么和保存什么的问题：躁郁性精神病是精神的疾病，但是自相矛盾的是，世界并不会因为没有它而变得更加美好；很多艺术家和作家是在疯癫或抑郁的状态下创造出他们最好的作品的，但不是所有的人在这种状态下都能创造出最好的作品。对性的定位的干涉也属于意义不明的情况。因为如果结果像某些调查者所宣称的那样，有一种同性恋的基因，那么就不能认为同性恋是一种疾病；把它叫作一种疾病是在进行另一种判断。那么，一般说来，"基因疗法"的术语，当被用于描述改变基因特征的尝试时，要求首先提出一些关于什么是善、什么是恶，什么是人性欲求的、什么是人性厌恶的等重要的问题。

因此，在处理人的基因物质时，确认一种特别的禁忌就没什么不合理的了。因为争论的不仅是某些个人现在可以想要或找到方便的问题，而且是一种更宽泛意义上的人性论：人是什么，人可以成为什么，以及他们怎样最好地实现自我。正如哲学家列恩·科斯指出的："关键在于人类生活中人性的观念和我们实现的意义，我们性的存在，以及我们与祖先和子孙的关系。"[9]

然而，实际上，基因疗法不是最简单的或最可能的、试图消除令人厌恶的性格的方法。利用更达尔文化的确认胚胎中的疾病或缺陷的可能性，可能在植入前的试管中，然后只选择那些没有任何遗传疾病或包含着某些令人渴望的性格特征的胚胎将来继续发展。乍看起来，这似乎对性格和身份的控制增强了，但事实上，其中不涉及对基因特质的干涉。但是这并不意味着，这里不存在伦理问题。确实，对"好"或"坏"的胚胎的选择有干扰伦理的暗示，这在应用于后面的发展阶段时变得更加突出，在那里，涉及的问题是堕胎而不是对移植的选择。

145

这部分地是因为有一种"正常"的观念，对被认为是"缺陷"的谴责涉及一个矛盾的价值判断——认为某种生命，特别是精神上或身体上有某种障碍的生命不值得存活的判断。在更一般的意义上，也有一种关于变成生死的裁决者的界限的意识，这个界限通过纯粹的权力运用以选择赋予存在或抑制存在而被逾越。这种思考集中体现在与堕胎有关的问题上。

 堕胎

关于堕胎的立场通常被描述为保守的或自由的——这些词汇如果用于暗示堕胎是某种精确阐述的政治计划的一部分的话，就会产生误导。可选择的词汇是前生命（或反堕胎主义者）和前选择。这些词汇也会产生误导，因为问题的复杂程度远非这些单个的词语能概括得了的，而是有一整套关于可能意见的谱系。例如，在那些赞成用法律手段调整堕胎问题的人中间，几乎没有人赞成在任何环境下、任何阶段都可以怀孕；而在那些反对堕胎的人中，即使在极端的环境下也几乎没有人希望看到对堕胎的管理，这些极端的环境包括：母亲的生命由于外部医疗条件的状况而受到威胁，或者在强奸、乱伦或诊断出胎儿有严重缺陷的情况下。

同样，这一争论——不论从个人还是从政治上都存在强烈分歧的问题——倾向于以两种极端的而不是中间的或有限制的立场来阐明。保守主义者通常被描述为持有这样的观点：从怀孕到出生的过程中没有分界线——有时，但不必然，这是建立在灵魂从怀孕时就存在了的理论观点。还因为他们坚持人类生命神圣的原则，可以推断出他们必然相信杀人是错误的，不论所涉及的人处于成长的哪一阶段。保守立场的最强有力的优势在于，它不肯忽视一个脆弱的未成熟的人的权利；它的弱点在于，它没有考虑到强加给怀孕的母亲的苛刻要求。

146   而自由主义者则认为关于是否要孩子的决定，应当是相关的个人自由选择的事情。他们实用地认为将堕胎法律化对于防止不合法的或"背地"堕胎是必要的。也许自由主义观点赞成堕胎的最强有力的论点在于，反堕胎的法律就是一种强迫一个妇女不情愿地继续怀孕过程的法律，也就是说，忍受一种危险、漫长而又枯燥的肉体折磨。但它致命的弱点在于，如果堕胎是不可能的，结果导致了不想要的孩子的诞生——这之所以是它的致命弱点，是因为：首先，可能有其他人，而不是他的父母想要这个孩子；其次，母亲虽然在怀孕期间不想要这个孩子，但是一旦真正生下孩子之后，很可能变得想要这孩子并且很爱这个孩子了；最后，在任何情况下，不为他人所期待，在道德上从来都不能成为结束一个人生命的合理理由。

就术语而言，复杂的问题用一个词来概括其立场是很不成功的。特别是当把保守主义者理解为希望保存生命的人时，认为自由主义者就是对生命漠不关心的人是错误的。因为自由主义者真正和最初的意义是为所有人确立一种平等的价值，包括最弱小的人。但是这是一种进入堕胎争论核心的思考——这种争论转向从未出生者的道德地位问题开始。这种未成熟的生命存在是否与一个存在着的人具有相同的道德地位？一种极端的观点认为堕胎打掉的东西无足轻重，就像去掉一个坏死的牙齿或分叉的头发一样；另一种观点却认为，它与一个婴儿或成人具有同样的重要性。

一、潜能论

许多赞成堕胎的人不愿退一步承认在堕胎争论中所涉及的存在是一个人。因为这种让步使要赞成它的蓄意破坏变得更加困难。因此他们明确区分了实际的人与潜在的人之间的界限。当他们退一步承认胎儿或真正的胚胎是一个潜在的人时，他们否认它具有与已经成为人的人同样的道德权利。

因此，潜在的 X 是否具有与实在的 X 同样的权利？一个仅仅是潜能的存在能否拥有实际的权利和利益？那些回答"不"的人通常指出一个潜在的国王不具有与实际的国王同样的权利；给予一个橡子与一棵橡树同样的尊重也似乎是不必要的。然而，这种论点忽视了价值可以延伸到潜能本身的事实。王位的继承人被给予特别的保护和尊敬就是因为如果一切顺利的话，他将要成为那样的人。在一个所有现存的橡树都成为某种不可控制的疾病的牺牲品时，橡实就具有特别的价值——也是因为它拥有成为橡树的能力，当然，如果必要，它可以以橡树来装饰世界。

147

这里所包含的原则是具有成为举足轻重的事物的潜能，把反映出来的重要性散播到具有那种潜力的事物身上。相反，成为微不足道的事物的潜能本身也被给予微不足道的考虑。如果是这样，成为像人这样复杂的存在的潜能是非常重要的，它当然对于一个人来说是重要的。也许有人补充说，对任何个人来说更重要的是成为那个人的儿子或女儿的潜能。那么，把潜能一起摒除的论点是建立在一种过时的、有局限性的经验主义基础之上的，这种经验主义所认识的东西现在通过感觉都能感觉得到。

如果潜能在道德上是不能忽略的，那么，不难看到堕胎当然是坏事。确实，支持堕胎和反对堕胎者都承认这一点，他们认为，在特定的条件下，简单地讲，是两恶相权取其轻。在这种情况下，较轻的恶还将用与潜能相关的否定性词汇来阐明；这是涉及丧失或牺牲有价值的东西的恶。[10]

这一点与那种认为甚至比这更早的基因物质、卵子和精子都具有同样的价值的断言是一致的。人们会问，难道这些不也具有价值吗？因为他们也具有成为人的潜能。然而，这个问题是误导性的。只要它们是分离的，就没有可认明的 X——实际的或潜在的——存在。正因为这个原因，为它们的大量死掉而悔恨是不合理性的。尽管如此，女人对自己的卵子的态度也与男子对待自己的精子的态度有所不同。因为前者是一个可鉴别的、有限的集合；而后者在一段时间是数以百万计地产生的。然而，直到来自两个发源地的基因物质结合在一起时，才出现了一个独一无二的、可鉴别的个体。

那么，潜在的人，并非不具有道德的重要性，这种重要性的程度足以使初期阶段的胚胎和胎儿获得尊重。仅仅涉及了潜在的人的论点毕竟不能构成对堕胎足够的保护。但是，尽管潜能论没能证明堕胎的正当性，拒绝这种观点并不意味着结束这一争论，因为它所产生的道德重要性和尊重可能是个程度问题。那么，值得思考的是，当包含在人的生命发展中的"某物"变成一个不仅是潜在的而且是关系到它自身目的和自身权利的不可逆转的存在时，是否存在着一种明显的发展阶段。换言之，个体生命是从什么时候开始的？

148

二、发展阶段论

一些人显然认为人的生命只能在出生时开始。在此之前，存在的确实是实体——一种存在——而且也确实是有人性的，但它不是"一个人"[11]。这与许多国家法律采取的观点是一致的，在这种观点中，通常把出生这一重大事件作为要求承认错误的转折点。例如，法律允许一个活着的孩子追溯他出生前可能遭受到的损伤，但是不允许一个胎儿提出任何要求，甚至是因为在堕胎中丧失它未来的生命。

然而，法律最终必须建立在方便和可行性的基础之上。从道德和实践的观点来看，把出生作为地位转变的关键点似乎太晚了。一个晚期的胎儿可能比一个早产的婴儿年龄更大、更成熟，很难理解为什么一个八个月的胎儿不该享有施加给一个六个月的早产婴儿的保护和权利，仅仅因为后者在医院的育婴箱里而另一个仍在子宫里。但是如果出生不是一个令人信服的分界点，那么分界线应当画在哪呢？普遍被认同的建议是：怀孕；胎儿在子宫里蠕动；能够生长发育。

（一）怀孕

把个体生命的起点一直追溯到怀孕时是很自然的。然而，有一种情况表明在发展过程最初的两周内存在的实体还不是一个个体生命。不把新怀孕的实体视为可鉴别的人的原因是，在大约 14 天的时间里，那个实体还可以分裂，形成双胞胎或多胞胎。只有当那一点过去后，才可能确认有一个独一无二的实体。

沃诺克委员会在 1984 年提交给英国政府一份关于这些问题的报告，在报告中提议用"前胚胎"的术语指代这些早期的实体，并建议它们在法律上只能给予有限制的保护。[12]自相矛盾的是，这意味着接受了这样的观点，在只有一个人自己存在的情况下，那在过去被认为是人自己生命历程的起始部分的两个星期丧失了。[13]然而，另一种情况同样地自相矛盾：它也接受在某些情况下，两个或更多个体的早期存在同时发生在那 14 天中。这些有趣的形而上学的困惑很可能要留待以后解决。但是在实践方面，沃诺克委员会的建议解决了涉及怀孕最初阶段的许多道德问题，特别是把那些围绕着诸如使用避孕器、性交次日清晨服用的避孕药和服用 RU486（早期流产药片）等"堕胎"措施而出现的问题，完全留给相关的妇女来自由解决，而不需要医生或权威人士给予实际的、法律的、道德的建议。

149

（二）蠕动和能够生长发育

胚胎发展的下个阶段，意义当然更加重大，但是，在实践上，如果怀孕被拒绝作为个体生命的起点，下一个明确的分界点出现在更晚的阶段，即当妇女开始感到胎儿自己在动的时候。这个阶段，传统上称之为"蠕动"——这个词实际上的意思是生命的出现——大概是在怀孕的第 4 个月，尽管在当代，支持这种观点的人不多，但在很多情况下，这是判断一个新生命存在最自然的标志，而且在中世纪，一些神学家相信这是胎儿获得灵魂的时刻。它也是妇女开始意识到在她身体里随着一个新生命的出现而发生了变化的时刻，这种变化不是她自身的变化。尽管如此，蠕动的观点现在仍然为许多理论家所轻视，因为科学家发现孩子开始独立地蠕动的时间要比原来认为的早得多，也在母亲感觉到它之前。

如果蠕动的观点遭到拒绝，那么下一个明确的转折点是孩子如果早产，也能够独立于母亲而生存的阶段。这个阶段被描述为"能够生长发育"——第 24 个星期左右。尽管在许多国家，这已经作为法律的基础来使用，但是，基于能够生长发育在不同的地方，随着技术水平的不同而有所改变的理由，作为一个可能的分界点，它有时也遭到轻视。在世界的部分地区，早产的婴儿只能以自己和母亲的物质能源维持生命；但在另一些地区，早产的婴儿有一整套高科技的救生帮助来照料，直到它长到正常的幼儿阶段。

150　　这样，由于不够准确或精确，把蠕动和能够生长发育作为变化的重要转折点，都遭到批评者的拒绝。但是这种论点在多大程度上有效呢？像这样的灰色地带对于涉及有生命的变化时是非常普遍的。因此，首先就蠕动而言，妇女感觉到胎儿在子宫里蠕动并非胎儿的首次运动这一发现究竟有多大意义？事实是当怀孕的妇女得知这种运动时，她认为她怀孕的胎儿已经成长到一个新的阶段是正确的，尽管这个阶段可能早在几个星期之前她还不知道的时候就开始了。其次，能够生长发育的状况随着新生的加护病房的出现或缺少而改变有多重要的意义呢？同样，所拥有的技术导致的差别只是制造出一个时间上更靠前一点的分界点。孩子能够独立存活的阶段仍然是一个重要的分界点，尽管这个分界点是移动的。因此反对的观点仅仅是使所达到的转折点变得模糊不清了，他们并没有表明这种分界线不存在。

的确，这是一个一般性问题的一部分，即微小的量上的变化通过何种途径引起质上的变化。例如，谁能说清楚，什么时候几粒沙子可以成为一个沙堆呢？但是确有许多沙粒的某种组合被无可争议地称为沙堆，而分散着的少数沙粒却不可能被人认为是一个沙堆。因此，一个人可能会说，一个用踢或移动对刺激做出反应的胎儿，已经成为一个独立的生命实体，而静止不动的胎儿，无论具有怎样的潜能，都不会做出这些动作。一个胎儿或出生前的婴儿如果一旦生产出来，并能够作为一个有生命的婴儿存活下来，那么，它与生产出来却不能存活的婴儿肯定处于不同的发展阶段。

通常，自然倾向于提供模糊的界限。相反，法律则通过确定的定义来运作，不仅在生命的早期阶段，而且在以后的阶段上也是如此，有必要忽视个体的差异以确定一个承诺年龄，如选举的年龄或服军役的年龄。因此，如果目的在于区分是否值得法律给予完全保护的事物，发展的不同阶段可以用以判断关于堕胎的转折点，尽管在实践中可能有几个星期属于模糊不清的转型期。正如所发生的，这与许多司法审判中的合法地位是极为一致的，在这些审判中，与堕胎有关的条件在某些关键点上变得极为严格，而这些关键点几乎与这些阶段完全吻合。按照这个原则，因为最轻的判决涉及胚胎生命的最早阶段，最初的 14 天可以不加控制，允许妇女无须正式授权就可以通过安全可靠的方法提早结束不想要的怀孕，重新形成月经周期；对于第二阶段的堕胎，需要的可能是严格的医疗关心而不是社会的关心；而到了怀孕的第三 *151* 阶段堕胎，除了认为这是蓄意谋杀胎儿外，没有更合适的提议了。

三、人的资格论

尽管这种体系既合逻辑，又合法律，但是在这个课题上，仍然有些哲学家拒绝那种从胎儿发展达到的阶段中寻找转折点的意图。这是因为他们把道德的重要性仅仅与更晚的阶段联系在一起——这个阶段是处于任何阶段的胎儿都不能获取的——这个阶段也就是当某种东西已经变成人的时候。[14] 要成为这种意义上的人，必须具备某些必要的条件。这些条件很可能包括如感觉、自我意识、理性和想继续生存的能力，以及通过记忆和期望感觉过去和未来等要素。那些持有这样的观点的人认为，只有这种意义上的人才有：首先是利益；其次是权利。牛津的法哲学家罗纳尔德·德沃金写道："假设某物有其自己的利益是毫无意义的……除非它有，或有了某种形式的意义。"[15]

那么，根据这种观点，"人"与"人类"是两个根本不同的概念。这导致了两个惊人的后果：首先，"人"的概念不必限制在人类中；其次，不一定所有的人类都是人。例如，一个动物可以是一个人，同样，像通用和ICI（英国帝国化学工业集团）这样的公司实体也可以是人。同时，一个新生儿，甚至一个年幼的孩子，或者某个处于生命最后阶段、脑力和体力功能已丧失的人——可能是长期昏迷的结果——都可能不是一个人了。

人的资格论的主要构建者、澳大利亚哲学家彼得·辛格明确表示，作为人种的一名成员，就其自身而言，与谋杀的错误无关，动物的生命可能比作为胎儿的人的生命更有价值。令人震惊的是，尽管看到支持堕胎的素食主义者存在着一些矛盾是正常的，但辛格坚持了一种更惊人的观点，认为除非你是一个素食主义者，否则反对堕胎就是矛盾的："即使是到了怀孕晚期，因为微不足道的原因而堕胎也是不应当给予谴责的，除非我们也谴责屠杀那些更成熟的生命形式，并把它们的肉拿来食用的行为。"[16]

很多人可能会认为这种结论是很难接受的，他们本身就可以拿来作为对人的资格论的反驳。对付这种难以接受的结论的一个先例是由哲学家G.E.摩尔（1873—1958）建立的，他认为，当哲学家们确立了不可信的与直觉相反的论点时，这就标志着这些哲学家犯下了一个错误，而不是说那个结论是正确的。[17]这句话同样适用于人的资格论和它带来的后果。反对这种理论的主要观点是"人的资格"完全是一个假设的结构，它在某些方面代替了历史上的灵魂概念，但是把它从其神学的含义中解放出来。人的资格论应用于生物医学领域，忽视了心灵哲学中在于意识、脑发展和个性之间的关系的深层问题。

尽管辛格拒绝承认胎儿具有人的资格，但他确实了解在怀孕大约18个星期后，胎儿就可以有某种程度的意识，并因此具有某种内在价值。但他认为，即使到了这个时候，妇女的重要的利益可以不顾胎儿的基本的利益。确立这一观点的基础已经从资格论移开，而是出于一种极为不同的考虑，因为他认为即使"人的资格"在特定的情况下，也是可以不顾的。因此，假设在堕胎中首先涉及的是一个人，那么是否还存在堕胎是合理的这种情况呢？对这个问题做出肯定回答最可能的理由是尊重所涉及的妇女的意愿和利益。

四、女权主义观点

优先考虑妇女的要求是强调妇女权利的广泛的女权主义立场的一部分。在堕胎这一问题上，妇女的权利必须与她怀着的初始生命的权利相对抗。尽管如此，有一种反映在许多国家管理堕胎的法律中的相当广泛的舆论，认为在强奸、乱伦、胎儿残疾或有病而且危及妇女本身的重大利益——如威胁到她的生命安全或健康时——的情况下，妇女的利益要优先于那些胎儿的利益。[18]美国哲学家朱狄斯·查维斯·托马森进一步认为，任何不是出于妇女意愿或同意而怀孕的情况，都给了该妇女堕胎的权利——不仅强奸，而且包括错误地怀孕或避孕的失败。她用一个故事阐述这一观点，在故事中，有一个人不愿意因为另一个成人转向生命支持体系，她认为没有道德上的义务来维持两者之间的关系，即使他们知道另一个人会因为他们的决定而死掉。[19]这种立场的根本是女权主义关于妇女有对自己身体的控制权的要求，以及没有人有义务严重地牺牲自己以支持另一个人生命（尽管他们可能因此而受到道德上的赞扬）的道德判断。[20]

153

这些与胎儿的要求相对立的对妇女地位的强调，通过法律上已经允许的特例而得到了加强，这些特例完全不是建立在对未生儿的地位和权利的考虑基础之上的，而仅仅考虑的是怀孕条件和环境的问题。而且承认一个妇女非常强烈的要求（例如，一个 13 岁的被轮奸的受害者不想继续怀孕的要求）比胎儿的要求更重要是可能的，但不允许仅仅出于个人的偏好而堕胎。

然而，建立在女权主义基础上的案件并不像通常想象的那样容易处理——如果"女权主义的基础"是优先考虑妇女利益的基础。因为在富裕国家以外，堕胎通常违背而不是保护妇女的利益。在东欧，自由的堕胎曾经对妇女的健康产生了灾难性的影响，这些妇女在她们怀孩子的岁月中可能经历重复的堕胎过程。

也有一些国家，如印度，容易得到的堕胎机会或方式选择，能导致雌性胎儿大量被打掉。尽管女权主义的理论家们经常支持潜能论的观点，并轻视仅仅是作为潜在的人的要求，但是从女权主义的观点看，在关于同判定胎儿性别、有选择的堕胎导致的女孩和妇女的死亡方面，必定有些具有重大意义和觉得遗憾的东西。那些保护它的人可能是不情愿这样做的，只是作为防止更恶的杀死女婴的事情发生。[21] 那么，在一个更温和的基础上，在堕胎中丧失了有价值的生命这一论点由于女性生命纯粹比例不均衡地丧失而得到了加强。

然而这些是广泛的政治的和社会的思考，而不是出于个人的考虑，甚至在一个更私人的水平上可以轻易地堕胎也不能必然地服务于妇女的利益。因为如果一个妇女后来后悔一个堕胎的决定，或者把它视为一个道德上的错误，与其他道德上的错误相比，这个错误过于严重了——因为有什么能够比逐渐相信你已经杀死了自己的孩子更恶劣的呢？这不仅仅是这个核心人物——妇女本身——能经历这种感觉的变化。德沃金报道说一些美国杰出的共和党政治家宣称在特定的情况下，他们自己的女儿或孙女决定要堕胎，他们会给予支持，他评论说："如果他们认为堕胎意味着谋杀他们自己的孙子或孙女的孩子，他们就不可能这样做了。"[22] 但是如果他们后来真的这样认为了——这也许是因为他们的女儿后来不再有机会怀孕、不能生育或去世了——该怎么办呢？换句话说，政治家的言论，不论出于什么目的，强化了这样一点，即堕胎像是心理学家用的表格游戏，一幅同样的图画，在一个方向看是一个花瓶，在另一个方向看却是两人的脸。仅仅眨一下眼睛，就会影响变形。同样，堕胎从一个方面看，它意味着尴尬或不受欢迎的局面的结束；但是从另一方面看，它使一种具有多种可能性的独立生活的希望破灭。

尽管如此，如果把选择权留给妇女，她们仍将得到最好的优待。但是自相矛盾的是，这种选择也导致另一种强迫。[23] 因为堕胎的可接受性改变了对怀孕的态度，因此它越来越被认为是自愿的了。这将对两个核心人物的情况都产生影响：妇女可能直到在以后的生活中出现理想时刻时才想怀孕，但是她发现自己陷入一系列无孩子的人际关系中，这种人际关系使她远离了怀孩子的岁月；在过去崇尚自然怀孕的男子，可能会感受他不能为一个出于母亲自愿选择的孩子承担责任。

这样，妇女的利益比直接谈论"选择"的观点更加复杂而难以获得了。

至于谈到妇女的权利，要求终止怀孕的权利和要求终止一个潜在生命的权利之间的界限太模糊了。当涉及采取直接步骤导致子宫里的胎儿死亡以免生下一个不想要的婴儿时，这一界限在怀孕的后期阶段变得很重要了。这也在伦敦一家医院的一个富有争议性案例中得到了引人注意的解释，这个案例涉及的是一位母亲要求医院通过注射致命的药物打掉一对健康的双胞胎，这位母亲堕胎的理由是她感觉自己只能照顾一个孩子而不是两个孩子。[24]在这个案例中，因为她的怀孕过程在继续，因此显然问题不是结束怀孕的权利，而是结束生命的权利，接下来的发展和双胞胎的最终降生将提供这个决定所涉及的损失性质的活生生的证明。

五、广阔的政治背景

尽管或的确因为所有这些理由，这些似乎属于最好留给个体解决的私人问题。有人可能这样说，认为某事是错误的，但并不想有一个法律来反对它也是可能的。在堕胎这个问题上，很可能没有一致的公共意见，至少是近期不会有，因此问题可以简化为："应当由谁来做出决定？"

但是政府应当把道德留给个人吗？德沃金认为，美国的一个重要的法律判决（1973年，罗易诉威得的案件），被广泛地认为是建立了妇女对堕胎的权利，实际上断言了对这个问题必须做肯定的回答。"任何政治团体应该使内在价值成为集体的决定而不是个人的选择吗？"他问道。[25]德沃金自己的观点是，尽管堕胎会给团体的创建人自己以憎恨的感觉是事实，关于它的自由选择是由第一修正案（First Amendment）保证的宗教自由的一部分。除了这作为对堕胎的保护而普遍不受欢迎外，它强化了把这一问题作为宗教问题，而不是具有更大意义的道德问题的错误观点。天主教和其他的基督教团体有一个关于这一问题的明确阐述的绝对立场的事实当然是重要的，但是这没有使这个广阔的、牵涉所有宗教信仰或无宗教信仰的伦理问题成为一个狭隘的或排他的宗教或神学问题。

然而，无论历史的立场是什么，即使是在涉及宗教的要求时，某人关于做某事是一种责任的信仰，也不必然构成他接受法律支持的一个确定的理由。例如，法律不会以宗教自由的名义支持那种相信自己负有一种杀死不信教者的宗教使命的人。那么，谁应当做出决定的问题不能优先取代更宽泛的伦理和哲学问题。只有当有了公共决定赞成伸缩性立法时，妇女是否可以单独决定的问题，或者是否需要牵涉别人的问题才能被提出来。因为必须是医生来实施决定，即使是在法律允许的情况下，在妇女及其决定和医生的良心之间仍会存在某种张力。

🖊 杀害婴儿

许多从哲学的观点出发赞成堕胎的人，无视它许多存在问题的方面，他们之所以这样做，是基于功利主义的伦理。功利主义者似乎发现忽视堕胎中夺去了生命使问题变得更容易，因为他们只需要考虑那些活着的人获得的幸福。这种立场的问题是，尽管它简化了堕胎的问题，但对它的目的而言太强烈了。一旦某人或某物死了，它就停止在计算幸福的方程式中起作用了。因此，功利主义者实际上没有对这个问题给出满意的回答。"为什么不杀人？"对于成人而言，也是因为谋杀使受害者不能躲避悲伤或抱憾。这意味着他们被迫求助于坚持"任意的谋杀之所以是错误的，是因为它可能会使其他人痛苦或使每个人都怕万一自己也遭到类似的谋杀而紧张"的观点来保护自己。

156

然而，不是所有这些思考都将运用于婴儿或年幼的孩子，因此一些保卫堕胎的人愿意把他们的观点的适用范围，扩展到特定条件下杀死婴儿的情况。辛格认为不反对杀害婴儿的直接的功利主义观点——它不会引起旁观者的恐惧，新生的婴儿自己也不会有求生的意识。他建议出生后一个月的那段时间法律上应当可以接受杀死婴儿的考虑，依据许多原始人以及古希腊人和古罗马人的实践，如果婴儿的父母和医生认为这是最好的选择，结束有障碍的婴儿的生命是可能的。

如果说杀死婴儿是错误的话，辛格认为这种错误主要是对那些准备爱孩子的人而言的。但是一般说来，他认为，杀死一个成人比杀死一个孩子更恶劣。这是一种奇怪的立场，因为谋杀孩子通常会引起特别的怨恨，而且在大多数人的内心深处都有一种保护弱小和无辜的本能。辛格把这种反应看作对孩子的外部吸引力的情感化的反应，并评论说，实验室的老鼠也是吸引人的。在堕胎的问题上，他坚持重新解释"人"，并认为只有"持续的自我"才有生存的权利。而且，他写道："对于一个生物施加痛苦的错误不能依靠该生物的种属：同样，谋杀它的错误也是如此。关于我们类别的界限的生物学事实并不具有道德上的重要意义。"[26]

除了这些思考，其他一些主要观点在赞成杀死婴儿上通常都是很完善的。其中一种观点可以被称为可替换理论。[27]

可替换理论

就可替换理论而言，堕胎和杀婴可能作为一命换一命的交易方法而被认为是正当的。如果一个有障碍的孩子被生下来，或者被允许生存的话，它认为，这就可能剥夺了后来的一个正常的婴儿的世界——因为父母可能想继续要一个正常婴儿以代替它。因此如果他们是为了被破坏的东西而替换某种呢？如果这是一个以好东西替换坏东西的问题呢？

这是个思辨的问题。因为，当然他们很可能不这样做。并且他们为此得多快这样做才被视为替换呢？或者如果其他人——例如，一位亲戚——有多余的一个孩子呢？这是不是一种"替换"？同样也不明确的是，有一个有障碍孩子的人不管怎样不想再有另一个他们希望中的健康的、能够满足其绝望的期待的孩子。

除了这些考虑外，还有两种反对替换论的主要观点：其一，如果替换在新生儿阶段是可行的，那么它为什么不能更广泛地加以应用呢？你总是可以希望生出更好的孩子，因此提出替换论观点可以起到双重作用，还可以把它视为一种要抛弃年老体弱者和残疾人的观点。功利主义观点仅仅提供的是这个世界关心的是非年老体弱者或非残疾的正常人，但是很可能真的变成这样；关心人的生命的尊严恰恰被许多持有类似观点的哲学家普遍地认为是错误的。

其二，当替换论的观点被用于评价堕胎问题时，最经常引用的是婴儿被诊断出很可能有障碍的案例；然而，在实践中，不是以健康的孩子代替有障碍的孩子，堕胎经常是被用来拖后怀孩子的时间。这样，实际上的"替换"

是把在早期岁月——20 多岁——怀孩子的母亲替换为 30 多岁怀孩子，从统计数字上看，30 多岁的母亲更可能生下有各种障碍的孩子，因此更加重了有障碍孩子的出生问题。

替换论也被应用于处理社会的、地理的和国际的问题，在这里出现了费用的问题。辛格认为，即使一个孩子可以在慈善机构被替换，也有一个问题是，即期望一个社区花费多少费用在这种形式的照料上是现实的。他还建议在富裕国家对有障碍的幼儿的照料应当对照另一种花钱的途径，特别是要与第三世界国家孩子的需要相对照。然而，这里就像通常所发生的那样，经济学和伦理学似乎互不相干。

然而，尽管许多赞成杀婴的观点是可反对的，但这不意味着在对有严重障碍的新生儿的处理上没有真正存在的问题。新生儿护理的发展意味着许多过去可能会死亡的婴儿现在却能够保存生命，尽管他们的医疗预断是严重的，他们的状态是不能改善或治愈的。[28] 对承认的考虑，包括经济上的考虑必须次于这个核心事实而退居第二位。而且只要仅仅出于孩子福利的考虑是可行的，那么一个更具限制性的伦理学的实践结论与功利主义哲学家的结论就没有太大的不同。如果问题不是转向直接杀死婴儿而是转向不畏艰难地选择治疗的话，这种可能性就更大了。然而，如果它真的转向死儿，仍然有一个谁应当承担责任的问题。使用沙利度胺（thalidomide，一种镇痛剂，妇女服用此药会生产畸形婴儿）危险的早期，一个比利时母亲被指控杀死了自己的亲生孩子，这个孩子天生没有手臂和腿。爱可以有不同的形式，但是在这种情况下杀死孩子显然是一种出于爱的行为，尽管它与常规的临床杀死截然不同。因此即使有一个杀婴的案例，仍然存在的一个问题是，即使是被个人的感情唤起的正确的或至少是可原谅的事情，是否应当被视为一种普通的医疗实践。

158

 **安乐死**

最后的这个案例把杀死婴儿的问题带到了安乐死这个更宽泛的框架中

来。安乐死，通常也称为仁慈助死。最重要的区别是，婴儿不了解它的处境也不能参与关于自己生命的决定，而成年人却可以。这也是关于"自愿的和非自愿的安乐死的界限到底应当如何划分"这一更宽泛的争论的一个重要方面。自愿安乐死包括那些病人选择或事先表达了要求帮助死亡或允许死亡愿望的案例；非自愿的安乐死包括那些不存在选择的可能性的案例，无论是因为这种可能性从来就没有存在过——例如婴儿的情况，还是因为这种可能性因为身体上或精神上的能力缺乏而丧失的，特别是在昏迷中知觉完全丧失（即所谓的 PVS 状态）的情况下。有的还包括叫作不自愿安乐死的分类，既包括那些如果被要求就能选择安乐死，但是并没有被要求安乐死的人的案例，也包括那些可能不同意安乐死，但是为了使其免受折磨而被杀死的人的案例。[29]

自愿的安乐死是对发达的、延长生命的技术能力的一种回应，在过去的某些案例中，死亡要相对快得多。其中两项发展特别地改变了原来的状况：首先，抗生素，特别是青霉素的发现和发展；其次，整个末期护理技术的发展：呼吸保护器、透析、人工喂养和人工呼吸。这二者的效果都是把人从相对迅速而容易的死亡中"救"出来，很可能是在家里——肺炎过去被称为"老年人的朋友"——使他们在现代医院失去自我感的环境中忍受更长和更痛苦的末期条件。

159

然而，不是所有的国家都采取相同的态度。例如，在丹麦，医生必须遵照病人"生存的意愿"，而且必须在中心登记处检查他们的病人是否已经写过了。（"生存的意愿"或"高级指令"是病人提前起草的资料，它用来详细说明如果在治疗过程中需要做出困难的决定时，病人希望自己受到怎样的对待。）在荷兰，安乐死是不合法的，但在政府和专业医疗机构中同意在以下情况下的安乐死不导致犯罪诉讼，即安乐死是由医生执行的，有第二种意见的支持，并具备两个条件：第一，病人得的是不可治愈的疾病并在遭受痛苦；第二，病人考虑好了，请求安乐死，并且无论如何也不会改变他的决定。

那些赞成自愿安乐死的人引用的道德原则是自律——病人做出的正式的关于如何治疗和护理自己的决定的权利。权利、选择和偏好、维持心智能力、渴望有尊严地死去以及宁愿理性地喜好更短的生命，而不是延长死亡的过程，在这里都起了一定作用。

在这些实践上产生了两难困境的领域中，神学家和道德哲学家已做出了一些区分，目的是帮助解决责任的问题。

双重效应、作为和疏忽

有时为某种（通常是善的）目的而采取的行为有一种不可避免的（通常是恶的）进一步的结果。许多医疗上实施的程序都落入这一类问题。例如，为了挽救某人的生命而截断他的腿是必要的。双重效应的原则意味着在这种情况下使病人残疾的外科医生是不应当受到谴责的，因为这不是他的意图——意图是为了挽救病人的生命；而病人的残疾是为了挽救其生命所不可避免的后果。

在采取积极的步骤把一个生命带向死亡和简单地终止治疗或不处理某一情况之间也是有区别的。

这种在作为和疏忽之间的区别为区别主动的和被动的安乐死奠定了基础。有一种强烈的感觉是人们可能被义愤地要求说明他们主动的作为，但很少同样地谴责他们的疏忽。然而，杀人与听任死亡的区别不总是很明显的——例如，停止像人工喂食、人工进水和人工呼吸等技术的干预可能被认为是谋杀；但是，他们可能被简单地认为是没有人为地延长一个痛苦的或对其自身已经毫无意义的生命。然而，从负责治疗的人的角度看，注射致命的一针看起来与没能实施某种重要的外科干预是非常不同的，尽管二者的结果是一样的。过分关注结果的功利主义模糊了起初看起来像有一个清楚的界限的东西，这一点也能够通过区分保存生命的通常手段和超常手段得到支持。

然而，不是所有的生命伦理主义者都接受这些区别，有些区别的根源反映在中世纪的神学里而不是当代哲学中。特别是功利主义哲学家，把它们作为对不加思考地承认"生命神圣"原则经常提出而不予考虑，拒绝把这个原则作为解决堕胎和安乐死问题的关键的基础，对于这一点，辛格和库瑟写道：

160

> 人的生命神圣的原则是宗教作为所有伦理智慧源泉的时代的遗留产物……现在宗教作为公共生活道德权威的源泉已经不再为人们所接受了，然而，原则已经从它发展的框架中脱离出来了。我们正发现，没有这个框架，它仍然能够成立。[30]

那么，代替对人的生命神圣的承认，许多当代现世主义思想家——不仅哲学家，而且健康经济学家和医疗从业者——宁愿对生活质量做出直接的判断。他们认为，这使很多情况下直接杀人正当化。但是保持对人生命神圣的承认是这样的不合理吗？至少，心中谨记不杀人的禁忌还是有价值的——或者换种方式说，对每个人有不被任何其他人杀死的权利的信仰——比忽视它或把它搁置一边更难恢复、加强和保持。因此对这个问题的犹豫不决就是对法律做出一定改变的建议的合理反映，尽管这把决定的困难留给了个人。

为垂死者设立医院的行为可以避免很多困难的决定并为一些人提供一个更可接受的和更温和的解决方案。但是自治是关于病人想要什么的自治，而这也不总是舒服的。有些人可能在避免精神变坏、不能自制、完全不能自理、视觉或听觉功能的丧失之上设置一个更高的优先权。

一个避免这些困难的决定的方法可以是，让个人在较早的阶段通过自杀或协助的自杀自由地做出他们自己的选择。[31] 在基督教传统中，自杀被 *161* 认为是错误的，但是在其他的文化传统中，包括古代的斯多葛主义者和今天的日本人，认为在特定环境下的自杀是一种美德。如日本病人说："自杀不是件很难的事……就像开门走入另一个房间，因为我所在的房间空气不新鲜。"[32]

但是过分支持自杀、助死或安乐死的态度会导致这样一种倾向吗——受健康独裁主义的统治而只有健康的人才是可容许的？20 世纪 30 年代纳粹的安乐死计划代表了一种可怕的警告：一旦杀人成为一种可接受的观念，事情会发生怎样的质变。这个计划在二战以前很长时间就开始了。它建立在一些诊所里，精神和身体上不健康的人被负责管理他们的医疗人员有计划地杀死。一个记录是在一个圣诞晚会上医疗人员庆祝他们实施第 1000 个"安乐死"。把这仅仅作为更广泛的种族政策的一部分而加以摒弃，因为，虽然在战争期间，这曾导致了杀害犹太人、吉卜赛人以及其他种族的人的事实，但在这早期阶段说它是"种族的"，仅仅是在它致力于创造一个健康的人群的意义上讲的——一种显然值得追求的目标，它似乎在生物医学领域为这一政策的清白提供了支持。

那么，就有更复杂的思考。它们可以通过复杂的解决方案，特别是通过区别纳入到"安乐死"这个一般标题下不同的实际案例而得到最好的解决。这包括：

1. 由医疗人员实施的直接杀死的意义上的安乐死；

2. 医疗上的协助自杀；

3. 积极放弃干预——不干涉病人自愿实施自杀的尝试；

4. 消极放弃干预——不采取保持生命的高科技干预，特别是心中认为这些手段可以使人"存活"数十年的情况下。病人被要求同意确定的治疗方案的权利带有对同意治疗尊重的缺乏。它也带有更不明显的完全得知病情和预断，以及可选择的治疗方式和不治疗的后果的权利。这种权利可以和一种把勇敢的面孔放在某种疾病上以鼓舞病人精神状态的悠久传统相并列。被蒙蔽是病人历史性的彩票，但是它使病人不能被授权做出他们自己的决定和正面被掩饰的事实。而且即使他们猜到自己要死了，他们也可能被迫与亲戚朋友加入一种通常的乐观主义的游戏。

5. 仅给予建议——建议人自杀，但不提供帮助或实施它的手段。在这种情况下的建议可以局限于：（a）时间，这是在建议病人衰竭的不可避免的过程中，哪一点上可能是实施自杀行为的最后机会的意义上而言的；（b）手段，这是在什么是有效的，以及相反，什么可能导致不能结束生命而使情况变得更糟的意义上而言的。

一种不同的伦理估价，以及由此而产生不同的立法途径，在这些不同的情况下是很受欢迎的，而且如果参与运动的人同意把他们的结论限制在不极端的变化上，各国法律的变革会更易于达到。有一种强烈的感觉限制了政治上和社会上法律变革，这种感觉是，请求医务人员杀人不仅是错误的，而且是不合理性的；但同时可能同样错误的是，阻止人们得到有力的帮助和建议，以及如果条件可以保证而且这是人们自己乐意的选择，阻止他们获得有效的手段放弃自己的生命。有很多有管辖权的地区——如华盛顿和加利福尼亚——一些人投票允许这种温和改革的倡议被狭隘地否决了。在澳大利亚的部分地区，它们已经被介绍过了。

　　除了宗教的思考外，只有一种更具个性、更细致的观点：在某种程度上很难承认，这是人类受罪的命运。为支持这种观点，应当指出的是，避免痛苦的欲望是现世的西方文明晚期发展的结果——是功利主义而不是基督教，因为基督教传统认为受罪是有价值的。然而，与堕胎的问题不同，安乐死和自杀包含了一种个人的判断，在这里，更易于认为与其他人没有合法的关系。

插曲

　　在我做完所有的陈述后，杰切斯看起来陷入了沉思。他首先问我，关于我个人对我所描述的事情的反应。我说我相信一种奇怪的颠倒已经产生了。在哲学的世界之处，道德思考的硬核过去似乎与这些领域相关：特别是成年人首先应关心和保护年轻人或未成熟的人，有时为了这样做，甚至不惜牺牲他们自己；而这两种人都要尊重并关心年老的人；而且无论什么原因——疾病、残疾、性、年老或年幼——而导致软弱的人，特别需要保护和帮助。确实，这些是基督教的价值观，因此受到非基督教信仰的人和其他主要宗教的排斥，尤其受到哲学家弗里德里希·尼采（1844—1900）明确的鄙视。然而，它们默默影响了西方社会的反应。结果是在生物伦理学的争论中哲学的功利主义发言人似乎形成了一种共同的观点，这观点恰恰颠倒了这些默认的假设。重要的人是那些成年人——具有人的身份，他们必须是理性的、有表达能力的，并且有计划、有目的，有思考的资格。越是年幼的和越是缺少自我保护能力的人，越应当更少地得以考虑，如果他们处于所有的人的最初始阶段，那他们可能只被当作达成成年人目的的材料（这可以与种族主义、性别主义和民族主义相对照而称为"成人主义"）。但是一旦成年期过去了，或失去了健康和照顾自己的能力，根据这种观点，人也越来越不值得考虑了。

163

我简要地向杰切斯解释了把灵魂卖给魔鬼的浮士德的故事。这个故事的道德意义是你可以有自己的欲望，但是你必须为此付出代价。我建议，在这些问题上也如此。这些领域的发展没有必然地给予幸福——如生育的自由，带给很多人对系列关系和无孩子状况的情绪上的不满。甚至，我还想继续说，一种相对中立的进步，如从那些在事故中死去的人身上移植器官以延长生命的能力也带有预想不到的消极面，因为对器官的需求总是大于事故所能提供的供给，因此印度或土耳其的村民们被迫为了钱而出卖自己的或亲戚的器官，世界上所有无耻的人会酝酿谋杀或器官掠夺以挽救他们认为有价值的生命。换句话说，这种付出生命的潜在可能性，为每个人的头上都放上了一笔奖金。这仅仅是医疗作为现代潘多拉魔盒作用方式的一个例子，而且它不能把释放出来的疑惑再装回到盒子里去。

杰切斯似乎仍因我的回答引起了更深的沉思，然后接着问了我一些关于方法和手段等更技术性的问题，但是由于我自己也没有受过医学的培训，我未能给予他想得到的帮助。

事实上，我非常高兴这一点，因为我可以看出，在我的陈述中，引起他164 兴趣的部分是处理这些问题的技术上的可能性，这在发达世界中如此熟悉，在他自己的世界却如此陌生。但是我也能看出，他对我的保留意见和疑惑，以及在我的意识中认为是非常重要的道德约束没有丝毫的同情。

在接下来的讨论中，我们转向了关于一个社会决定做哪些事有许多困难的选择这一点上。然而看起来不是每个人的观点具有同样的分量，甚至在社会中可能有一些集团比其他集团拥有更强的势力或影响。当我们谈到这个问题时，杰切斯的一位同事艾索斯加入我们中间来。就我的判断，艾索斯是他们社会中相当重要的人物。至少他在强调问题时带有一种非常坚定和自信的语气，这使我偶尔感到很不舒服，特别是当他用冷冷的目光盯住我的时候。

◎ **注释**

［1］引自 Gunning and English, *Human In Vitro Fertilization*, p.7。

［2］见黑人堕胎主义领导人弗里德里克·道格拉斯（Frederick Douglass）在《一个黑人奴隶弗里德里克·道格拉斯的生活自述》（*Narrative of the Life of Frederick Douglass, an American Slave*）中关于他的成长过程的记载。

［3］然而，在不同的国家中，实际情况是不同的。例如，在一些有审判权的地方，如瑞典、新西兰和澳大利亚的维多利亚州，在孩子是由捐赠的生殖细胞人工授精生下来的情况下，承认孩子知道他父亲身份的权利。法国限制了由一个捐献者造成怀孕的孩子的数量是两至三个，并寻找那些成熟的结婚有家庭的男子作为捐献者，而且对什么是做父母的意思有充分的理解。相反，在英国，大批招募的是年轻的捐献者，他们允许最多是 10 个孩子的父亲，这本身也是最近实施的限制。

［4］英国的法律对这些角色的区分不是完全清楚的。例如，在 1990 年《人类受孕与育胎法案》（*Human Fertilisation and Embryology Act*）的第 27、28 条中把一个母亲定义为孩子的"怀有者"（也就是说是那个身体里胚胎生长成形的人），无论这个孩子基因上是否属于她的。然而，在同一法案的第 30 条中，一个怀有孩子的母亲，但是如果她把孩子通过代理协议转给了另一对夫妇，她就不再是法律上的母亲了，就像收养的情况一样。

［5］Glover, *Fertility and the Family,* p.35.

［6］"生育自由的权利"这个术语的使用，见 Max Charlesworth, *Bioethics in a Liberal Society*。查尔斯沃斯（Max Charlesworth）提供了这样一个数字，为一个 IVF 婴儿付出了 4 万美元的代价，这是用治疗周期的费用除以存活的出生人数得到的。甚至获得多胞胎的受精药的简单药方也可能耗费 100 万英镑，仅够精心护理每个婴儿最多两个月时间。

［7］Strathern, *Reproducing the Future.*

［8］Warnock, "Do human cells have rights?".

［9］Kass, "Making babies revisited", p.345.

［10］对这种观点的支持，见 Marquis, "Why abortion is immoral"。

［11］这不是使用"胎儿"（fetus）一词的解决方案，因为这个词的通常用法仅仅是作为对更广泛的堕胎的可能性的回应发展而来的。在各国堕胎法变革之前，在医学教科书之类的书中几乎找不到这个词。

［12］例如，他们可能被用于科学实验，而后被毁坏。见 Warnock, *A Question of Life*。

［13］关于对此探索得出的反直观的结论，见 Holland, "A fortnight of my life is missing"。

［14］例如，图利（Tooley）、格洛弗（Glover）、黑尔（Hare）、辛格（Singer）和哈里斯（Harris）。

［15］Dworkin, *Life's Dominion,* p.16.

［16］Singer, *Practical Ethics,* p.151.

［17］Moore, "A defence of common sense".

［18］不寻常的是，1967 年《英国堕胎法案》（*British Abortion Act*）把妇女存在（existing）的孩子的身体和精神的健康列入这个单子中。

［19］Thomson, "A defense of abortion".

［20］见第七章，以及本章，关于伦理与基因的讨论。有趣的是，吉利根的关怀伦理理论至少部分地受到了妇女们对她们自己堕胎决定评论的启发，这些决定通常没有考虑到权利。

［21］见 Kumar, "Should one be free to choose the sex of one's child?"; Warren, *Gendercide*。

［22］Dworkin, *Life's Dominion,* p.20.

［23］见女权主义者克里斯汀·欧沃拉尔（Christine Overall）在《人类生育》（*Human Reproduction*）中关于这一点的讨论。

［24］"BMA backs doctor over twin's abortion", *The Times,* London, 5 August 1996.

［25］Dworkin, *Life' Dominion,* p.26.

［26］Singer, *Practical Ethics,* p.88. 这种关于动物和孩子的相对价值的判断当然不能通过辩论而建立起来，见第十二章关于这个问题的讨论。

［27］这个观点由许多生物医学哲学家提出来，包括格洛弗、黑尔、哈里斯、辛格和库瑟（Kuhse）。

［28］这个问题当然需要讨论。然而，在某些欧洲国家已经有人抵制讨论这类问题，这是可以理解的，特别是在德国，因为在抛弃有障碍的人——不健康的人——的过程中所采取的方式 20 世纪 30 年代在德国就已经发展出来了。至于对自由讨论该问题的反对，见 Singer "A German attack on applied ethics"。

［29］例如，见 Singer, *Practical Ethics,* p.179。

［30］Singer and Kuhse, *Should the Baby Live?* p.202.

［31］在杰克·凯沃克安医生（Dr Jack Kervorkian）的案例中，这个区分变得模糊了。杰克·凯沃克安医生发明了一种自杀的机器，这种机器允许人自己控制致命药品的管理。然而这使凯沃克安医生面临着谋杀者或屠杀者的指控。在计算机控制的药品致命剂量的自我管理上，区分也同样模糊，如 1996 年 Queensland 产生的合法的批准。

［32］引自 Murayama, "A comparison of the hospice movement", p.120。

第十章

平等与差别

- 第十次对话
- 平等
- 社会或分配公平
- 种族主义和性别主义
- 区别对待问题
- 惩治以种族主义为动机的犯罪
- 禁止种族主义和性别主义言论
- 多元文化主义
- 共同体主义的理念和自由主义的个人主义
- 对自由主义的批评
- 插曲

第十次对话

艾索斯：我刚刚和我的朋友波利多斯进行了一次有趣的会谈，他告诉 *167*
我，你们的社会对对与错、好与坏有多种不同的看法，我想你也暗示了你们
的社会中包含着许多更为具体的区别。

旅行者：当然，除了你们这儿有的区别，比如，男女差别或体能上的差
别之外，在我们那儿，社会分成贫困、富裕、贵族或工人阶级是很平常的事。

艾：我明白，但是准确地说，阶级是什么呢？

旅：哦，也许我能说的最有用的东西就是：阶级是由你做什么工作或不做
什么工作来决定的。虽然现在一些人认为阶级是一个过时的概念，但事实上它
存在于马克思主义这种政治意识形态之中，至今仍然对世界有很大的影响。

艾：意识形态？

旅：是的，我想这也是个很难懂的概念，我认为它是描述某种既是一种
理论又是一种运动的事物的方式。比如，作为运动，马克思主义致力于推动
全世界工人阶级的事业；但作为理论，它用阶级的观点分析社会，解释经济
和政治的变化。

艾：我明白了，我们这儿不分阶级。我们也有统治者，但他们经常换，
每人都有机会，所以你不能谈论什么统治阶级。但这些在你们社会恰恰是一 *168*
种区别吧？是不是还有别的？

旅：是的，现代社会，如那些欧洲、北美和澳洲的社会甚至更加混杂。
他们不像你们这样是一个封闭的社会。人们到处游历、迁移，并且一直有重
大的历史事件——跨洲的大规模奴隶贸易，这也导致了一些人流离失所。因
此，现在大多数社会都是多元的社会，这不仅指社会中存在不同的观点——
这个问题我刚才已同你的朋友波利多斯讨论过，而且指包含着不同民族和种
族，此外，还存在着与文化和种族相联系的宗教群体。

艾：那么，它如何影响你在与杰切斯谈话的最后所提到的问题？我的意思是，它如何影响个人与社会以及他们所居住的社区的关系——他们对自己群体的责任？从你告诉我的情况来看，这可能就是一个种族、民族或文化问题？这些区别有多大？会不会因为你是什么人而享有特权或受到不利的限制？

旅：我对你问的这些问题很感兴趣，对我而言，你似乎在暗指某些人称为社会正义的东西，甚至是平等的观点？

艾：如果你愿意，当然可以那样认为。我们这儿对平等有着非常简单的观念，男女之间没有差别，他们都一样打仗和打猎，孩子是我们共同的——我们派人来照顾孩子们，也不分男女，直到他们长大能够照顾自己。你不是也说过你们的一个哲学家——柏拉图也推崇这样的社会吗？

旅：是的。但是我们提到的其他差别呢？你们这里弱者的情况如何？不同种族的人的情况又怎么样呢？

艾：我们没有病人、年老的人，既然我们不能照顾他们，我们就把他们带出来，留在丛林里听从神的安排，我们也没有种族之分，因为我们不接纳陌生人。

旅：但你们却接受了我！

艾：啊，是的，这是真的，也许你应该多想想这个现象，而不要仅局限于你如今所做的……我们已经对我们这儿的生活方式谈得够多了，我被派到这里来是向你请教更多的关于你们的多元社会的问题，是关于其一般规律而不是例外情形，我怀疑在你们的社会中没有多少平等，并且这种不平等一定会使社会很不安定。

169

旅：我只能用更长的时间来回答这个问题，你有时间听吗？

艾：当然，对我来说时间不是问题。

 平等

平等经常与其他理想如公正和自由一起，成为当今大多数社会崇尚的原则。平等是民主的一个基本原则，不要总是孤立地来看待它，而要更多地把它当作特权的对立物来看待。这一思想渊源于英国哲学家约翰·洛克（1632—1704），他这样写道：

> 自然的状态是一种平等的状态，在这种状态中，一切权力和管辖权都是相互的，没有人享有比别人更多的权力。有件事最为明显：同种同等的被造物，毫无差别地、与生俱来地享有自然的恩惠，拥有相同的能力，也就应该彼此平等。……人人平等、独立，任何人都不应该损害别人的生命、健康、自由和财产。[1]

这一平等的原则后来被运用到美国《独立宣言》中，也成为法国大革命的领导者提出的要求之一。在这些文件中，人人生而自由和平等的要求是对世袭的特权、职位等的否定。"人人平等"不能仅从其字面意义来理解，很明显，事实上每个人在许多方面都与别人不同，因此，洛克把"人人平等"的宣言看成一种道德倡议是正确的。从政治角度而言，它是对全民参政权的一种要求，表达为"一人一票"；从法律角度而言，它是从法律面前人人平等的角度对正义的要求，可以概括为，除非有确切的根据，人人应该受到平等对待，也就是说，没有充分的根据就不应该存在歧视。

但什么是确切的根据？当人们说正义是眼盲的，这通常意味着它并不关注社会上的阶级、种族、财富或职位，但人们却不期望无视更多的重要区别——比如一个人犯了罪而另一个没有。因此正义包括应得和有资格的含义，这些含义常被表述为权利。这是要由公共机构来实施的权利，同时也导致了由制裁或处罚系统强制执行的公共法律的产生。一个社会制度网支撑着这个系统——法庭和监狱以及管理它们的官僚机构。

形式的"正义"概念把国家视为仲裁人，它的作用限于保护公民的自由不受外来侵犯，保护他们的合同及协议。超出这些限制的意义上的正义就需要另一个概念来描述，即从公平分配的角度来讲的正义。

170

✐ 社会或分配公平

　　第二种意义上的正义与产品或福利的分配有关，它要解决的问题是，怎样才能证明人们所拥有或享有的物质或财富之间存在差异是正确的。可以从两种不同的观点来考虑这个公平问题。第一，分配产品的过程或程序怎样才是公平的？或换句话说，这个过程的结果怎样才是公平的？在一个社会内部哪种分配产品的方法才算是公平的？

　　第二，可以提出这样的问题：多少人应该有多少？这个问题有几种可能的答案，一种就是分配应该绝对平均——每个人应有同样多的产品，而这正是古希腊神话中的普洛克路斯忒斯的强求一致的建议。[2] 也就是说，如果人们之间的区别总是不断出现，国家就必须总是出面纠正，从赚钱的人那儿拿些钱补给那些赔本的人；或者说，它要求不断地大规模监控社会的运转，而这与自由正好相反。

　　除去这一缺点不计，人们在实践中是否会在道德上满意地接受平均分配也还不清楚，因为个人的需求总是不断变化的，考虑不到这些变化的分配系统会令许多人感到不公平。实际上，这也提出了另一种解决这个问题的方法，这就是把需求的问题提出来，给予优先的考虑，也就是说，接受建立在需求基础上的不平等分配。

　　然而，这也容易招来批评，因为不仅要考虑某个人的需求，还要考虑他们为什么或怎样会产生这样的需求，这才显得正确、公平。例如，一个人工作很努力并做出了牺牲，而另一个人却放弃了很多机会，如果用完全相同的方法来满足他们的需要，显然是不公平的，虽然他们的个人需求是相同的。智力、能力及决心上的差别更容易引起争论，这些差别似乎能证明分配上的差别的合理性。

　　亚里士多德把这些权威性的思考概括为一个原则：不同的人受同样的对待与同样的人受不同的对待同样是不公平的。如果是这样的话，所需要的就是一个完全不一样的原则：一个按照应得或功绩来制定的分配制度。但是这种任人唯贤的政策——让那些应得的人得到应得的一切，而那些不应得的人什么也得不到——根本就不是一个真正富有成果的判断标准。因为，这个

171

原则又一次表明只有重要的差别才应该被考虑在内，而差别又只在于什么被认为是重要的，这也就是说依据功过制定的分配原则与形式正义观念非常接近，因此它又把这个关于平等的争论绕了一个圈子带了回来。

即便如此，这个值得称道的原则本身也一并受到挑战。一些人以技术、能力与道德品质都是遗传天赋为由，认为把报酬与美德甚至与个人努力联系起来是不公平的。由于我们无法改变我们的性格——我们的天赋，他们认为把它作为赏罚的标准是不公平的。[3]正如罗尔斯所说："即使愿意去努力，去尝试，从一般意义上说，做出贡献本身要依靠幸福的家庭和协调的社会环境。"[4]但这个论点有一个令人不满意的地方，那就是它似乎认为在人的心中可能还有一个性格的内在控制者，它既不是遗传的产物也不是环境的产物。然而事实是，人简简单单地就是他们自己，是由他们的品质、能力、性格、潜能等所决定的。除了逻辑的一致性的问题以外，宣称智力和道德品质是有价值的，与此同时，又坚持社会应该拒绝对此提供任何报偿，这二者之间是不协调的。

如果对这个值得称道的观点的批评可以以这种方式反驳的话，那么可以按照机会平等的原则来处理平等的道德问题——确保每个人都从相同的基础出发来竞争生活的奖赏，没有不公平的优势或劣势。然而，这仍不是问题的终结，因为机会平等本身就是受多种因素影响的，这些因素不像能力、创新精神以及辛勤工作那样，它们显然与人们应该得到什么毫不相关。人们通常认为在影响机会平等的因素中有两个因素对个人生活的成功产生了不公平的影响：第一个是性别；第二个是种族或民族。根据性别或种族而区别对待受到人们的广泛谴责，前者被称为性别主义，后者被称为种族主义，人们认为二者都能导致社会产品分配不公。在讨论这些指责和补救措施之前，有必要澄清这两个概念。

172

种族主义和性别主义

种族主义和性别主义都是有争议的概念。解释它们的标准方法就是把它们与某种信仰联系在一起，尤其是这样一种信仰：不同种族或性别的人存在才智和能力方面的差异。

英国教育机构的政策文献提供了一个典型的例子，它是这样定义这两个概念的：

> 种族主义是基于种族优劣观念的信仰、态度和观念的系统。

它继续写道：

> 性别主义指这样一种信仰，相信性别决定一个人的内在价值、能力及其在社会中的作用，相信性别的差异导致了特定性别的固有优势，这个性别通常指男性。[5]

用这种方法定义这两个概念产生了许多问题，首先，它没能将不同的种族或性别之间确实存在的差别，与把这些差别看作衡量优劣的标准区分开来。举一个中性的例子，如果某人因为男人比女人重而想声明男人优于女人，他一定要说明：第一，男人确实更重，这是一个或真或假的有关事实的声明；第二，重优于轻，这是一个判断的问题。另外，即使不同群体在某些方面平均起来会存在一些差异，不论这些差异是基于种族的还是基于性别的，如，也许在欣赏古典音乐的趣味、身高、运动技巧方面，或在越野识图比赛中能够获得成功等方面存在差异，但这并不能说明一个群体中所有成员在这方面都会比另一个群体的所有成员表现出色。事实上，平均的概念是说有些人会超出中间线，而另一些人则要低于中间线，例如，即使妇女平均来看不比男人高，但某些女人仍然比某些男人高。

173

也有人反对把性别主义和种族主义解释为有关事实的信仰：这种道德思考导致了与一个最重要的自由原则的冲突，即与思想自由和信仰自由相冲突。如果它进一步扩展到禁止对事实上存在的差别进行的真正的研究和调查，那么它也会与科研自由发生冲突，科研自由本身是一种无限制地追求真理的权利，甚至是一种义务。限制这种自由的唯一根据是这一自由的运用会对某些人产生身体的伤害。在这种情况下，即使奉行个人自由原则的人也能接受这些限制，但这是为了那些受到威胁的人的自由。然后这个问题将转到这个事实上来。

然而，无论事实怎样，都要深入研究如何给它们下定义的问题。实际上，仔细想想，种族主义和性别主义与行为而不是信仰的关系更密切，这一点是很清楚的。也就是说，它们关心的是人们如何对待另一些人而不是如何看待他们。根据这个观点，种族主义和性别主义的含义是，因为人们的种族或性别不同而采取完全相反的态度来对待他们。这样把注意力转移到行动上来，就把这个争论带进了一直被认为是法律的领域。更进一步地，在这种定义这个问题的方式背后隐含的要求是，涉及不相关因素时，要公正对待，这也被普遍认为是道德要求，正如 R.M. 黑尔所说，这个要求能非常易于应用于类似种族问题的争论中去，尤其作为区别对待的不相关标准而突出出来。[6] 仅仅因为种族、性别的不同而对人区别对待，就没有履行把人当作独立的、自由的生物来对待的义务——如康德所言，把他们自身当作目的。

但是，这些都是理论上的考虑，在实践中，无差别对待本身会引发许多问题，特别是它会导致某些群体与其他群体的比例明显减小。对一些群体如立法、商务委员会、职业群体、学生群体的构成的统计经常表明，妇女或少数民族人数的比例与其在总人口中所占的比例不等。人们经常这样认为，如果一个群体在每个令人向往的职业或生涯中都没有相应比例的代表，一定是因为有某种潜在的制度或个人的偏见。[7]

谈到这种指责，首先要说，由于确实存在一些结构上的安排，使接近一些特殊群体更为困难，所以应该更谨慎地对待"制度偏见"这个概念。这是因为，事实上制度本身不是有头脑、有欲望的人，不可能具有某种倾向或道德态度，也不可能因此受到称赞或责备。所以"制度偏见"这种看法，只是一种比喻，或是指出某些个人态度的方法，这些人正好有制度性的作用或责任。

毋庸置疑，有时某些群体的确是偏见或歧视的受害者，并且在过去已经受到了不公正的歧视。因此，就要寻找某种方法来平衡这种不公。由于形式的正义与平等观念排除了对人们不利的歧视，对许多人来说，平衡这种不公的适当方法就是采用相反的程序——站在社会地位较低群体的利益一边施行相反的歧视。这是美国多年来的重要政策，但是这一政策最近一直受到新提案的挑战，这项提案把在提供工作、上大学、签订公共合同时考虑性别和种族因素视为非法，无论谁会受益。[8] 1964 年《公民权利法案》把以"种族、肤色、宗教、性别、民族的起源"来划分人的归属为非法，但为了执行"种族匿名"政策，人们发现他们必须仍按这种分类给自己贴上公共记录的标签——这本身就是令人厌恶的，许多人曾经指出过这个悖论。[9] 施行相反的歧视是一个容易引起争议的观点，这是由歧视本身在道德上有两重含义造成的。

区别对待问题

在许多环境中区别对待被认为是件好事。这包括多种不同的情形，如在餐馆选择饭菜、在酒吧要啤酒、买画或小说、选择伙伴或者授予研究权。然而有积极意义的区别对待通常不是建立在一般观察的基础上，而是建立在对性别、种族不平等的特殊的视点之上。

首先，什么是有积极意义的区别对待？一种解释是，如果有两个同样具备良好资格的人，他们均被认为适合某一个职位或工作，其中的一个属于人们所说的社会地位较低的群体，那么挑选者就应该选择这个社会地位较低群体的成员。另一种解释是，有积极意义的区别对待意味着在某种环境下，优先选择社会地位低的群体中的不完全具备良好资格的成员。这二者都区别于被称为平权法案的政策，这是一个极少引起争议的方法，它只简单涉及努力不忽略享受不到正当权利的群体中的成员，或者更准确一点，把他们挑选出来鼓励他们提出申请。

在第一种对有积极意义的区别对待的解释中，能够设想出来的情形非常少，并且很难建立绝对平等，因此在实践中这个观点已经倾向于与第二种解释趋同。由此，在美国造成了许多著名的案例，其中包括白人应征者被他们申请的单位拒绝，因为这些单位代表了比他们资格低的黑人应征者的利益。[10] 这些人相信自己是这些政策牺牲者，他们认为仅仅因为自己的种族而受到了不公平的待遇。

175

无论如何，虽然在这些环境下一些人感到不公平，有积极意义的区别对待还是在不同的道德背景中得到了广泛的论证。已经提出了两种有利于它的论点，一种就是向后看的观点——寻求对过去的过错做些弥补，并通过现在及将来在工作或教育方面允许优先对待来消除过去的不公平。或者，它也可以被看作一种尝试，通过同样方法来补偿被剥夺的权利或被给予的不利条件。这项原则可以应用于另一种情形，这就是对侵害所做的补偿。另一种论点有着不同的道德基础。它着眼于未来而不是过去，并寻求突破通过剥夺来解决平等问题的定势，比如，给社会地位较低群体的年轻人树立行为的榜样，或确保他们在人们向往的职业或者教育环境中的适当比例。这本质上是效果论的或功利主义的，有时会加以补充说明，即这种考虑使社会地位较低群体的成员获得了工作的资格。

实践的和道德中的许多困难都是由这些观点引起的。第一，有人从心理学的观点出发，认为成为特权群体成员的努力本身，造成它想要改正的种族或性别紧张。第二，整个企业界似乎竟然相信假定的这些群体成员的自然劣势，想当然地认为他们不能取得成功。第三，这使生活对那些享受不到正当权利的群体成员来说更为困难，这些群体成员已经取得了进步，但人们总是错误地认为他们的成功是对他们采用低标准的结果，认为他们没有更典型的（通常指白人男性）应聘者或工作人员好。第四，用这种方式对待群体也存在着问题。无论从道德上还是从实践上来说，对个人做出补偿的概念是清楚的，但对那些受到不公待遇的群体的补偿就不很清楚了，可以通过对那个群体中的不同的个人成员表示友好来补偿，而这个成员本身可能根本就没有受到过伤害，特别是当受到过不公待遇的个人和不公正地对待过他们的那个群体的成员都早已不在人世之后，对受到不公待遇的群体的补偿问题就更加含混不清。

这些适用于民族、种族、性别方面的观点也可以延伸到残疾人、少数性别优先的群体，但是在这些领域内实行有积极意义的区别对待却产生了显著的差别。在英国，第二次世界大战以后的法律规定在许多职业中都要把身体残疾作为优先考虑的条件，通过在所有的大雇主身上强加一份照顾一定比例的残疾人的义务，来寻求帮助这些在为国服务中肢体残疾和失去能力的人。

176

这其中的原因与有关性别和种族的讨论不同，那些讨论通常是在平等竞争的观点的基础上进行的，而残疾的复员老兵和退伍人员的情况正相反，因为他们不可能在给他们保留了职位的公开市场上与健全人竞争。当然，许多残疾人能克服他们个人的困难，并在某些情况下与健全人表现得一样好；但无论如何，特别的残疾使他们无法参与某些特别的竞争，这也是事实——比如，一个盲人不能像一个正常人一样浏览阅读材料，一个有些耳聋的人无法和公众中说话含混不清的人打交道。

至于性别优先，如果它没有被公开，人们就不知道，也就不可能在工作场所或通过选举小组产生歧视；但如果明确要求性别优先不能被不利地使用，了解性别的定位就变得非常重要，就需要进行干涉性质的监控，在那里会公开声明雇员的性别优先权，并可能记录在案。正因为这些不同的原因，在这些领域取消歧视之路充满现实的障碍。

然而，不论观点多么特殊，仍有一个难以反驳的基本原则：如果歧视是错的，那么用歧视来对抗歧视也一定是错的；如果种族主义和性别主义是错的，那么用种族主义对抗种族主义、用性别主义对抗性别主义也一定是错的。有两种特殊的情况值得分别考虑。

惩治以种族主义为动机的犯罪

177 在许多国家里，消除种族主义罪恶的愿望已在立法中得到体现，增加了因种族动机而犯罪的特殊惩罚。乍看起来，这似乎是表达社会对种族暴力的憎恶的有效途径，并且也是阻止某些集团以暴力犯罪伤害其他种族成员的有效途径。

然而，尽管目的是好的，这种立法违反了法律面前人人平等的原则，由此产生了不同类别的受害者以及罪犯。由于罪恶的世界是按种族来划分的，在调查案件时，警察就有理由收集和记录关于种族方面的信息。有许多途径可以证明这是不合法的。如果法律规定出于种族动机的暴力比出于其他动机的暴力更为恶劣，那么在某种意义上就是说其他犯罪动机相对说来比较好，但一旦陷入这样的逻辑，就踏上了一条不归路。毕竟，社会上还有其他易受伤害的群体——儿童、妇女、同性恋者、年老的人、体弱的人。因为你年老体弱而成为施暴的对象，这和因为你是某种族群体的一员而成为暴力的牺牲品一样令人不快。而且，如果这暗示着人们讨厌的是出于意识形态的原因而侵犯他人——如果这是有组织的暴力的本质，从中产生特殊性质的犯罪——那么从中滋生的就不只是种族主义。又如宗教，已经为人类大部分的历史记载提供了另一种迫害的潜在动机。

对动机做这种划分的法律也违反了民主的法律界限的观念，传统上，这些观念置于行为的边界，这样，除了在特殊的限定的情况下，言论和思想都超出了法律的限制。视自由为重要价值的人们憎恨试图控制人们思想的极权政治——当然，从某种意义上说，人们的思想是无法控制的，并且人们的行为动机也难以证明，但是这样做的企图却不为自由主义政治所容。这些原则在直接禁止种族主义言论的问题上看得更清楚。[11]

禁止种族主义和性别主义言论

如果思想自由是一种绝对的权利，但行动自由可能被其他人的权利所约束或限制，那么言论自由就介乎二者之间。它与思想自由紧密相连，因为如果思想、信仰不能公开发表，不能与他人交流、讨论，那么它们又有什么价值呢？并且言论属于公共领域，而非私人领域，毫无疑问，它可能被恶意或危险地使用，因此对某些言论有所约束，因为它可能是连接思想与危险行动的桥梁，这种情况是存在的。如果迫害的历史也与言论有关，涉及种族迫害时尤其如此。

178

美国宪法规定，议会不得制定法律限制言论自由，然而，由于性别主义和种族主义被认为是言论方面的罪恶，种族主义和性别主义言论事实上在美国是不允许的。在英国，言论也受到限制，1976 年种族关系法案将出版或散发威胁、侮辱或谩骂的书面材料视为犯罪；在可能激发种族仇恨的情况下，在公共场所、公共集会中使用威胁、侮辱、谩骂的语言同样视为犯罪。虽然人们可能认为，这不一定是对自由的无理侵犯，但约翰·密尔在他的《论自由》的经典论文中，仍把这种情形视为自由原则的合理例外。在他的文章中，他提出许多思想自由和言论自由的根据。他说，要压制一种意见就是要求假定它绝对没有错误，这会使追求真理的事业停滞不前达几个世纪。即使错误的观点，也应该允许它表达出来，因为如果持有正确观点的人不想使他们的信仰和观点成为"死的教条"，就需要有反对意见和批评的挑战。[12]然而，密尔还认为，虽然人们应当自由表达偷玉米的人是贼的观点，但他们不应该在饥荒的时候，在偷玉米的人的家门外，在愤怒的饥民面前自由表达这种观点。

因此，虽然经典的自由主义不要求绝对的言论自由，然而，如果取消言论自由，它认为需要一个必要条件，即言论自由威胁到个人的人身安全，这把在法律上禁止种族主义和性别主义言论置于道德上的敏感的位置。只有在种族主义和性别主义言论将导致伤害或杀害他人的经验主义假设的基础上，才有理由禁止它们。

多元文化主义

179　　关于种族主义的讨论，实际上已经假定存在以种族将人们区分开来的明确方法，而这本身就是值得怀疑的，有时，有必要回到黑暗的过去，那时，人们的种族不得不靠追溯家族的历史乃至祖父、曾祖父甚至更远的祖先来确定。然而，无论如何，种族和性别都不仅仅是社会区别，并且"多元文化的"这个术语还用于指其他的区分的向度——在当代，这些区别可能包括宗教、语言、肤色、性倾向性，也包括性别、种族。然而，并不是所有这些都能区分出真正的"文化"群体，因为"文化"这个概念有确定的内涵。它包括两个基本含义：第一，与文学、艺术、音乐和科学有关的，"被人们认为并熟知的最好的"文化——所谓的"高雅文化"；第二，在共同的生活特征意义上的"流行"文化的概念，如娱乐、食品、生活方式、风俗习惯，这些标志着一个共同体的最明显的生活方式。[13]除了对上述两个基本含义的不

同思考之外，"多元文化主义"这个术语在不同的地域有不同的含义。如在欧洲，多元化及多元文化主义主要指宗教和民族的区别，并经常由于语言的区别而得到加强；在美国，不同种类的"文化身份"可能归于妇女、同性恋者及由肤色确定的群体。

虽然宗教和语言是重要的文化标志，而且有时文化标志也扩展到整个的生活方式，但人们的肤色、性别无论在哪种基本意义上都与文化关系不大。正如出生于尼日利亚的哈佛哲学家 K.A. 艾彼亚所说，如果一个人在同性恋者或黑种人的身份中建构自己的身份，最终可能走到获得自由的反面，指出这个事实未必是坏事。他写道："如果我不得不在封闭的世界与同性恋自由的世界之间，或在汤姆叔叔的小屋与黑种人权利的世界之间进行选择，当然，在每一种情况中我都愿意选择后者。但我不愿意做这样的选择，我愿意有其他选择。"[14]

性别也不是文化的标志。因为女性不是一个从文化上能区分开来的群体，她们广泛地生活在人们中间，很少生活在独立的固定社区。自从西蒙尼·德·波伏瓦写了《第二性》之后，女性的地位已经发生了明显的变化，正如她所写的，对于世界上绝大多数的女性来说，她们确实"散居于男人中，通过居住、家务、经济状况和社会地位与某些男人——父亲或丈夫紧密地联系在一起，这一联系比她们与其他妇女的联系更为牢固"[15]。

180

因此，社会包含着并且一直包含着许多差别，但并不是所有的差别都是文化差别。在欧洲，在犹太人基督教的影响下产生的黄金盛世的理想，以及古希腊和古罗马的历史传说所形成的基本上同类型的文化，这种文化只是在最近才受到了许多重大的影响：一些具有历史和宗教传统的群体的大规模移民；国际媒体影响的无所不在，特别是那些建立在当代美国文化基础之上的国际媒体的影响；传统基督教信仰的衰败，这是更深入地理解了科学和历史的必然结果；以及以前曾被忽略的群体的影响——各少数民族被边缘化了的声音。

如果从事实的层面来讲，多元文化主义是一个令人质疑的概念，那么从它的规范含义来看，就更是如此。政治上的多元文化主义基于怀疑国家支持某种特殊的道德、文化及宗教是正确的。政府应该在道德上和意识形态上保持中立的原则，这在美国那样的移民社会是可以理解的，美国既欢迎具有强烈文化及宗教差异的个人和群体，也欢迎具有不同民族及种族背景的人。但欧洲历史的走向却与之不同。在欧洲，经过许多努力，人们最终接受了这样的观点：20世纪的反殖民主义运动是建立在合理的道德原则基础上的，即群体，尤其是民族群体，应当自由传播并永远保持群体成员他们自己的具有显著特征的文化和价值观，拒绝那些外人强加的文化和价值观。

　　一方面是国家中立的原则，另一方面是民族文化认同的权利，这二者是相互矛盾的。就文化认同的权利而言，人们并非总能意识到，如果人们接受这个原则，在适用于自由民主国家本身时，至少具有同等的合法性。自由民主国家并没有接受这一点，而总是受到自我怀疑的困扰，这种怀疑实际上是对自由主义真正含义的误解所造成的。在认识到个人有选择他们向往的生活方式的自由的同时，他们忽略了个人同样有选择在其中行使这种自由的共同体的自由。他们假定自由国家在不同的文化理想及不同的"善"的观念之间是中立的，这个问题包含在自由主义者与共同体主义者的争论之中。

共同体主义的理念和自由主义的个人主义

181　　虽然"共同体"的本质被定义得很含糊，但共同体主义还是建立在肯定共同体的基本价值的基础上的、共同体在规模上可以从一个国家内的小规模的亚群体到这个国家本身，甚至也可以从全球的意义上来理解。主张共同体主义的人宁愿从信仰的角度把它定义为一系列共同的价值观、规范及意义，并且以这一前景为重点的运动形式已经被美国理论家A.艾特西尼冠以"反应的共同体主义"之名加以发展，这个概念旨在表达一种维持社会需要和个人权利之间的平衡的政治方法，它富于弹性并易于接受。如在美国——主张共同体主义的人会认为美国太强调个人主义，人们就期望"反应的共同体主义者"强调社会责任；在中国——个人主义太少，因此保护个人权利就更重要，就像在航船上的海员，"反应的共同体主义者"会从一边移到另一边，来保持社会这艘船安全航行。

这正是主张共同体主义的人很容易受到来自两个不同方向的指责的原因，一方面，他们可能发现自己充满保守性和怀旧情绪——也可能充满极权主义的欲望，想让多数人的观点一致；另一方面，他们可能充满提高福利供应、国家补贴和社会主义的欲望。主张共同体主义的人自己不愿意接受传统意义上的角色，他们认为自己提出了一系列紧密相关的论题：

1. "内嵌自我"的观点——这种观点认为人类是与自己特定的语言文化和传统保持一致的，并且个人选择只能在这种"浓厚"的同一性中才能得到深刻的理解，自治在非康德主义的、非普遍意义上被解释为真正的自治。[16]

2. 至少当权利与责任、义务相分离时，从普遍权利的观念中退却转而支持赋权政策。权利被看作属于自由主义的正义领域——一个不考虑个人特殊性的抽象概念，共同体主义的观点是用多种不可通约的价值观而不是普遍原则来表达的。

3. 特殊性优先，如，个人期望根据自己的特殊背景、自己的个人职责来 *182* 考虑自己的立场，而不是把义务与普遍权利相联系。

这与古典形式的自由主义强调普遍主义和人文主义的政治立场形成鲜明的对比。也就是说，自由主义基于对人类共同特性的信念，这种特性产生了共同、普遍的人权和自由，正是这种观念赋予了自由主义以道德力量，并且其道德理想是自由主义历史不可或缺的一部分，它反对宗教迫害和极权政府，特别是反对世袭贵族统治。自由主义更倾向于服从理性而不是权威，它把政治义务建立在个人自由同意的基础上，用自治的观点来诠释道德义务。自由主义者信仰的理想可概括如下：

· 自由、宽容和正义的道德理想

· 理性主义和道德主义的理智理想

· 相应限制政府权力的个人主义的政治理想

· 多元主义和宽容差别的社会理想

· 不干涉主义和自由市场的经济理想

在美国，这种形式的古典自由主义更有可能被称为自由意志主义（libertarianism），而自由主义则成为与福利主义者的目标和倾向有联系的概念。

✏️ 对自由主义的批评

一个国家致力于美好生活的理想并努力把它施之于公民，这种思想有时被称作完美主义。众多的政治思想家如柏拉图、亚里士多德和马克思所代表的这种倾向，一直被许多哲学家批判为思想狭隘和极权主义。[17]但认为一个国家能够或者应当保持中立的观点同样是有疑问的。今天很多社会都包含真正的少数派的文化，文化成员身份被许多人认为是首要的利益。对少数派的需要不够敏感，并且不能正式与这些成员联系起来，面对这样的指责，一个自由国家可以寻求赋予所有人以平等的权利，以使人们能够按照自己的理解追求美好的生活。或许这个目标看起来是不一贯的，但一直在为少数人权利的自由主义理论辩护的加拿大哲学家威尔·克姆利克，看到了这样一个悖论：人们可能需要一个稳定的文化背景来使他们的个人选择有意义。[18]这也是阿拉斯戴尔·麦金太尔提出的观点，但麦金太尔却不想保留自由主义的权利概念，他把它作为"虚构"放弃了。[19]相反，他把在传统意义上理解的个人主义作为共同体——家庭、邻居、种族和民族统一性的自然纽带——的对立面，麦金太尔提出回归亚里士多德的公民美德的传统。

183

然而，在现实生活中，一些文化内容和一些社会实践对自由主义者来说是不能接受的；也有自由主义者认为自由的价值依赖于按照自由的原则所做的事情的道德价值，牛津哲学家约瑟夫·拉兹写道：

> 自治只有指向善时才是有价值的，没有任何理由提供或保护无价值的选择，更不用说坏的选择。[20]

这导致了以对自由主义的古典的或意志自由的形式的一系列更深层次的

责难，人们通常认为它应对无根的个人的出现负责，他们在心理和情感上都与社会群体相脱离。人们认为，这反过来又产生道德和文化真空，最后导致其他罪恶，如犯罪、色情文学及家庭的衰败等的广泛传播。[21]

如果现在困扰自由主义社会的罪恶——如侵入性的国际毒品贸易、艾滋病、色情文学、品位和风范的堕落——确实会在自由主义的名义下得到保护，那么这些责难将会被认为是合理的。但如果是公共和社会机关的共同环境恶化——如果社会真的变得不文明——这就不是自由主义本身的错，而是在对于它的解释上出现了错误，在于自由主义内部受到的压力，这些压力是那些利用自由主义所提供的自由来测试和挑战自由主义极限的人造成的。

然而，事实是古典的自由主义者没有义务在自由的名义下支持公认的社会罪恶。仅举一例，按纯粹的意志自由主义者的意思，吸毒只能受到谴责：因为使用令人上瘾的药，与把你自己卖身为奴无异，没有哪个意志自由主义者会为之辩护，这好像是有道理的；另外，吸毒和滥用毒品的社会代价非常高，一定会累及他人。毫无疑问，密尔在为个人伤害自己的自由所做的辩护中，低估了——或完全没有预料到——如果他们真的这样选择，大规模的自我伤害所要付出的经济代价。在当代社会背景下，这些也包含了整个邻里关系的衰弱和互相支持的家庭网络的崩溃，而这些过去曾经是脆弱的人际关系的黏合剂。

184

人们指责自由主义把取消生活准则变成了生活的原则，变成了至善的高尚原则，但自由主义并不意味着随意性或对善的漠视。[22]虽然它经常被解释为积极的权利和消极或中性的道德的哲学，但把它看作消极的权利和积极的道德的哲学可能更好。然而，必须承认，它强调的普遍性——共同人性的思想——对许多人来说视野确实太宽了，人们似乎确实在寻求志趣相投的小群体，寻找一种归属感，正是这种感觉产生了忠于家庭、部落、种族的勇气，并且最终也会产生忠于国家的勇气和爱国主义的情感。

插曲

　　我继续和艾索斯谈了一段时间，他问我来自何方以及那里的情况，他第一次听说这个地方。我不得不告诉他，很多地方陷入了部落战争，我描述了世界许多地方的脱离运动、摆脱殖民主义统治。正在这时有人来了，他是波莱莫斯，他很强壮，佩戴着武士的所有标志——特别是，除了一般的风度举止，我几乎无法忽略这一事实，他比以前我所见到的其他人带着更多的武器。波莱莫斯注意到我们一直谈论的一些问题甚至也可以在艾洛依人内部的经验中得到运用，他说他们也珍爱自己的群体但却仇恨他们的敌人，尤其是，他感到他们的身份是在与敌人或外人关系中才得到确定的，因此他看不到和平的可贵，却崇尚为了自己的目的与敌人发生摩擦或争斗。

　　我们继续谈论这些话题，还谈到艾洛依人如何对待他们自己社会中的敌人。总的来说，波莱莫斯有力地论证了艾洛依人通过惩罚破坏规范的人来保护自己的生活方式的权利与义务，并且也保持他们的独立性，不受他们领地之外未知的森林深处中的交战群体的干扰。

◎ **注释**

185

　　［1］Locke, *Second Treatise of Civil Government,* ch.II, sec.4. 也见 ch.VI，sec.54。

　　［2］据说普洛克路斯忒斯（Procrustes）折磨他劫来的人时，把他们放在床上，以床为范型，如果那个人身高比床短的，就把他的身体拉长，比床长的就截短。英国哲学家安东尼·弗路（Antony Flew）用这个典故描述主张人人平等的极端社会政策，见 Antony Flew, *The Politics of Procrustes*。

　　［3］例如，见 Feinberg, *Social Philosophy,* pp.112–7。

　　［4］Rawls, *A Theory of Justice,* p.74, n.11. 相关讨论，也见 Rawls in chapter 5, pp.76–9。

　　［5］关于机会均等的 PNL 政策声明，见 pp.4–5。

　　［6］Hare, *Freedom and Reason.*

　　［7］安东尼·弗路和安东尼·斯柯林对此有深入的讨论，分别见 Antony Flew, "Three concepts of racism"；Antony Skillen, "Racism: Flew's three concepts of racism"。

〔8〕加利福尼亚的提案 209 号以其本身的措词回应了 1964 年《公民权利法案》（ *Civil Rights Act*)，该报道见 *The Times,* London, 23 December 1996。

〔9〕例如，关于这个问题的讨论，见 Moynihan, *Pandaemonium,* 特别见 pp.55–6。

〔10〕其中最著名的可能是，1978 年加利福尼亚大学校务委员会对贝克案（ *Regents of the University of California v. Bakke,* 1978）和 1974 年德福尼斯对奥德格德案（ *De Funis v. Odegaard,* 1974)。

〔11〕这两个问题都在艾里克·威尔斯（Erik Wals）未发表的学术论文《美国和欧洲的憎恨》（"Hate in the United States and Europe"）中得到了讨论，作者列举了很多美国和欧洲的例子。

〔12〕Mill, *On Liberty.* 也见 chapter 4, pp.68–9。

〔13〕见 Eliot, *Notes toward the Definition of Culture*。

〔14〕Appiah, "Identity, authenticity, survival", p.163.

〔15〕De Beauvoir, *The Second Sex.*

〔16〕康德关于自律的讨论，见 chapter 6, pp.96–8。

〔17〕例如，见 Popper, *The Open Society and its Enemies*; Talmon, *The Origins of Totalitarian Democracy*。

〔18〕Kymlicka, *Multicultural Citizenship.*

〔19〕Kymlicka, *Liberalism, Community and Culture.*

〔20〕Raz, *The Morality of Freedom,* p.251.

〔21〕见 Beiner, *What's the Matter with Liberalism?*。

〔22〕Ibid., p.36.

第十一章

自由、正义与冲突

- 第十一次对话
- 罪与罚
- 死刑
- 非暴力反抗
- 爱国主义还是和平主义？
- 战争和国际冲突
- 分裂主义
- 恐怖主义
- 插曲

第十一次对话

波莱莫斯：以前你提到过两种正义，我觉得这个问题比你讨论的范围更　*186*
广。比如，你认为杀害人的生命是正义的吗？

旅行者：在我们那儿，答案是依具体情况而定的，多数人会接受这样的
看法，即国家可以命令你去打仗，在战场上你很可能被杀，同时你自己在那
种环境中也被授予奋勇杀敌的权力。但私自杀人是不合法的，不论是罪犯在
社会上杀人还是恐怖分子在境外杀人。一些国家认为剥夺违反这一规范的社
会成员的生命是合法的，一些国家也会杀掉正在与之对抗的恐怖分子。但自
由民主精神的特征是厌恶杀人。

波：那么你们是不是不处决杀人犯？

旅：哦，你现在就下结论了，我的意思不是说民主国家永远没有死刑，
事实上，一些国家和地区废除死刑一段时间以后，又恢复了。

波：那么你为什么提到你们对杀人的厌恶呢？在我们这儿杀掉我们的敌
人是没有任何问题的，无论内部的还是外部的。

旅：很高兴你提到了敌人，你们不杀无辜者，对吧？

波：那是另一个问题，但我们还是别离题。我们并没有真正地意识到你
们区分出来的差别，这儿只有外来的人可能被杀掉，但我们认为如果一个人
杀死自己人，他就把他自己变成了外人。　*187*

旅：那当然是一种避免不一致的办法，但事实上你们好像对限定哪些人
应该杀、哪些人不该杀并不感兴趣。

波：你可以那样说，但我现在开始认为你对杀人太大惊小怪了，不厌其
烦地问这么多关于杀人的事，这些人实际上是为这个原因或那个原因找死，
然而，在战争中你们又去掉了所有这些约束。

旅：哦，是的，我可以理解你的困惑。我很遗憾，对那些憎恨战争频仍的人来说，时间和文明并没有带来任何改善，而且，在 20 世纪，整个世界两次被拖进了世界大战，导致了大规模的杀戮。请原谅，当然不是全世界，隐居于这个偏远的地方，你们当然对这些事件一无所知。

波：我们确实不知道这些事件，这些战争是怎么爆发的？有对战争原因的一般解释吗？或者只可能用特殊情形来解释战争？

旅：哦，有人寻求一般性的原因，一些人认为答案在于统治者的阴谋，或贵族的既得利益；民族沙文主义或武器制造商的贪婪也是答案之一。也有一些人认为战争的原因在于寻求土地和资源，也经常是因为不断增长的人口。特别是在 18 世纪，托马斯·马尔萨斯（1766—1834）认为如果人口与食品、资源之间没有达到平衡，自然界将会通过饥荒、疾病、战争来实现平衡。

波：我有一个同事肯定会认为你谈的内容非常有趣，以后我可能会带他来见你。但请先告诉我，是不是你们那儿的人都认为战争是坏事呢？

旅：有人在任何条件下都拒绝打仗，而大多数人认为在有些情况下别无选择，并且从历史上看，战争一直被认为是高贵的艺术，士兵的职业被看作光荣的职业。

188   波：当然，如果你有敌人，你必须防止这些敌人伤害你和你的孩子们。我所说的是国内的敌人。

旅：你指的是罪犯。

波：是的，那种场合下你肯定认为，只要能防止他们害人，你所做的一切都是正当的，即使是杀掉他们。

旅：当然，必须通过某种方式来限制他们。但正如我所说的，许多人反对处死这些罪犯，包括那些罪大恶极的杀人凶手。

波：为什么？

旅：好，我来解释一下。

 **罪与罚**

左派和右派的政治理论都承认个人生命的权利及个人有身体不受他人有意或无意伤害的权利。这是政治制度，也是文明社会的起点。国家最起码有两重职责：维护国界内的公共秩序和保护其公民不受外来敌人的侵犯。但这也意味着在某些情况下会不考虑这些个人权利。一种情况就是传统的战争，另一种情况就是对惩罚制度的需要，可能包括死刑。因为承认每个人的自由都受正义以及为他人的竞争自由的约束，这并不意味着对自由的否定。

可是，惩罚可能需要有更多的理由。一方面，对于以目的来证明手段的合理功利主义者来说，这意味着通过惩罚、伤害一些人来阻止他们对其他人造成更大的伤害。另一方面，对于那些反对功利主义，并因此反对按未来收益进行任何合理性解释的人来说，有必要寻求因过去发生事情而施以惩罚的合理解释。实际上，报应的原则——《旧约·圣经》的律条要求以眼还眼，以牙还牙——可能是惩罚的最古老的合理性证明之一。现在，这个正义的特殊原则由于人们对粗鲁及野蛮的厌恶而受到了限制，同态复仇一般说来不被人们所接受[1]，相反，粗鲁和野蛮行为所造成的损害必须按可以接受的方式，如罚款、监禁、社区服务或其他选择，由行为人进行同等的赔偿。然而，正义的报应原则在罪与罚之间应达到平衡的要求下继续寻找自己的表达方式。此外，还有一个更为强硬的观点：罪恶不应该不受惩罚。康德用毫不妥协的语气表达了这一点：

> 即使一个文明社会的所有成员一致同意解散这个社会……那么监狱里的最后一个杀人犯一定要首先被处决，以使每个人都将及时地接受其行为应得的结果，以使这一血案不会因为人们没有坚持实施惩罚而凝固在人们心中，因为如果他们没能这样做，他们可能会被看作公然违背法律公正的帮凶。[2]

黑格尔的观点更为强烈，他认为即使从罪犯的角度来讲也需要对他进行惩罚，这是因为需要消除已经犯下的罪恶；既然消除罪恶是唯一一个恢复

189

道德平衡的方法，罪犯有权利要求甚至愿意受惩罚。因此，如黑格尔所言："加于罪犯的伤害不仅是暗含着正义——作为正义，这也是他本人的隐含的意愿。"[3]

然而，对于把惩罚作为犯罪的报应来证明其合理性的观点而言，这种强硬的形而上学观点是不必要的，因为就其最简单和最有说服力的形式而言，它只是简单地阐述了这个信仰，即"他们已经明知故犯，做了错事"已经对"我们有何权力惩罚他人"这个问题做出了有力的回答，这种回答是从追溯过去的行为入手的。

在过去的行为中寻求惩罚的合理性证明与把惩罚带来的未来结果作为其合理性的原因形成鲜明对比。功利主义者的证明是指向未来的，因为既然功利主义道德理论的出发点就是相信痛苦是罪恶的，那么只有能够表明如果施加有限的痛苦，可以在未来避免更大的痛苦，实施惩罚才是合理的。在这个问题上功利主义的观点有三个方面：

1. 对他人和对罪犯自己来说，惩罚可以起到防范作用，劝诫他们避免重复犯罪。

2. 惩罚可以通过把罪犯从社会上清除出去来阻止或至少暂时阻止犯罪。

3. 惩罚可能使犯罪者真正重新做人。

虽然这三个目的经常被乐观地认为彼此一致，但却并不必然如此。尤其是前两个目的要求把惩罚作为令人不愉快、不受欢迎的过程，而要达到第三个目的则需要更积极、更富同情心地对待罪犯。甚至在想当然地认为惩罚一定会对将来有好处的情况下，这种对立也会导致人道主义者和严格执行纪律的人之间的紧张。

功利主义方法的公式完全是由边沁设计出来的，他于 18 世纪晚期在他的一般的功利主义哲学框架中创立了一个关于惩罚的综合理论。[4]他的理论既有实际意义又有理论意义，在这一理论的指导下，他设计出了新型监狱的方案，即圆形监狱，在这样的监狱里，犯人工作并将获得劳动报酬。由于赢得了英国议会的支持，这个方案接近成功，但却在最后阶段被取消了。尽管如此，边沁对惩罚理论的贡献是有深远意义的，这种理论要求社会中的任何惩罚体系都要严密和精确地计算将来的所得与所失。边沁意识到法律对公共秩序及民主社会是最基本的，要使法律有效就需要处罚的支持，但他认为必须对惩罚措施进行精确计算，以使其非常公平，让人们觉得犯罪很不值得，以此来消除犯罪的吸引力，换句话说，惩罚既不应过重也不应过轻。计算涉及的内容是很复杂的，不仅要考虑到惩罚的威慑力的轻重与犯罪所得应成比例，而且要考虑到抓住罪犯的可能性，即使抓到了罪犯，还要考虑给他定罪的可能性。

但在边沁极力提倡这种注重实效的方法的同时，康德却坚决反对这种方法，他写道：

> 法律惩罚永远都不能只作为促进他人利益的方法来使用，不论是为犯罪分子本人的利益还是为文明社会的利益，只有当一个人犯罪时，才必须对其施以惩罚，因为永远都不能只把人当作他人目的服务的工具。[5]

康德的反对意见指向了公平的惩罚理论的两点要求：

1. 它包含了使无辜者受罚。乍一看，问"为什么只惩罚这些犯罪的人"似乎是合理的，毕竟，过去残酷的统治者经常认为惩罚犯罪者的亲属比惩罚犯罪者本人更有效。此外，并不总是能够确定某个人真正地犯了罪，并且在没有犯罪嫌疑人的情况下，为了公共秩序，把罪名安在任何一个可疑的个人身上都是有益的。主张报应的人毫不费力地说，这些过程是会有错，因为只有犯罪应受到报应。此外，功利主义者有更多的问题。

对一些功利主义者来说这是一个可通过诉诸技术手段来解决的问题，把它变成一个定义：只有有罪的人才能被惩罚——惩罚是一个只运用于有罪条件下的术语，这被牛津法律哲学家 H.L.A. 哈特（1907—1992）称为"定义停止"讨论。[6] 据说惩罚的确切含义是，由权力机关给违法者因其违法而施加痛苦，这种解决办法的优点在于在这种惩罚的定义中包括了罪犯所犯的罪，这给"惩罚"这个概念一些自我保证性质，就像"知道"或"记得"这些词一样；然而，它的缺点也是明显的，它与事实无关，相反，却仍然停留在定义的领域，或者说，如果这个定义被接受，其结果是真正受到惩罚的人确实有罪，但是，并不能保证被指控犯罪并确实有罪的人不以其他罪名而受处罚，而事实上他们并没犯这样的罪，而是犯了另一种罪。

然而，如果概念的解决方法不可取，功利主义者必须求助于实践的观点，即惩罚无辜者从长远来看不可能起到减少犯罪的作用，即使取得暂时的胜利也必须依赖于一个不太可能的情况，即大多数人对这项政策一无所知。

2. 不应该把人当木偶对待。像边沁一样的空想主义思想家经常制订一些方案，在这些方案里社会之所以能平稳地运行，是因为人们一直受到鼓励，要像机器上涂好油的螺丝钉一样运转，20世纪一些著名的讽刺小说——斯金纳的《沃尔登第二》、赫胥黎的《勇敢的新世界》、奥威尔的《1984》——对统治者都有共同的看法，认为统治者通过运用惩罚与奖赏来使公民驯服。功利主义的合理的惩罚似乎也有一种把人当作统治者操纵的木偶的倾向。特别是理论家、作家 C.S. 刘易斯（1898—1963）看到自由主义者怀着最美好的愿望提出并赞成的人道主义方法，却和不同政见者在社会主义时期的苏联所受的待遇有许多共同之处。[7] 在那种体系中，有人在很大程度上是因为政治原因被关在精神病医院里，而不是在法庭给予确定的判决，这样做的目的也不一定是治疗他们的"罪恶"。另外一种替代惩罚的方法正所谓"让我们——你们的统治者和长辈给你们权利，我们不能接受你真的想成为一名叛逆者、不遵守习俗的人或罪犯这样的事实，所以道德上的越轨只是一种疾病的表现，因此你需要帮助而不是惩罚"。相反，惩罚的方法把罪犯看成地位平等的人——他的行为可以受到谴责，但他的人格却不关其他任何人的事。对正义而言，对应受的惩罚划定界限不是件小事，把一个人改造为更好的人却是无止境的。

 死刑

报应的思想经常被看作只是一种原始的复仇理论而被放弃，当一个人在一场恶性谋杀中失去了挚爱亲友，他确实很难分清报应与复仇两种情感。但在低估消极情感的作用时，值得注意的是，建立官方惩罚体系的目的是取代以私人报复和仇杀为特征的、没有正式惩罚机制的、社会的无政府主义状态。在这种状态中，不可能公正地倾听被告的辩护，没有对犯罪事实的冷静评价，也没有对适当的量刑的深入思考。如果一个国家的制度体系如此混乱，它就不能充分运用惩罚的作用，也就是说，那些受了冤枉的人的合理赔偿、私人复仇的愿望仍然不能得到满足，这种情形会威胁文明社会的基础。从这一点看，有时确实只有死刑才足以平息人们对罪犯的愤怒和对受害人的同情，这是功利主义方法在谈论死刑时经常忽略的一个方面，这种方法倾向于以数字对比为重点，比如只寻找经验性的证据来证明死刑减少或没减少杀人犯的数量。

　　不论是对支持死刑的人来说，还是对反对死刑的人来说，数字对比问题好像都不相关或不切题。例如，后者可能因为死刑是过去的野蛮主义的残余而谴责它——这种惩罚因处决方法残忍、不同寻常而使每一次处决都有其独特的恐怖感，当然还有等待处决的过程中的长期恐惧。或者他们可能指出误判的可能性，强调与监禁对比死刑的终局性。如果误判死刑的人数仍少于死刑发挥阻止或预防犯罪的作用所救的人数时，反对死刑的人就会遇到反对意见。然而，这似乎不是一个合理的道德论点，一方面，不论个人怎样做，国家都有义务遵守道德，国家剥夺无辜者的生命和个人这么做的意义是不一样的。另一方面，冒着有可能冤枉无辜者的危险而支持死刑，并不必然地能够解决问题，因为接受一个不完美的体制是可能的，只要这一体制的运转是有信义的，这就是当苏格拉底拒绝逃避雅典法庭对他判决死刑时所面临的困境，他认为虽然他自己将付出代价，但他应该遵守过去曾给他带来好处、他也完全接受的法律。[8]

193

✏️ 非暴力反抗

　　但如果法律本身不公正呢？有些人认为在那样的条件下人们有权拒绝服从法律。在现代有许多把非暴力反抗作为改变法律或政治政策的工具的例子：甘地领导的反对英国在印度统治的非暴力不合作运动、美国由马丁·路德·金领导的争取公民权利的运动、抗议为越战征兵、反对核武器的运动，还有最近为保护环境与动物权利而进行的抗议。这些非暴力运动可以采取多种形式，包括游行、绝食、罢工、静坐，它们的重要的标志是，虽然它们包含违法，它们却是参与者出于良心而推动的，其目的在于改变法律。

好像这种政治运动在一个开放的社会既不必要也不合理，但也可以认为它是民主社会在一定条件下供人们表达反对意见的方式。首先，与抵抗不公正或认为不公正的法律相比，为抵抗道德的并按民主原则建立的法律而辩护要困难得多，比如，种族歧视的法律就是这种不公正的法律。其次，认为那些致力于非暴力抵抗运动的人应该有机会达到他们的目的，这是有意义的，如罗尔斯所言："行使不服从的权利应当……合理安排以达到自己的目的，或他们希望实现的目的"[9]。最后，人们认为，与军事策略相反，非暴力抵抗运动的标志是抵抗法律的人必须准备接受法律对他们的惩罚。然而这种观点却受到挑战，因为，如罗纳尔德·德沃金所问的："当我们承认人们有权凭良心做事时，我们迫害那些按自己良心的要求去做事的人，这对吗？"[10] 他的答案是法律存在着足够的模糊性和不确定性，会有不惩罚那些在原则上反对法律的人的例子。

194

爱国主义还是和平主义？

当在国家内部讨论法律与惩罚的微妙联系时，国家之间的关系正处在早期的伦理阶段，尽管做出了一系列努力以创建代表世界政府的机构，它在形式上类似国际联盟及它的继承者联合国；并且尽管已达成了普遍人权的国际协议，国家仍然处于一种霍布斯所称的"自然状态"之中。似乎由于他们不能完全相信世界警察的力量，那么他们就有权代表自己采取行动。外交与谈判是可供选择的方式，但当这些都不起作用时，唯一的可供选择的方式就是诉诸武力。那么，在这种情形下个人有什么义务？或如苏格拉底以及后来的霍布斯所提出的问题，如果国家命令你参战去杀人并且有被杀的危险，你该怎么办？

回答这个问题的方法之一就是通过呼吁爱国主义的原则，它要求人们对于自己国家的爱与牺牲，正如一行非常著名的拉丁诗所概括的，"为自己的国家去牺牲是一件恰当而令人愉快的事情"，但今天许多人对爱国主义的义务采取更玩世不恭的态度——一些人是因为他们不承认爱国主义所依赖的是国家地位这个前提，另一些人因为他们持一种和平主义的观点，即认为所有的杀戮都是错的。

对于第一种反对意见，虽然自由主义者经常把国家主义当作对一个特殊的地方或组织的不理智的依恋而加以拒绝，但这些感情也并不必然就是武断的。特殊的依恋和对民族的忠诚在某种程度上像是对家庭的依恋。实际上，"国家"这个词的起源是有启发意义的，它从拉丁词 *nasci* 中派生，因此它与家庭、部落和种族群体的观念联系在一起。[11]虽然在现代社会，世界范围的移民和人口变迁意味着血缘联系的观念的重要性在减弱，然而把国家看作有共同历史和共同未来的观点依然暗示了这一点。然而，美国作为一个移民国家，其经历给通过选择或自愿享有共同的道德和政治理想来确认国家地位的思想增加了分量，它不是靠血统或世袭来获得对国家的认可。[12]这与约翰·S.密尔提出的国家定义有着共同的理念：

195

> 如果人类的一部分靠共同的感情把他们自己团结起来，他们和其他人之间不存在这种感情，这使他们更自愿地相互合作而不愿与其他人合作，使他们希望在同一个政府的管理之下，使他们希望由他们自己或部分自己人排外地组成这个政府，人们就会说这样的一部分人组成了一个国家。[13]

然而，当密尔描述这些国家情感的原因时，他找到这些因素：共同的语言、共同的宗教信仰、越来越不重要的地理因素或组成连贯的国家历史的重大政治事件。这些因素更自然地属于旧观念而不是新观念。[14]同时代的分析家也认为至少这些因素是很重要的。牛津哲学家戴维·米勒把国家定义为："由共同的信仰组成、有延续的历史、活跃的特征、与特定的领地相联系，可以靠其成员的显著特点与其他共同体区分开来的共同体。"[15]米勒认为：

　　1. 国籍是一个人身份的一部分；

　　2. 它产生了对同胞的特殊义务，并且

　　3. 从政治上讲，一个国家共同体有自我决定的权力。

　　米勒严肃地看待并富有同情心地对待国家地位的观念，他认为需要一种国家自豪感以使社会稳定，他的这些观点是不常见的，因为它通常与不同情任何形式的国家主义的政治观点联系在一起。自由主义者，及后来的社会主义者有信奉建立在超越国界的团结之上的国际主义的传统，他们认为只有使国家主义变得模糊起来，才能结束长期的世界战争的历史。边沁和 18 世纪法国哲学家所共有的自由主义梦想是，随着人民的意愿能够不受统治者阴谋的控制，随着商业竞争取代军备竞赛，战争会随之而消亡。[16] 19 世纪，马克思主义对社会的批判认为，阶级团结的补救措施受到了狭隘的诠释，把战争归因于资本主义的内在矛盾。对马克思来说，是资产阶级而不是贵族阶级引起了战争；对后来的列宁以及他的跟随者来说，是资本家的剥削和帝国主义共同引发了战争。

　　然而，在 20 世纪，种族似乎已经被证明比阶级的力量强大，也比经济的力量强大，正如美国政治评论家前政府高级要员 D.P. 莫约尼汉写道："法西斯主义——意大利，然后是德国——有太多的'血腥'。第二次世界大战像其他战争一样进行大屠杀，并且是自从有种族之分以来的最大的暴力事件。"[17]

　　世界上暴力的延续将和平主义与爱国主义置于两难境地，给和平主义者提出的问题是：如果为了自我保护而杀人或伤害别人是正当的，并且如果保护另一个人而杀害或伤害别人也是正当的，那么为保护一个社会或国家而杀人是正当的吗？绝对和平主义者当然会拒绝这个前提。和平主义一直受到许多杰出的哲学家的拥护，包括罗素，他年轻时，在第一次世界大战期间因拒绝参加罪恶的战争而坐过牢，他在晚年则致力于核裁军运动。

　　然而，当深入研究细节问题时，绝对和平主义的立场可能很难保持，因为这些需要讨论的"细节"，可能正是和平主义者亲人的生命，他们保护这些人的愿望对这些人的安全和福利是至关重要的，这是一个怀有偏见的观点，但它与一个更抽象和更有逻辑性的观点有关：和平主义者的态度基本上是自我矛盾的，或者如美国哲学家 J. 纳维森所说的，如果有不屈服于暴力的权利，那么必定有用暴力来保卫这种权利的权利。[18] 最后，不论是否理智，都难以避免这种感觉，即坐视并目击种族灭绝和其他暴行就将招致这些罪恶。

然而，尽管有这些相反的论点，和平主义与战争的恐怖比较起来仍有直接的、切近的吸引力，例如，根据牛津联盟辩论社成员的前辈的经验，就在二战前，他们应该选择投票支持一项动议，宣布"我们无论在什么情况下都应该拒绝为国王和国家而战"，这是可以理解的。同样可以理解的是，许多投票赞成这个动议的人实际上都参加了他们后来认为是公正、必要的战争。这可能意味着和平主义的态度需要某种条件。那么，是否可能存在一种视情况而定的和平主义？它本身表达了一种将特殊战争与其他战争区分开来的愿望，即把为一定的原因而战与其他情况区分开来。这也是美国许多人抵制参加越南兵员队的原因，他们不反对战争，却反对在错误的战争中作战。然而，国家实际上无力容纳这种个人判断，因此做一个有责任心的反对者也不容易，从现实原因而言，对政府政策持批评观点的、视情况而定的和平主义比贵格会教徒这样的绝对主义者更不易被接受，他们拒绝在任何战争中发挥战斗作用。

与只能为正义的原因而参战的观点相联系，和平主义者和非和平主义者可以做进一步的声明：如果有战争，就可能有正确的或错误的战争方法——像在和平时期有罪恶一样，战争中也有罪恶。然而，国家一般在普通的战争过程中不会给予战士们持续的个人道德判断的权利，一旦某人接受了战士的角色，发表疑问的权利就被取消了。然而，伴随着第二次世界大战结束的纽伦堡审判建立了很重要的原则，即使有要求战士犯某种罪的命令——一般地侵犯人权——战士不服从这些命令，从道德上讲是许可的，实际上他也有义务这样做。

这些考虑和论点不是新的，因为自从世界从众所周知的中世纪的黑暗时代，混乱的、无法无天的时代摆脱出来以后，存在正义和非正义战争、正义和非正义的发动战争的方式的观点一直是人们思索的主题。

 战争和国际冲突

圣托马斯·阿奎那（1225—1274）是最早提出这些问题的思想家之一，他一直在思考发动战争是否总是错误的，他认为回答这个问题需要满足三个条件。[19]战争必须由合法的政权下命令发动；它必须有正义的原因，即，这些被进攻的人因为他们所犯的错而应当承受这样的命运；发动战争的目的是扬善抑恶——例如，有些目的可能不是通过战争胜利达到，而是通过签订协议，使战败的敌人处于恢复自尊的状态来达到。阿奎那区分了提供发动战争的合理理由的必要性——他称之为——开战的正义，与战争的道德行为的必要的条件——他称为战争过程的正义——的问题。

相反，人文主义思想家伊拉斯谟（1478—1535）可能是毫无保留地表达这一观点的第一人：战争是一件坏事，它只是比被不公正的敌人所统治好些而已。他的朋友当时的爵士托马斯·莫尔描述了一个理想的国家——乌托邦——这个国家的居民"憎恨和厌恶战争，认为它是很野蛮的"[20]。然而，废除战争从来都不是一种选择，正义战争的理论成为此后3个多世纪的哲学家写作的重要主题。H.格劳修斯（1583—1645）指责战争行为缺乏节制，这是他那个时代的基督教世界的特点，他既反对人们为了一点点愤怒，甚至并没有令人愤怒的事，就诉诸武力；也反对一旦进行战争，他们就完全忽略了遵守各种法律和纪律。对格劳修斯而言，正义的事业必须有足够的分量而使人们认为杀戮随之发生的痛苦是合理的，但正义的事业中还要包括恢复权利，保护无辜者或建立秩序。[21]

而开战的正义提供了首先进入战争的原因，战争过程的正义表明战争行为应遵守的条件，这些归入两个宽泛的标题之下：区别和相称。区别包括区分战士和非战士、遵守对待战俘的规则。相称要求军队避免用极端和过度的手段达到目的。这包括完全禁止某些开战方式——例如，在今天，毒气和化学或者生物武器的使用。它也意味着当你没有机会胜利时停止战斗，除非是

198

自卫或为了生存。

现代作家和政治家已经增加了一项要求，即把战争作为最后的手段——谈判和外交手段都比战争好得多。今天，很多评论家都认为可以接受战争的唯一的正当理由是自卫；虽然仍有人认为在某些情况下，侵略行为也可以证明是正当的。[22]

正义战争学说和自然法理论很相近，它拒绝把权宜之计作为行为的正当理由，特别是在战争这样一种极端的情况下。但在政治上，目的可以证明手段的正确性的观点很早就有人倡导，这就是意大利政治哲学家马基雅弗利，他在写给成功的管理者的书中向他们建议，无论在战争还是在和平的环境中都要残酷无情。[23] 晚些时候，德国哲学家弗里德里希·威廉·尼采同样极力倡导为了胜利和征服可以不受道德约束地使用权力。

然而无论敌方的意图是什么，在现代战事中很难说什么是"正义之战"。首先，等到被攻击再进入战争是很难的——武器的存在使防卫和进攻之间的界限已经模糊不清了，因为在某些情况下，武器的绝对速度可以证明先发制人的打击的正确性。众所周知，在冷战期间，苏联的武器与那些美国和自由世界的武器相对抗，在核技术领域，这导致了互相确保对方毁灭的世界末日的方案——双方都是对方受到致命杀伤后进行残酷报复的抵押品。[24]

在今天，由于现代武器有着较大的杀伤力，有时无法区分军事目标与非军事目标，很难在战士与非战士之间画一条清晰的分界线。在第二次世界大战期间，当空投炸弹第一次大规模地投向城市中的平民百姓，而不是明确的军事目标时，这个问题就已经为人们所关注。而且即使可以区分现代战争中的目标，把"无辜的"与"罪恶的"区分开来，并且避免被委婉地称为"附带损失"的战争造成的损失，但谁是无辜者本身也是一个要讨论的问题。无辜者的标准定义是没有做任何道义上不当的事的人，可能也意味着他是不会造成任何威胁的人，或者只是简单地意味着他不是战士。但是那些没有积极参加战斗的人可能以其他方式贡献他们的努力，甚至年长者、士兵的家庭都可以视为有助于给武装力量以道德支持；而孩子也可以在他或她是一个潜在的未来的敌人或战士的基础上视其为无辜者。

即使可能同意一些人确实是无辜的，然而，这并没有结束讨论。因为一些哲学家认为双重效果的原则应用于这种情况。[25]换句话说，他们认为如果无辜者的伤亡是必然的军事行动的不可避免的结果，那就需要付出代价。所以，例如，如果一些外国要人与孩子或其家庭成员在一起，正要登上火车，而为了阻止重要的军事力量的运输，一定要炸毁这列火车，双重效果的原则意味着这些人的死不是罪恶，虽然它是可以预见的，事实上它也不是这次行动所要达到的结果。无论如何，即使很多人在原则上能够接受这种道德妥协，它还是令人感到不安，因为当肆无忌惮的领导人故意把无辜者或者人质置于战争装备的附近时，那些注重区分战士与非战士、信仰民主的领导人就可能发现他们自己面对一个很困难的道德困境。

200

很多这样的两难困境发生于精心设计的国与国之间的战事中。然而这些在现代世界扮演越来越少的角色。它们已经被内战、分离运动、分裂主义斗争所取代，而这些斗争也像传统的战事一样产生了一些同样的伦理问题，并且增加了复杂性。

🖊 分裂主义

自由是一个重要的道德观念，并且它在人民主权论和民族自决学说中找到了自己的政治表达方式。但是每一个宗教和种族群体都要有一个自己的国家，这样的理想在实践中是不可能达到的，毫无疑问，少数群体的抱负一定要在多文化、多民族的框架内共存。然而，不是所有群体都乐于接受这一点。很多群体宁愿拖延和平的进程，直到取得自决权，甚至以国家的地位为和平的条件。这样，民族自决的声明是否足以证明暴力行为的正当性就变成了一个道德判断的问题。也许有一种反对暴力的伦理假设，但事实是，近来很多反殖民主义的运动已经经历了一个恐怖主义阶段。如果暴力只有在用来保护已有的合法国家时才有正当性，那就没有独立运动是正当的，除非采用甘地主义原则。

但并不是只有方法问题存在疑问。还有一个更重要的问题，即目的的道德合法性的问题。什么时候分裂主义在道德上是正当的？什么时候寻求阻止分裂主义是对的？如果一群人希望把他们的忠诚献给不同的政权，或者自己成立一个独立的政府，这样做是否可以说是道德的？一个判断方法是诉诸历史因素，另一个方法是在种族或文化的相似性上说明理由；当一群人屈服于非正义、迫害以及压力时，也可能会提出完全不同类型的理由。"自愿主义者"是一些在这类事务中信仰基本选择权的人。可能从洛克的自由联合权中直接派生出分裂的权利。[26] 也可以根据康德主义的原则，即人们只应当服从于他们自己所立的法而提出这样的要求。在这里提供了典型例证的是乘坐"五月花号"到北美定居的人。密尔在这种意义上是一个自愿主义者，虽然他承认对自决原则应当有所限制。[27] 他写道："哪里国家感情依赖于强制力，哪里就有联合所有的在同一个政府统治下的民族成员的首要理由，就有理由成立一个他们自己分离出去的政府。"[28]

201

英国哲学家亨利·西季威克（1838—1900）对国家地位的观念与密尔的差别不大，他写道——"具有爱国主义情感的自治体"——他对分裂主义者更为怀疑，也有足够的远见注意到如果分裂主义涉及自然资源的移动或者自然边界的改变时，伦理立场可能是不同的。[29] 进一步的条件是由罗尔斯提出来的，他认为没有权利为了压迫另一些人而分裂——例如，如果分裂主义者的目的是保持如奴隶制那样的制度。[30]

即使有分裂的权利，也存在更进一步的问题：这种权利是否应当实现？人们鲜明地提出了与非暴力反抗有关的观点：如果民主的方法能够造成一些改变，那么向国家进行暴力挑战就一定是不对的。然而，似乎有些问题从来不可能通过民主的方式，即通过多数表决的方式解决。例如，如果国家的边界存在争议，它也涉及投票的选民应该是哪些人的问题，而且对这个问题的回答可能完全决定了投票的结果。因此，有些人可能声明他们有革命的权利——发动革命战争的权利。

恐怖主义

那些从事恐怖行为的人可能被称为：自由战士、革命者、游击队员、非正规士兵或者恐怖主义者——这些字眼显然反映了说话者的观点，而不是这一行为的特征。那么什么是恐怖主义？人们经常指出，国家本身就是暴力的，特别是恐怖主义这个词的本义就来源于国家暴力的例子——特别是法国大革命中雅各宾派的恐怖时期。无论如何，这个词的主要含义已经转向非官方的暴力，通常指反政府的暴力。

202   人们大多把它与政治暗杀和游击战争区分开来。但也有人认为在"恐怖主义"的标题下还有蓄意破坏、无赖行径、激烈的工会声明、包含暴力的动物权利声明，等等。面对如此不同的意见，继续讨论下去的办法是，如果这些行为被一些有组织的恐怖主义集团所实施，这些行为就可以被恰当地描述为恐怖主义行为。当然一个集团只能通过其所实施的行为的性质被认作恐怖主义组织。所以是从列举行为开始，还是从列举公认的恐怖主义集团开始呢？似乎从任何一种限定开始都将陷入一个循环论证。然而，大多数这个课题的研究者避免了这个困难，他们从某些明确的特征出发对恐怖主义进行了分析。这些特征包括：

· 有政治（有时是道德、宗教或经济）动机的暴力（或者暴力的威胁）；

· 暴力的随意性质，它对其受害者的打击是建立在武断的基础上的；

· 暴力的受害者其自身不可能改变或影响恐怖主义者所不满的形势——例如在机场候机楼或飞机上的国际旅客；

· 有引发战争意图的暴力。[31]

很多试图给恐怖主义下定义的人认为从原则上讲它就是不对的。在认为暴力行为正确的地方，恐怖主义就倾向于得到更为中立甚至有利的描述。但这正暴露了问题的根本所在。恐怖主义无论在怎样的名目之下，都没有满足在战争中正义所要求的条件——由于它不是合法的政权所命令的，它也就没有满足开战的正义的要求，又由于它是典型地不分目标的，它也不满足战争过程的正义的要求。一般地讲，这里的基本问题是道德一贯性的问题：是否可能存在可普遍化的原则，使某些暴力行为合法，而其他的暴力行为又可以定罪？这种原则的缺失给人的感觉就像一种道德的精神分裂症。因为很多人，除非他们是和平主义者，寻找可普遍化的原则以使他们自己国家的军事观点是合法的，其中无疑包含着政治暴力或者其威胁，而同时又指责恐怖主义者的爆炸和杀戮。同样是这些人可能指责地雷的使用和影响，也为生产和向友邦销售地雷辩护。

问题的解决似乎可以诉诸伦理学的效果论。但是发动了恐怖主义运动的人和那些在某一领土内合法地使用武力的人双方都可以使用效果论的观点，并且对他们各自来说，这种观点都是一个强有力的辩护武器。一方面，在那些放置炸弹、攻击旅游者或其他非军事目标的人看来，目的可以证明手段的正确性的原则对于证明其行为正当性是非常重要的。另一方面，同一类型的推理合法使用武力的人根据其因果关系的特点来证明其所做的每件事。例如，当人们期望通过海牙会议，专门把发动战争的可怕方式——尤其是毒气和化学武器的使用——定为非法，而在"军事必要"的情况下例外这一谨慎的附加条款在效果上甚至为对非军事人口使用核武器或原子武器提供了足够的证明。

如果实践的必要性与原则之间的冲突能够以这种方式在一般的战争中出现，在现代恐怖主义中再一次引发这种冲突就一点也不奇怪了，这为功利主义与道德本位或绝对原则的对抗提供了一个经典的检验案例。

如果从另一种道德角度把这个问题看作权利的问题，恐怕就不那么简单了。恐怖主义者从事恐怖活动常常为了某种其所宣称的利益，同时他们又明显地侵犯他人的权利。最典型的是，那些受到他们威胁的生命与他们所说的不公无关，同样典型的是，这些被侵害的人的损失也不可能直接地成为恐怖主义者的要求的补偿。因为缺乏这种对称性，就不可能通过诉诸两个侵害互相抵消的原则——当问题是一条生命对一条生命时，这是一个典型的反映——来证明权利侵犯是正当的。

然而，还存在另一类避免对称性的缺失的方式，即通过侵犯他人的权利来保护自己的权利。如果这些受到攻击的人确实造成了讨论中的权利侵害，那么上述情况就会发生。那些反对对动物进行痛苦的实验，或者寻求保护不可逆的生态和环境的人可能会提出这样的辩护。它也是那些安排袭击实施堕胎的诊所及其人员的人最可能提出的辩护。卷入这些情况中的恐怖主义的形式可能称作防卫的恐怖主义，并且它的正当性不是通过直接的效果论——

实施伤害以使善出现——来证明，但它有积极的目的：首先，通过袭击那个干坏事的责任人来干预并阻止当前的或正在进行的坏事；其次，预防未来可能发生的坏事，例如，为了阻止可能的对地球的破坏，防止侵犯未来的人的权利。

这种辩护应该与认为各种社会错误本身就是结构性的暴力的观点区分开来，所以反对它的暴力没有理由回答这个问题，因为这种观点依赖于错综复杂的对"暴力"的词义的歪曲。[32] 它也与功利主义在利益平衡的基础上决定这个问题的观点不同。与这些观点相反，防卫的恐怖主义的目的为了结束（生理的）痛苦或被剥夺的状况，无论这种情况是在没有外力干预的情况下已经发生并将持续，还是在将来一定会发生。在这些情况中，人们会认为，由于无论如何都将侵犯一些人的权利，这样侵犯一些人的权利（那些需要承担责任的人的权利）而保护另一些人的权利就并非在保护权利的问题上缺乏一贯性。很多种政治恐怖主义是根据反康德主义原则即把一些人当作手段而不是当作目的来运作的，所以此时防卫的恐怖主义者能够为其行为提供类似于自我防卫的符合标准的正当理由。

但是，虽然这在个人利益和权利的基础上提供了对恐怖主义的潜在辩护，还有一些道德问题需要深入思考。其中之一是对大多数恐怖主义行为——通常是爆炸、残害和暗杀等激起的道德反感的直觉反应。无论讨论的是哪一种类型的恐怖主义，是政治的还是道德的，动机纯还是不纯，无疑应该重视对道德反感的自然的原始反应。特别是，这种反应可能深深地植根于人的本性之中，服膺于人类的长远利益。换句话说，正如英国哲学家 S. 汉普夏尔所观察到的，可能"围绕一些道德禁忌的反感和厌恶是既有生理作用又有社会作用的一种情感"[33]。

然而，为了做出更为理性的反应，有必要谈谈公民秩序与混乱的基本问题。特别是有必要重新回到亚里士多德，他将所有基于专断权力的政府形式——无论是个人的、集团的或部分居民的，还是民众的——与那些服从规范或者法律的政府形式相对照。恐怖主义代表了遵守法律规范的对立面的极端形式，因而认为私人暴力能够带来法律或宪法变动的观点存在着内在矛盾。

无论个人暴力的背景是国内的还是国际的，它都与无政府状态联系在一起，而且使社会回到霍布斯所说的最初的"一个人反对另一个人的战争状态"。恐怖主义者宣称他们自己的道德，确信他们自己一贯正确，而且推翻了宽容的自由原则。关于恐怖主义的讨论不可能通过说"它依赖于你的立场"得到解决。那些希望支持道德的观点的人会挑战他们自己一方的过激行为，虽然很难实现，但毕竟，他们终究会寻求道德上一致的立场，所以，又一次地，如汉普夏尔所说：　*205*

> 道德，以其行止有度，提供了独特的、人道的，以一种理想生活方式生活的理想；而且这种道德理想对允许在哪里和为什么杀人，以及为了什么目的一个人可能理智地献出他的生命做出了解释。[34]

插曲

波莱莫斯礼貌地听了我说的这些不得不说的话，我认识到战争和恐怖主义之间的区别虽然对我来说是很重要的，但对他来说几乎无关紧要。因为艾洛依人团结起来反对他们的敌人，这一点在涉及非政治性谋杀的死刑时已经很清楚，他们认为没有理由要更宽容内部的攻击，就像没有理由容忍来自外部的攻击一样。

这种讨论已经拓展了话题，波莱莫斯信守诺言，把我介绍给他的同事，她比波莱莫斯对战争的原因更感兴趣。但当她到这儿时，我用眼角的余光看到还有一个人正等着和我谈话。

◎ 注释

[1] 对这个问题也存在进一步的思考。在唤醒了报复欲望的犯罪中，最可能的情况是罪犯经常是忍受着一些可以认可的心理无序，因此他不认为对自己所犯的罪行负有责任，某种程度上这种罪恶是报复性的惩罚。

[2] Kant, *Metaphysical Elements of Justice,* p.102.

[3] Hegel, *Philosophy of Right,* p.70.

［4］见 Bentham, *Principles of Morals and Legislation*。

［5］Kant, *Metaphysical Elements of Justice,* p.100.

［6］Hart, "Prolegomenon to the principles of punishment", p.5.

［7］Lewis, "The humanitarian theory of punishment".

［8］这个讨论发生在监狱中，当时苏格拉底的死刑案尚未处决，有关的记载可见 Plato's dialogue, the *Crito*。

［9］Rawls, *A Theory of Justice*, p.376.

［10］Dworkin, *Taking Rights Seriously,* p.188.

［11］作为种族和文化群体，民族像家庭、氏族、部落以及其他种族和文化群体一样是最原始的，在最早现存文本中，赫梯语、梵语、迈西尼的希腊语中都有表达这个含义的词，见 Hinsley，引自 Moynihan, *Pandaemonium,* pp.12–3。

［12］M. 伊格纳提夫（Michael Ignatieff）把第一种称为种族的（ethnic）民族主义，第二种称为公民的（civic）民族主义，见 Michael Ignatieff, *Blood and Belonging: Journeys into the New Nationalism*。

［13］Ibid., pp.359–60.

［14］他还提出了一个有趣的建议，民族是分享同样的书和报——共同的媒介的存在。

［15］Miller, "In defence of nationality", p.21.

［16］有关这种自由传统的描述，见 Howard, *War and the Liberal Conscience*。

［17］Moynihan, *Pandaemonium,* pp.53–4.

［18］Narveson, J., *Ethics* 75, 4, 1965.

［19］Aquinas, *Summa Theologica,* part 2, second part.

［20］More, *Complete Works,* p.201. 引自 Michael Howard, *War and the Liberal Conscience,* p.17。

［21］见 Grotius, *De Jure Belli ac Pacis*。

［22］例如，见 Anscombe, "War and murder". 联合国最近的决议认为这个组织的一些成员信仰人道主义干涉的权利。

［23］Machiavelli, *The Prince.*

［24］这种可能性在电影《陌生的爱博士》（*Dr Strangelove*）中得到虚构的展现。

［25］这个观点的提出，见 Walzer, *Just and Unjust Wars,* p.155。

［26］关于"唯意志论者"（voluntarist）这个词的使用，见 Paul Gilbert's introduction, in *Nations，Cultures and Markets,* Gilbert and Gregory, p.113。这卷书也包含了很多

对这些问题有价值的讨论，例如，George, "The ethics of national selfdetermination", pp.67–82 ; Beran, "The place of secession in liberal democratic theory", pp.47–65。

［27］他认为，具有使自身发展成为一个强大的民族的坚强意志是一些弱小民族的优势，他提到了巴斯克、威尔士和苏格兰！———他也认为有时自然的、地理的因素可能会束缚人们的选择。

［28］Mill, *Representative Government,* pp.360–1.

［29］Sidgwick, *The Elements of Politics.*

［30］Rawls, "The law of peoples", p.47.

［31］这是 P. 吉尔伯特（Paul Gilbert）的看法，吉尔伯特认为，特别是在爱尔兰的事例中，把被捕的恐怖主义者当作士兵而不是罪犯来对待被证明是有道理的，见 Gilbert, "Terrorism: war or crime?"。

［32］例如 ,T. 洪德里奇（Honderich）认为，贫穷、不公平和不平等都是暴力的例子。

［33］Hampshire, "Morality and pessimism", p.20.

［34］Ibid.

第十二章

节制、和谐与环境

- 第十二次对话
- 贫穷和人口
- 帮助穷人
- 移民
- 对后代的义务
- 人类和其他动物
- 有关环境的讨论
- 插曲

第十二次对话

菲茜娅：我回来想和你谈一些特别的事情——也许应该单独谈谈。 　207

旅行者：我很高兴，波莱莫斯正要离开，但是他已经把索夫罗森带来和我见面。我想她有一些事情想和我讨论。

菲：那好吧，我可以等等，一会儿再来。

索夫罗森：谢谢你，因为我的事情恐怕不能等。

旅：这听起来有点不祥，你想和我讨论什么呢？

索：是这样，也许我应该首先解释一下，我担任我们社区事务委员会的主席。你来这儿以后，我们经常开会，听与你谈话的人回来报告你们的谈话内容。我想，你早就明白，对我们来说，你简直是来自另一个世界，而且代表了开发外来文化的极具吸引力的机会。

旅：我希望能够告诉你关于你想知道的一切。

索：简单地说，我们觉得你告诉我们的事情非常有趣，其中有些内容是很令人吃惊的，但是我们对有些事情感到很困惑。

旅：为什么呢？

索：好吧，我来解释一下。不过，我也有一些关于你们的世界，以及你们的生活方式的问题，你不介意先给我介绍一些情况吧？

旅：愿意效劳，只要你喜欢提问。当然，那些"情况"通常也是有争议的。

索：好的。首先，你来自这样一个世界：很多人住在城市里，有的城市 　208
规模巨大，这是真的吧？

旅：是，这是真的。

索：这些人怎么维持自己的生活呢？是不是每个人都有足够的食物？

旅：我必须承认人们中间存在着不平等——国家内部、国与国之间都存在着不平等，一些人、一些国家很富，甚至可以浪费资源；而另外一些人、一些国家很穷，生活水平很低，甚至难以活命，难以把孩子养大成人。

索：我明白了，但是人们之间可以自由贸易吗？

旅：我懂你这个问题的含义——贸易通常是人们改善自己状况的方式。我们那儿当然存在着世界范围的贸易，我们有时谈论世界时，把它当作一个地球村。但是没有限制的自由贸易离我们还有多远，在这个问题上存在分歧——不仅因为初始资源可能是不同的，不平等的贸易伙伴之间的讨价还价也不可能是公平的，而且因为全球贸易也在产生着不同种类的新问题。

索：举个例子？

旅：比如，一个世界范围的问题是处理工业垃圾的问题——富裕的国家有时企图让穷国付出代价来解决这个问题，它们向那些最不具备处理条件的国家出口垃圾。河流、海洋已经被这些垃圾污染了。还有一些其他原因导致的问题。

索：哪些种类的问题？

旅：热带雨林的砍伐导致水土流失，全球的气候、温度发生变化。一些科学家相信有些因素发展下去，会导致臭氧层的破坏，臭氧层保护我们不受太阳的有害辐射。灾难不再只限于某一个国家的范围之内，还会殃及邻邦，甚至还不止于此。有些事件的影响可能遍及全球，例如，切尔诺贝利核电站的灾难就对全球不同国家的动植物生存产生影响。

索：但是你们的知识和技术肯定也带来了一些好的东西。

209　旅：当然，我们的确也得到了很多，谈到粮食问题，穷国和富国之间的鸿沟就在变窄——谷物和农产品的产量有了翻天覆地的变化，实验室中植物遗传工程的成功对此立下了汗马功劳，它使植物对病虫害有了更强的抵抗力，更易于结出累累硕果。搞好公共卫生和医学方面的惊人进步发挥了同样大的作用，抗生素的发现等重大的医学科学技术的新发展确实使人类的很多疾病得到了控制。

索：照你这样讲，人们就不必忧虑了。

旅：我并不想误导你，所以我想我应该补充一点，新的疾病和新的病毒仍然在威胁着我们，一些我们以为人类已经控制了的疾病比如肺结核、霍乱等对抗生素产生了抗体。

索：那么我们感到不安就对了。正如你所谈到的，随着人口的增长，这一切还会变得更糟。

旅：很多人持你这种观点。但是贫穷和人口稠密并不总是相关的，毕竟一些人口稀少的国家极端贫困，而一些人口稠密的国家却相当富庶。的确，人们会认为世界上贫困人口数量的增长是实现正义的巨大障碍。

索：我们真怀疑你使用"正义"这个术语的方式。我尽可能用你的术语来解释我们的疑虑。很早以前，你谈到古希腊哲学家柏拉图，他对正义做过论述。

旅：是这样。

索：那么，你说他以一种推理的方式找到了个人和国家之间的正义——个人的正义是保持个性的各个部分恰到好处的平衡，在这种情况下，个人不需要付出代价以控制自己不合规范的欲望或者放纵不羁的激情。根据柏拉图所说，我想你说过，处于平衡状态的个人就像一个秩序井然的国家，在那里，人们得到很好的管理，每个人都自觉地、有效率地工作。

旅：我不想就这些问题争论。

210

索：好吧。我想知道，为什么你没有将正义的观念应用到更广的领域呢，比如，你和你们那儿的人可以超出狭隘的地区界限来处理事情？我必须说明，我们这儿和你交谈过的人都为这些问题而忧虑：人口的增长没有限制；自然——在我们看来是我们的朋友——在你们那里却通过你所描述的那种方式而被开发、奴役；大规模的破坏性的武器掌握在不负责任的领导人手中，而且远方还有战争和屠杀。他们不只是关心你们孩子的未来，而且关心我们的生活方式会不会受到威胁，因为我们已经意识到，我们和你所代表的危险的部落生活在同一个星球上。

旅：你是什么意思？

索：我的意思是说，如果你能超越个人、超越你所说的国家来看问题，你会发现，你们的世界是不平衡的，这种不平衡在人与人之间、在国家与国家之间都是存在的；你们以不平衡的方式对待你们的世界中的非人的部分，也以不平衡的方式追求你们的利益，甚至付出未来的代价——你们的孩子以及后代。

旅：我并不是有意危言耸听，我只是诚实地回答你的问题。有些人认为经过一个必要的过程，我们可以依靠科学来解决很多问题，特别是自由的市场运作会给那些破坏环境、危害健康的行为标出现实的价格。所以你可以相信我们可能把问题看得太严重了，而且在很多问题上还存在争议。你是不是需要了解这些观点？

索：求之不得。我当然愿意听你讲这些问题。而且你已经见过的一些人也都愿意回来听听，因为这些问题和我们大家都有关。

旅：是个好主意。

 ## 贫穷和人口

托马斯·马尔萨斯在两个世纪以前对人类未来的悲观分析在 20 世纪找

211 到了例证。马尔萨斯曾经论述人口和国土资源应当保持平衡，如果人口超过了土地的承受能力，自然会通过不受人们欢迎的机制比如战争、饥荒、疾病来维持这种平衡。问题是，根据马尔萨斯的理论，人口数量呈几何级增长，而食品的供应数量只能呈算术级增长。[1] 20 世纪的新马尔萨斯论者也同样对人口增长的影响有类似的担忧，他们认为，在那些个人和家庭没有能力对人口的出生进行必要的限制的地方，应该让那些生育的后代超出自己的供养能力的国家和个人承受贫穷的惩罚。他们还认为，把人口从贫穷国家输出到富裕国家不是解决问题的办法。格莱特·哈丁通过生活之舟的比喻描述了这种情形：

> 一个富裕的国家就好比一条装满了相对富裕的人的生活之舟，在海洋中，在这条船以外，一些来自穷人世界的人在游泳，他们想到这条船上来，至少是想分享这些财富，那么，船上的人会怎么办呢？[2]

格莱特·哈丁的回答是，首先，船上的人一定会意识到生活之舟的容量，拒绝给予穷人任何帮助，因为：

> 当我们认识到富国和穷国之间的差距会不断加大，生活之舟的伦理矛盾会变得更为尖锐。生活之舟上的人每 87 年会翻一倍，而那些在外面游泳的人，平均每 35 年就会翻一倍，是富人增长速度的两倍还多。由于世界上的资源是逐渐减少的，穷人和富人之间的财富差距就会越来越大。[3]

不必怀疑哈丁所参考的世界人口增长速度的精确性，公元 1800 年世界人口为 10 亿，到 1993 年增长到 55 亿；也不必对人口增长率的上升会增加人们对全球性饥荒的恐惧意识感到惊奇。1968 年，生物学家保罗·埃利希以这样的警告开始他的著作《人口炸弹》："为养活全人类而进行的战斗已经结束。"[4]他的观点是，生存取决于以下三种因素的作用：一个地区中人或者组织的数量、他们（或它们）的消费水平以及他们（或它们）与环境相互作用的方式——技术的良性或其他方面。

埃利希的预测极度悲观，但是末日的预言者通常是错的，埃利希的著作出版以后，人类立即迎来了一个农业生产大发展的阶段，而马尔萨斯关于人口增长的估计也被证明不再正确，世界人口并没有按他预言的速率增长。特别是，大多数发达国家的人口不只是达到了一些关心人口增长的人士所推崇的零增长，实际上这些国家的人口是负增长的。尤其是由于妇女角色的变化，一些人延缓或者拒绝生育，像法国、德国、英国等欧洲国家的人口出生率已经下降到能使人口总数维持原水平的出生率以下，并且面临伴随着人口老龄化的人口结构变化。

人们也为马尔萨斯的另外两个警告而恐惧：其一是艾滋病这样的新出现的难以治愈的疾病，其二是掌握在潜在的敌人手中的巨量的潜在破坏性武器的无声威胁。最后，还有来自内部的意想不到的进一步的恐惧：阶段性地或永久地减弱使用者理智的娱乐性药物的增长，而理智是像人类这样体力有限且没有效率的哺乳动物唯一安全有效的生存工具。这些危险也同样威胁着贫穷国家，但在总体上，这些国家所面临的问题是人口增长的失控。然而，一

212

个发达国家的居民比一个贫穷国家的居民消费更多的资源，所以他们更愿意把来自富国的人口控制压力看作帝国主义形式的出于半种族灭绝动机的干预。

人口必须限制在其物质环境所允许的限度之内，人们必须致力于可持续增长，这种观念已经开始传播，虽然是一个艰难而混乱的开始。它的哲学和伦理学意义在于缩小人们膨胀的欲望。伊凡·伊利克是最先提出这一思想的人，他以直接的和比喻的方式一再说明：土路和现代卡车要好于四条车道的高速公路和小汽车；简单的医疗保健要好于高技术的医院；普遍的初级教育要好于富人和特权者的大学。[5]

伊利克宣称，世界的资源不允许把北方富人的生活水平扩展到南方的穷人，他讨论了在削减富人的期望的同时，提高大多数穷人的生活水平，虽然并不能达到满足他们现在还不能得到满足的欲望的水平。事实是，总的来说，富人不愿意他们已经习惯的生活水平下降，而穷人或者至少是他们的领导者不愿意放弃制造繁荣局面的愿望。比如，非洲、印度追随着美国和欧洲大肆使用已经落伍的燃料，此外，贫穷国家的人们想使用冰箱、电脑、汽车以及所有发达国家所使用的技术设备。一般地讲，由于欠发达的国家僵死的经济、政治问题，它们比富裕国家有更大的需求压力，以至于为寻求短期的物质生活水平的提高不惜付出长期的生态破坏的代价。

缩减欲望的建议不只是基于对环境的敏感，也是建立在资源有限的前提下。然而，这个前提从政治见解的两个不同侧面都得到了讨论。就一般的资源而言，保护市场追求而反对环境控制的人持有一种乐观的看法——它当然不是可持续的，他们认为自然会有新资源来代替那些将要枯竭的资源。同时，另一些理论家出于不同的原因否认短缺的论断，认同经济分析，比如，就粮食而言，营养不良的主要原因不是旱灾或人口膨胀，而是社会经济因素。加拿大哲学家凯·尼尔森写道："饥饿、营养不良和饥荒基本上是收入分配和分享粮食的权力的问题。"[6]尼尔森也讨论了提高贫穷国家地位的策略，比如第二次世界大战之后的食品援助计划的简单援助，把有自足农业的国家转向了经济依赖，而能够从美国得到廉价食品鼓励了第三世界城市人口的增长。被误解的援助可能会促进人口的进一步增长，它纯粹是一种阶段性权宜之计，甚至可能摧毁脆弱的地区经济，这种观点现在已经被世界援助组织和慈善机构广为接受。人们更愿意在提供自救机会的原则下进行援助，比如，与直接把粮食和其他物资运送到所需地区相比，人们更愿意启动一个水利或者农业项目。

尼尔森的解决办法是比较激进的，他的方法是通过生产资料的共有权来寻求经济体系的基本转型，那些持相反政治观点的人，虽然同样对传统的减轻和援助饥荒的政策持悲观态度，但他们相信自由市场的无障碍运作和新的竞争之风本身就会提供补救方法。

✏️ 帮助穷人

仅仅简单地从帮助的角度来解释这些问题是容易的，人们对经济事实和后果的争论远远多于对伦理原则的争论。就后者而言，一些人宁愿认为任何基于正义的伦理要求都只是为了不干预，而不是实施积极的帮助，因为正义只是规定了一个消极的权利体系。正如政治经济学家亚当·斯密（1723—1790）所写的："正义……只是消极的德性，防止我们去伤害我们的邻居"[7]。然而，从较少伦理束缚的观点来看，这种邻里职责的观点似乎过于局限。比如，从宗教的角度来看，拥有较多财产的人有义务帮助拥有较少财产的人。而且不难同意，让一些人陷于被疾病、营养不良和死亡的恐惧所统治的生活状态中是错误的，人类行为可以阻止它。

然而，帮助穷人的义务很可能被限定在提供最基本的生活需要这个最小的目标上，因为只要这些需要得到了满足，这种不平等就不会引起反对意见。在基本需要之外，个人生活水平如何与境遇有关，赏罚、努力在这个问题上的影响也开始引起注意。还有更深刻的现实考虑，普遍把生活标准提高到人们所说的舒适的水平，这种热烈的期盼是要永远向后退却的，它在原则上是不可能实现的。这就意味着，伦理和现实的双重原因要求人们帮助绝对贫困而不是相对贫困的人——这样的贫困概念，可以通过平均寿命和新生儿的死亡率得到明确的表达。

214

但是如果确实存在帮助的义务，那么无论人们同意在怎样的限度内帮助别人，都存在这样一个问题，这种义务是怎样的一种义务？传统上，人们把帮助他人的义务视为慈善的义务，从而它是一件同情或仁慈的事而不是正义。这是一种功利主义理论的义务形式，与其他的伦理学说是不一致的。然而，无论哪一种伦理学说被接受，帮助义务都会进一步引发一系列问题，首先，谁应该接受帮助？其次，谁有义务提供帮助？如果提供帮助，应该提供多少？

至于第一个问题，各类世界援助组织经常采用的已经固定的方法是"治疗类选"原则。这个原则把需要帮助的人员分作三类：第一类是虽然有困难，但是能够生存下来的人；第二类是如果得到帮助就能生存的人；第三类是无论是否给予帮助都无法挽救其生命的人。援助一般直接给予第二类人而不是第一类和第三类人。治疗类选原则最早在战地得以阐述。这个原则是一个残忍的策略，因为它忽略了最贫穷的人和悲惨的事实，而去帮助一些相对富裕的人。它可能被否定，特别是当它的后果通过大众传媒，直接影响到那些远离这些事情的人的意识和良心时就更是如此。但是，由于这些原因，如果第一个问题的答案是一般意义上的，即所有需要帮助的人都应该被视为潜在的帮助对象，第二个问题就变得更为紧迫：谁有责任提供这种帮助？

与第一个问题的一般意义上的答案相应，对第二个问题的一个可能的回答是，这是每个人的责任，只要他处在帮助的位置上，或者如彼得·辛格所说："如果我们能够阻止巨大的道德上的邪恶而不需要付出任何相对重要的东西，我们就应该这样做。"[8] 但是个人在多大的程度上真的有责任帮助饥饿将死的陌生人，或者另一个国家可治愈的但却快病死了的人？辛格支持这种观点，作为或不作为在道德上是同等的，杀死某人与听任某人死去同样是恶的，因此提供帮助是个人的普遍责任。但是大多数人认为，持枪杀人犯与在募捐的人身边走过的人、与在大街上忽略乞讨者的人是有明确区别的。那么，这二者是真的相同还是具有不同的伦理意义？

这个问题最好是通过对比这两种情况的不同特点来回答。首先，在这两种情况中，至少所涉及的责任等级是不同的。陌生人可能确实是快死了，但他并不必然如此，我没有提供帮助与其死亡之间没有同一性；即使我能帮助一个人，对那些离我很遥远的穷人来说，无论我做什么，他们中的很多人还会死于贫穷。

其次，从道德上是否有罪的角度来看，谋杀和没有提供帮助在道德动机上的差别是很明显的：前者包含恶意和主动地致他人于死地的意念，而后者只是一种漠不关心和疏忽大意。

最后，禁止杀人的道德禁令是有限而明确的，而且易于遵守，而履行助人的责任则会很费心，并且像道德义务一样缺乏确定性。

这两种情况的意义也不同。但是限定对远处的人的帮助义务还有一种不同的理由。人们也经常讨论人有特殊而强烈的义务去帮助那些与自己亲近的，特别是需要对他们承担个人责任的人。但是如果帮助其他人的义务与帮助亲近的人的义务是相同的，那么人们为了帮助很多需要帮助的其他人，就只能对自己亲近的人少做一点，这可能意味着他们的生存状态会变得很窘迫，甚至也许仅能勉强活命。如果确实如此，那么大多数人就不仅会否认这一道德义务，他们还会认为它是错的。现实也经常证明，直接给近处的人提供帮助比努力支持远处的不了解其情形的人更为有效，因为这样帮助就很少滥用。然而，一些人认为对"自己的"伴侣和孩子给以特殊的偏爱是自私的。[9] 其实，只有在"自己的"一词带有财产的意义时，这种把帮助自家成员而不是一个陌生人归为自私的观点才似乎是对的，实际上，个人自己的配偶或伴侣并不比他们"自己的"国会议员、雇主或地方火车站更是他们的财产。[10]

至于第三个问题——提供多少帮助，辛格认识到了帮助义务的无限含义所带来的困难，特别是对功利主义者而言，他提出了一个由减轻人们的义务构成的解决方案，虽然他承认这相当武断。这就是说，必须承认，人们事实上不愿意为了帮助别人而把自己和家庭的生活水平降低到仅仅能勉强活命的水平，他建议，只要求人们给一个可接受的数目，也许是他们固定收入的十分之一，事实证明这是正当的。当然，大多数富裕国家的纳税人所贡献的已经超出了这个水平，因此，他们公开指出他们没有义务再在个人的基础上提供更多的东西，更愿意把自己的责任解释为间接性的，认为自己的责任在于确保政府对第三世界的政策和资助足够、有效。

216

移民

无论人们最终同意提供多少帮助，也无论人们认为提供帮助的机制是否合适，人们的印象是接受富人和有特权的人的金钱、物品的那些人仍然生活在很远的地方。但是如果他们作为难民、寻求庇护者或者是经济移民出现在给予者自己门前的台阶上会怎么样呢？给远方的人一些钱物显然比允许他们完全地分享富裕的生活方式容易得多。

这看起来也是需要在更广阔的功利背景下决定的问题。但是，这件事中所涉及的各方的利益是矛盾的。就居住在贫穷国家的居民而言，从他们的个人利益来看，移民是正当的。因为，抛开对自己出生地的感情，如果人们能够到世界上另一个有特别利益的地区生活，他们为什么还要留在过去的环境中，忍受终生贫穷？然而，就接收移民的国家而言，他们的人口增长与输出移民的国家的人口增长的不平衡问题仍然是一个主要因素，正是因为这个原因，通过功利的计算来解决移民问题的机会还很遥远。因为如果接收国的人口负增长，而输出国人口持续增长，就失去了进行功利计算所需的稳定状态。

同时，对权利的考虑也同样是有分歧的。一方面，那些希望移民的人声称，他们的生活被现有的生活条件所破坏，他们有权寻求保护；另一方面，那些想拒绝接收移民的人则申明保护自己的文化、享受安适的生活方式的权利，并指出在无限制的基础上吸收成员是绝对不可能的。

对后代的义务

人口移动问题在伦理上和实践中都很困难，它涉及我们对空间上离我们很远的人的义务，这种义务在很多方面都可以与我们对时间上离我们很远的人的义务相比较，虽然后者不如前者紧迫，也不像前者那样看得见摸得着。在对未来人的义务问题上诉诸权利是不可能得到帮助的，因为不可能要求不存在的人让渡权利。由于不可能知道未来人们的好恶和希望，甚至不知道他们是否真的存在，有多大的数量，对功利主义者来说，就无法进行伦理选择所依赖的计算。而且，假设我们能够知道这些，未来偏好的无限性也远远超过所有当今的偏好。

然而，如果说事实上不存在现代的人对未来的人的义务也是很难接受的，至于未来的人的利益，任何事情都与之相关。什么原则可以成为这种责任的基础呢？有如下几种可能性：

公平享用原则　如果一代人自己拥有特权而未给后代留下任何东西，对这一代人来说，他们所占有的就超出了公平的份额，而拿的比自己的公平份额更多是错误的。这种观念可能来源于把自己作为例外是错误的这样的原则，它与可普遍化的要求紧密地结合在一起，强烈地体现了康德道德哲学的特征。

218

感激原则　也可以诉诸感激的原则——另一种既成的道德要求。然而在代际关系中，存在着不可避免的不对等，因为任何所欠上一代人的债务都只能还给下一代。如果我们能够接受如埃德蒙·伯克所描述的："那些活着的、死去的和将要出生的人之间的伙伴关系"的思想[11]，它是不会失效的。

当然，我们的祖先和我们自己一样在道德上并不纯粹，他们既做了好事也做了坏事，在这种背景下，人们可能拒绝感谢的义务。但是我们的祖先可能很少进行不可逆转的破坏，相反，我们却启动了自然因果律的新链条，无法预测，也不可能控制其最终结果。有理由认为，这创造了一种新的道德情境，在这种情境中，我们对未来承担了更严格的责任。

正义原则　这是比第一个原则更为直接的正义责任。这是一个社会经济原则，最初是罗尔斯提出来的，根据正义储存原则，每一代人都应该更新从上一代继承下来的物质、资金储备。

应用上述原则的实践结果可以概括为以下两个更为基本的原则：

1. 不限制未来人的选择自由。例如不要使资源枯竭，不进行不可逆转的改变，或者不使重要的物种减少。

2. 最大限度地扩大未来的选择自由。优先保证人类最基本的生存条件，如清洁的空气、水和能源。

这两个原则可以概括为：保护选择自由、保持生活质量、保持持续增长。

这里有些是比较熟悉的伦理思考。另一个考虑就不那么明显，有点自我中心的性质。对人类来说，人类存在的连续性至少是人类繁荣的一部分。正如人们所说，我们后代的康宁是我们自身繁荣的一部分——这种思想似乎是古希腊哲人梭伦的名言"直到一个人死去的时候，人们才可以给他加上是否幸福的头衔"的回音。无疑，梭伦指的是一个人自己的生活的总体。人们很容易把这种思想扩展到未来。如果我们的项目——文化、政治、个人的项目——就像我们自己一样没有未来，它们还有什么意义？作为人类，我们必然需要长期的人类福祉。

219

然而，在经过思考之后，人类的福祉会变成一个太小的或太有限的愿望，因为人类已经在地球上的众多物种中占据了主导地位，这种情形与人类自身的未来和长久的繁荣是不相协调的。换句话说，人类包括其后代的福祉，可能与更广泛的超越于人类之外的物种的福祉概念联系在一起。

🖊 人类和其他动物

对于在欧洲文化历史中肯定《圣经》权威性的人们来说，人类是，也应该是地球的主导者，这是一个古老的观念。《圣经》特别是《创世记》中关于创世的描述，确实给了人类监护动物而且包括自然的其他部分的义务。但这是监护的责任，而不是开发的许可证，同时，这也留下了一个尚未解决的问题，即责任的对象是动物的利益还是人类的利益。康德持一种人本主义的观点，认为人类对动物没有直接的义务，但是"我们对动物的责任……只是对人类的间接责任……动物没有自我意识，只是导向目的的手段。这个目的就是人"[12]。然而，其他人，包括宗教的和非宗教的理论家认为，如果我们有对动物的义务，或者如果这种义务是由于神的命令而置于人的身上，这是因为从动物本身看，它们是重要的。今天的动物权利理论家，比如美国哲学家汤姆·里根认为，动物作为"生命的主体"，就有其内在的价值。从更广的范围上讲，里根坚持生命有其固有的价值，而且任何有生命的东西都有其权利。

但是如果动物有权利，它就可以被解释为高等动物至少应当为其自身利益而进行道德思考，那么这个观点是否还有意义？很多哲学家相信，对这个问题的回答，引发了对另一个问题的思考，即动物能够在多大程度上，如果它们能够被看作人——看作属于人类自己的道德社会的一部分？[13]

动物像我们人类一样，能够分享很多同样的感情和冲动，这种观念自古就为人们所熟悉。大约公元前 5 世纪毕达哥拉斯学派以及以后的哲学家，如普卢塔克（46—120）、波菲利就意识到动物是有感觉的，从而导致他们提倡素食主义。然而，作为现代哲学开端的最有影响力的哲学家笛卡儿，他认为动物只是机械般的生物——动物机器。他说明了他的这一信念的原因是基于这样一个事实："他们不能像我们一样说话，这是为了表明他们明白他们所说的。"[14]

虽然笛卡儿也认为，没有说话能力并不意味着没有感情，虽然对动物感情的怀疑意味着对人类的怀疑，而这种怀疑是令人难以置信的，笛卡儿的观点仍然被当作使用动物做活体解剖的正当理由。活体解剖一度产生了有意义的结果，在发现了它们的心脏和血液系统的作用以后，公开展示那些新发现和有意识的、活的动物更方便。法国哲学家伏尔泰以最强烈的言辞提出反驳：

> 野蛮人抓住了一只狗，令人惊奇的是它对友谊的忠诚甚至超过了人，但他们把它钉在桌子上，然后解剖它，以展示其腹膜上的静脉。你发现其中有着和你同样的感觉组织，回答我，机械师，是不是自然在这个动物身体中安排了某种感觉工具，使它感觉不到痛苦？[15]

然而，活体解剖的实践仍然与科学的探寻一同继续着，动物对痛苦的明显的反应被当作与真正的痛苦感觉无关的反射动作，而反对者的抗议被当作多愁善感的傻瓜行为消解了。[16]晚些时候，在很多的实验者仍然持这种观点的同时，另一些著名的科学家，包括进化论的创立者，查尔斯·达尔文（1809—1882），以及传教医师、神学家阿伯特·施韦泽（1875—1965）都在接受研究动物具有必要性的同时，仍然承认动物承受痛苦的真实性，竭力主张要对此有严格的限制和控制。施韦泽提出了对生命的敬畏原则，他写道："无论何处，任何一个动物都是被迫为人类服务的，为此缘故，它不得不忍受的痛苦应当是我们每一个人所关心的。"[17]

动物的"人格"不只是保护动物权利的人的重要观点，也是功利主义者的中心概念。他们反对把是否说话、是否有理智作为判断动物是否具有"人格"的标准，同时也提出了另一个不同的问题，这个问题最初是边沁简洁地表达出来的，他谈到动物时说，问题不是"它们是否有理性？也不是它们能否交谈，问题只是，它们能否感到痛苦"[18]。根据边沁的后继者们的观点，不承认共同的感受痛苦的能力会产生共同的责任，这是一种"物种歧视"的观点。这个词很容易让人想到与它相平行的"种族歧视""性别歧视"这样一些用语，这暗示着物种就像种族和性别，被错误地、没有理由地给予特权或者使之处于不利的地位。

但为了反对物种歧视而认为动物与人类一样并以同样的方式成为道德的个体，虽然这种观点可能是有说服力的，但有些矫枉过正，对于仅仅是为了反对物种歧视这个目的而言，它似乎过于有力了。更多的温和的反物种歧视的观点认为：如果为了人类的重要利益而导致动物感到不舒适，这可能被认为是对的；而为了人类并不重要的利益而使动物忍受巨大的痛苦则是错误的。换句话说，即使否认动物与人绝对同等的观点，也没有理由把动物看作是微不足道的。

讨论用动物做实验，使之遭受巨大的痛苦是不是正确，这显然是一种道德的关切，而以动物为食物也同样引发了伦理的思考。这个问题涉及农业和畜牧业实践，在实践中，动物被当作农产品，并被相应地对待。使用生产线技术的目的是节约成本，但忽略了大自然和动物的自然本性。还有一些现实的考虑，因为这些实践已经产生了新的疾病威胁，因为每一个动物的残余物又被利用，去喂养另外的动物，而这些动物在一个奇怪的封闭的模拟生态圈中被骗食同类的肉。

除了在农业实践领域和把动物作为食物之外，还存在着其他对物种的使用和滥用，包括基因改变，这不是为了物种改良，只是为了培养其具有易患某种疾病的倾向。例如，肿瘤鼠，这种鼠被培养成在生理上易于受癌细胞影响的鼠，从而使之适于对癌症的研究。最后，克隆技术作为一种家畜的生产方式绕过了有性繁殖的循环，表明了动物与自然的最终脱离。

即使不认为人类必须绝对素食，甚至不吃鱼类和家禽，也同样可能批评这种做法。确实，一些自然资源保护主义者赞同人类使用、消费一般的动物和鱼类，它们是大自然中常见物种。在自然中，一个物种以另一个物种为食。美国自然资源保护主义者奥尔多·利奥波德（1887—1949）建议在 *222* "与自然相和谐"的理想的基础上保护自然资源，并视打猎、捕鱼、食肉为当然。

动物的"人格"论题的更深层次的特点是，它似乎超出了标准的伦理学框架之外。不可能在功利主义的立场上做出有关动物重要性——它们在我们的道德宇宙中，或者道德共同体中——的判断，因为功利主义要求对利益进行同等的考虑，但这首先要在谁能申明自己的利益要求的问题上达成一致。它本身不能确定这一点，因此功利主义者和权利理论家必须依靠一个否定的论断，即人类和动物在道德上没有重大的不同。

然而还有一个更好的方法。不必讨论动物是不是人，强调一个不可争论的事实——人是动物——可能更好。这足以使人们改变纯粹的人类中心说的观点，认识到地球上如果只有人类和人造的东西将最终导致世界灭亡。也要认识到物种之间的内在联系——伟大的生物链把人类利益和这个行星上的其他生物紧紧地联系在一起。

有关环境的讨论

接下来，是有关环境的讨论的核心问题。形而上地讲，这关系到把自然的各方面联系在一起的整个系统的认识。从政治上讲，它包括这样一个认识，个人的自由选择，从它本身的角度讲每个选择都不会招致危险，但联合起来就会产生环境灾难。这就是现代的"共同体的悲剧"。

当前的讨论包括几种不同的观点，以"生态女权主义"、"生态无政府主义"和"生态法西斯主义"为代表。生态女权主义把人对自然的剥削与男人对女人的剥削看作是相似的。生态无政府主义者致力于小规模的决策，拒绝集中计划，及其经济增长目标。但是生态无政府主义可能是一个自相矛盾的概念。因为生态概念的根基在于全球的内在联系性，而无政府主义却相反，提倡每一个单位、分子走自己的路而彼此之间不相联系。

"生态法西斯主义"不是它的支持者造出来的词，而是它的反对者造出来的词，以描述那些坚持要求以强制的方式进行生态保护和国际控制的人。

223 批评者把这一运动看作是一种新形式的独裁和对个人自由的束缚，特别是对企业家和商人的自由的束缚。[19] 然而，人们关心的是保护个人权利，事实上，很多环境问题需要讨论的正是，一些人和集团是不是有权力把危险强加于人，另一些人是不是有权利保护自己和孩子免受由于环境恶化而导致的身体损害。所以，环境问题不像扰乱环境那样可以用协商和补偿等适当的办法来解决，如对噪音和视觉污染等问题就可以采取这种方法来处理，我们有理由自觉控制自己的行为选择，以阻止现在和将来人类的状况发生不可逆转的变化。因为不受控制的发展所导致的不可逆转的变化取消了未来人进行选择的可能性，损害了他们的个人权利。

至于未来的选择和个人的自由，值得反思的是，人类最久远的文明，埃及文明持续了只有 5500 年，而在现代，几十年前所产生的废物将保持毒性超过 2 万年之久。仅仅这些有毒废物的存在，就使当代人的后代受到强有力的政治统治的控制，并且受到当今无法想象的风险、困难、政治与军事的安排的束缚。把我们的问题留给未来的人是以前所未有的方式束缚了他们的自由，在这种思考中，汤姆·潘恩的话无意间具有了特殊重要的意义：

> 在任何国家中，从来没有，也不可能存在一个议会、任何类型的人或一代人拥有束缚或控制后代直到世界末日的权利或权力。试图统治坟墓的虚荣、自大是所有的专制统治中最荒唐、最傲慢的。[20]

当然，想阻止变化是很愚蠢的，而且生态系统由自己的生机和运动支配着。如果永恒不变的均衡是不可能的，就有理由通过变化的方式寻求平衡与和谐。认识到节制和控制的美德也是有价值的，它可以避免过度，推动地球的繁荣和无数生命形式的丰富性，其中也包括人类生命。

插曲

在这次谈话中比以往的谈话包含了更多的关于生活方式的内容，我不知 224 道这样做是否明智。虽然我小心翼翼地结束了谈话，我还是看到我周围的人的脸色都变得凝重而严肃，他们彼此间开始耳语。所以当菲茜娅起来带我去进行她先前要求的私人谈话时，我觉得很抱歉。

◎ **注释**

［1］见 Malthus, *An Essay on the Principle of Population*。

［2］Hardin, "Lifeboat ethics: the case against helping the poor", p.280.

［3］Ibid., p.281.

［4］Erlich, *The Population Bomb*.

［5］尤其见 Illich, *Deschooling Society* and *Limits to Medicine*。

［6］Nielsen, "Global justice, capitalism and the Third World".

［7］Smith, *Theory of Moral Sentiments* II ii 1.

［8］辛格广泛地讨论了这个问题，见 Singer, *Practical Ethics,* ch.8。

［9］支持保护这一点的观点，见 Belsey, "World poverty, justice and equality"。

［10］这个问题与功利主义理论有关的讨论，见本书 chapter 3, pp.43–7。

［11］Burke, *Reflections on the Revolution in France*.

［12］引自 Kant, "Duties to animals and spirits" in *Lectures on Ethics,* pp.239–41。

［13］尤其见 Singer, *Practical Ethics,* ch.5。

［14］Descartes, *Discourse on Method,* p.45.

［15］引自 Voltaire, *Philosophical Dictionary*。

［16］见 Rupke, *Vivisection in Historical Perspective*。

［17］引自 Schweitzer, *Philosophy of Religion*。

［18］Bentham, *Introduction to the Principles of Morals and Legislation,* ch.XVII sec.1.

［19］支持这种观点的特别讨论，见 *Economic Affairs,* "International Trade and the Environment", vol.16, no.5, 1996。

［20］Paine, *Rights of Man,* p.6.

旅行者的回归

■ 最后一次对话

✏ 最后一次对话

旅行者：你为什么又来了？你是想单独和我谈谈？ *225*

菲茜娅：我是来警告你的。你好像还不明白自己的处境。你谈的事情使我们这儿的人很受困扰。开始，我们仅仅把你看成是一个标本——我们是科学家；你对我们来说是一个怪物、一个很特别的发现，因为我们以前从来都没有遇到像你这样文明的、能够进行理性推理的人。我们在这个森林中的敌人都是原始人，我们从来不想改变他们，只想让他们惧怕我们，不再对我们构成威胁。但是你引起了我们的兴趣。学习你们的语言以及和你进行这些对话对我们来说是很大的挑战。我们的科学家想勾画出一幅你们世界的图景，以及你们的生活原则和观念。可能你已经觉察到了，当我们把你榨干了，知道了我们想知道的一切东西之后，我们会要么把你留下来取乐解闷，要么杀掉你，因为你对我们来说已经没有任何用处了。

但是现在人们变得非常气愤，因为你和你们的世界对我们是一个威胁。我们的世界、我们的天空、我们的水资源都面临着极大的危险，无论我们是不是见到了你们的人——但是谁知道什么时候我们隐秘的世界会遭到侵略呢？因此，大家还是希望杀掉你——不仅如此——现在还有人希望你遭受折磨。人们想要你为你们的世界所犯下的罪过而受到惩罚。

旅：但这是不对的，这不公平。难道不允许我申述自己的理由吗？也许正是我们世界里引起这些问题的人能够纠正这些错误。我们的专家正在努力解决你所提到的所有问题，我们也有自己的经济学家和政治家，他们正在 *226* 试图建立一种更新的、更合理的制度。至于你们的世界，不会再有其他人发现这个地方。你可以相信我的话，因为如果我真能回到我自己的家，我绝不会说出这个地方的位置。

菲：我们当然尽力防止你这样做，但是我不能保证我们这儿的人会相信你。

旅：那我们从另一个角度来看看这个问题：就算事情像你们想象的那样糟，为什么应当由我来承担责任呢？我想回到我自己的祖国和自己人中间去。我应当有这种权利吧？我不能因为自己没有做的事而被杀头！

菲：这就是我为什么来找你的原因。我和其他人不同，我同意你刚刚提到的观点。因此——这对我来说也是一次冒险，我想告诉你——我来这儿是想给你一个机会，让你逃走。有一条几乎没人知道的小路通向大峡谷。尽管除了你偶然跌下来以外，从你们的世界找不到来这儿的通道，但是可能有逃出去的路。那是一个狭长的隧道，是我小时候发现的，而且没有告诉过任何人。我不敢保证从这条隧道一定能出去，因为我自己从来没敢尝试过，你可能是第一个冒险者。你必须自己找到出去的路，我知道这肯定不是件容易的事。我唯一的要求是你爬上去以后，用石头和土把隧道填死，这样就不会再有人通过这条路出入我们这里。我这样做毕竟有些对不起我们的人。我会把你送到那儿，然后就在那儿和你永远地告别了，你这次旅行真的是一去不复还啊。

****

旅：既然我能在这里讲述这个故事，我的读者们应当知道菲茜娅的计划实现了——我几乎不需要讲述细节了——一旦回到我们的世界，几天之后，我被朋友们组织的巡逻直升机发现了，从三年前我失踪那天起他们就一直在寻找我。

我对我的经历特别是那些对话进行了很多反思。首先，在那里，我像罪犯一样活着，我把那些人称为艾洛依人——其他的人，有两个原因：一是我对陌生人充满了怀疑和不信任；二是因为我觉得他们的信仰和观念很奇特，也很不熟悉。但是当我出乎意料地安全回家之后，我开始重新反思我对他们的看法。我记起了一个特别的故事，我想有必要在这里讲讲。

这也是关于旅行者的故事。一个旅行者在去往另一个城镇的路上遇到了一个陌生人。于是他问道："请告诉我，前面那个城镇里的人怎么样？"那个陌生人看了看他，反问道："你刚刚离开的那个城镇里的人怎么样？"那位旅行者说："他们大都是肮脏、吝啬的人，基本上也不怎么快乐，我很高兴离开他们。""好啊，你会发现新城镇里的人也是一样的。"陌生人说。另一个旅行者恰好也路过那里，也遇到了那个陌生人。他问了陌生人同样的问题，陌生人也反问了同样的问题。这个旅行者回答说："我总是发现原来的城镇里的人很友好，乐于助人，而且值得信赖，当然我也很想念他们。""好啊，"陌生人说，"你将会发现新城镇里的人也是同样的。"

受这个道德故事的启发，我意识到艾洛依人其实根本不是陌生人。我们这儿没有什么不同，我在那里遇到的人、他们的观点在我们这儿同样存在着。就像把我看成敌人的那些人，他们身上有善，也有恶，这也同样适用于我旅行出发时离开的那些人。

我得出一个结论，为了让好的、正确的观点存在并被人们听到，这是尽可能多的希望。在艾洛依人中间，真与善的敌人远远超过它们的捍卫者，就像错误的和恶的观念必然要被挤出真理的单行线——谎言可以有很多种，但真理却只有一个；导致错误认识的途径会有很多，但从总体上得到正确认识的方法却没有那么多。如果我对伦理学的探索最终以逻辑上的真理而非伦理的真理而告终，我怎么能抱怨呢？

第一章

阅读指南

自由意志的问题从古代开始就是哲学论争的主题。自由意志的观点和内涵被古希腊哲学家们所讨论，后来其宗教方面的意义成为神学家们关心的一个主题。有关这方面的历史考察和清楚的讨论，见 I. 伯林的论文《由希望和畏惧而生的自由》。D.J. 奥康纳在他的《自由意志》一书中也清楚地说明了这个问题，J.B. 沃森主编的《自由意志》中，也有些有益的选篇。

艾耶尔在《作为科学对象的人》一文中指出了定位自由意志的困难，这篇文章发表在他的《形而上学与共同感》一书中。丹尼尔·迪尼特在《自由的余地：各种值得渴望的自由意志》一书中保卫了一种比较主义者的观点。B.F. 斯金纳在《在自由和尊严之外》中从行为心理学的角度提出了决定论的观点，又见他的科幻小说《沃尔登第二》。查尔斯·泰勒在《行为的解释》中探讨了行为主义者在社会科学中的假设。又见他的近期作品《自我的根源》。

关于个人自由对于道德概念的重要性问题，见 I. 迪尔哈姆的《心灵、大脑和行为》，关于这个问题的政治学讨论，见米歇尔·诺威克的《从虚无主义中觉醒：真理为什么重要》。

相反，一个哲学家把其整个的伦理学理论建立在彻底的决定论的基础之上，关于这一点，见斯宾诺莎的《伦理学》。

参考文献

Ayer, A.J., 'Man as a subject for science' in *Metaphysics and Commonsense,* London, Macmillan, 1967.

——, 'Can effect precede its cause?' in *Philosophical Essays,* London, Macmillan, 1954.

——, 'Freedom and necessity' in *Philosophical Essays,* London, Macmillan, 1954.

Berlin, I., 'From hope and fear set free', *Proceedings of the Aristotelian Society,* 1963, reprinted in his *Concepts and Categories,* London, Hogarth, 1978.

Brown, J.A.C., *Freud and the Post-Freudians,* Harmondsworth, Penguin, 1964.

Chomsky, N., 'A review of B.F. Skinner's "Verbal behavior"' in Fodor and Katz, 1964.

Dennett, D., *Elbow Room: The Varieties of Free Will Worth Wanting,* Oxford, Clarendon Press, 1984.

Dilham, I., *Mind, Brain and Behaviour,* London, Routledge, 1988.

Dummett, M., 'Bringing about the past' in Gale, 1968.

Durkheim, E., *The Rules of Sociological Method,* New York, The Free Press, 1938.

Fodor, J. and Katz, J., *The Structure of Language,* Englewood Cliffs, NJ, Prentice-Hall, 1964.

Frisby, D., *The Positivist Dispute in German Sociology,* Frisby, D. (ed.), London, Heinemann, 1977.

Gale, R.M. (ed.), *The Philosophy of Time,* London, Macmillan, 1968.

Kant, I., *Groundwork of the Metaphysic of Morals,* translated as *The Moral Law,* Paton, H. (ed.), London, Hutchinson, 1948.

——, *Critique of Pure Reason,* Smith, N.K. (trans.), London, Macmillan, 1963. First published 1781; 2nd edn 1787.

MacIntyre, A., *Whose Justice? Which Rationality?,* London, Duckworth, 1988.

Marx, K., *The German Ideology,* vol.1 part 1, Moscow, Progress Publications, 1976.

Midgley, M., *The Ethical Primate,* London, Routledge, 1994.

Novak, M., *Awakening from Nihilism: Why Truth Matters,* London, Institute for Economic Affairs, 1995.

O'Connor, D.J., *Free Will,* Garden City, New York, Doubleday, 1971.

Plato, *The Last Days of Socrates,* Tredennick, H. (ed.), Harmondsworth, Penguin, 1968.

Popper, K., *The Poverty of Historicism,* London, Routledge, 1957 and later editions.

Sartre, J.-P., *L'être et le néant: essai d'ontologie phénoménolog-ique*, 1943, translated as *Being and Nothingness,* Barnes, H. (trans.), London, Methuen, 1957.

Skinner, B., *Beyond Freedom and Dignity,* Harmondsworth, Penguin, rev. edn 1973.

——, *Walden Two,* New York, Macmillan, 1976.

Spinoza, B., *The Collected Works of Spinoza,* vol.1, Curley, E. (trans.), Princeton, NJ, Princeton University Press, 1985. First published 1677.

Taylor, C., *Explanation of Behaviour,* Atlantic Highlands, NJ, Humanities Press, 1964.

——, *Sources of the Self,* Cambridge, Cambridge University Press, 1989.

Watson, G. (ed.), *Free Will,* Oxford, Oxford University Press, 1982.

Weber, M.,'Letter to Mommsen' in Frisby, 1976.

第二章

阅读指南

很多哲学家（包括柏拉图和亚里士多德）认为，如果把一个行为过程当作正当的和正义的而广为提倡，这必然表明它符合某个人自己的利益，或者至少不与之相冲突。然而，柏拉图和亚里士多德并没有从狭隘的物质主义的角度来解释个人利益。当从这个角度来对它进行解释时，正如像在心理快乐主义理论中那样，它没有给利他的行为留下空间，或者说没有给出于纯粹的道德动机的行为留下空间。人们认为霍布斯提出了这种理论，并且使之成为其政治理论的基础，以及将控制权让渡给强大君主的论据。其他哲学家如卢梭、休谟等，承认存在作为人类行为动机的利他主义或者对他人的真诚关心。卢梭的理论在他的文集《社会契约论》中得到阐发。

心理快乐主义的更狭隘的形式成为边沁的功利主义理论的支柱之一，它被表述为人类的动机仅仅是趋乐避苦。在《道德与立法的原理绪论》中，边沁试图在这一假定的基础上为社会制定理性的策略。

巴特勒主教在他的《讲道集》中也提倡理性的利己主义，虽然并不是把它作为第一选择，同时他还批驳了心理快乐主义。亚当·斯密在《国富论》中为追求自我利益——个人经济利益——提供了著名的经济的和道德的辩护。伦理利己主义为尼采在他的著作中所极力提倡，特别是在《善恶的彼岸》和《道德谱系》中。

玛丽·米奇利在她的文章《基因的骗局》和专著《动物和人》中反驳了道金斯的《自私的基因》和威尔逊的《社会生物学：新的综合》所提供的社会生物学的观点。在她的另一部著作《邪恶》中，她认为只有认识到人的邪恶能力，而不是把它贴上社会条件和精神疾病的标签来解释，通往道德的现实之路才能得到发展。也见于《扩展的圈子——伦理学和社会生物学》中彼得·辛格的社会生物学的讨论。

参考文献

Aristotle, *Ethics,* Thomson, J.A.K. (trans.), revised by Tredennick, H., Harmondsworth, Penguin, 1976.

Bentham, J., *An Introduction to the Principles of Morals and Legislation,* London, Athlone Press, 1970. First published 1789.

Butler, J., *Fifteen Sermons, in The Works of Joseph Butler,* vol.1, Bernard, J.H. (ed.), London, Macmillan, 1990. First published 1726.

Campbell, R. and Sowden, L. (eds), *Paradoxes of Rationality and Cooperation—Prisoner's Dilemma and Newcomb's Problem,* Vancouver, University of British Columbia, 1985.

Dawkins, R., *The Selfish Gene,* London, Paladin, 1978.

Hobbes, T., *Leviathan,* MacPherson, C.B. (ed.), Harmondsworth, Penguin, 1981. First published 1651.

Hume, D., *Enquiries concerning Human Understanding and concerning the Principles of Morals,* 3rd edn, Selby-Bigge, L.A. (ed.), revised Nidditch, P., Oxford, Clarendon Press, 1975. First published 1751.

——, *A Treatise of Human Nature,* Selby-Bigge, L.A. (ed.), revised by Nidditch, P., Oxford, Oxford University Press, 1978. First published 1739–40.

Machiavelli, N., *The Prince,* Bondanella, P. (ed.), Oxford, Oxford University Press, 1984. First published 1513.

Midgley, M., 'Gene-juggling', *Philosophy* 54, 1979, pp.439–58.

——, *Beast and Man: The Roots of Human Nature,* Hassocks, Harvester Press, 1979.

——, *Wickedness: A Philosophical Essay,* London, Routledge and Kegan Paul, 1984.

Nietzsche, F., *Beyond Good and Evil,* Hollingdale, R.J. (trans.), Harmondsworth, Penguin, 1971.

——, *On the Genealogy of Morals,* Smith, D. (trans.), Oxford, Oxford University Press, 1997.

Plato, *The Last Days of Socrates,* Tredennick, H. (trans.), Harmondsworth, Penguin, 1968.

——, *Republic,* 2nd edn, Lee, D. (trans.), Harmondsworth, Penguin, 1974. Also translated by Waterfield, R., Oxford, Oxford University Press, 1993.

Rousseau, J.-J., *The Social Contract,* Cranston, M. (trans.), Harmondsworth, Penguin, 1984.

Sidgwick, H., *The Methods of Ethics,* 7th edn, London, Macmillan, 1911. First published 1874.

Singer, P., *The Expanding Circle: Ethics and Sociobiology, The New Synthesis,* Cambridge, Mass., Harvard University Press, 1985.

Smith, A., *A Theory of Moral Sentiments,* Oxford, Oxford University Press, 1976. First published 1759.

——, *An Inquiry into the Nature and Causes of the Wealth of Nations,* Sutherland, K. (ed.), Oxford, Oxford University Press, 1993. First published 1776.

Wilson, E.O., *Sociobiology: The New Synthesis,* Cambridge, Mass., Harvard University Press, 1975.

第三章

阅读指南

虽然较早的哲学家的思想中也有功利主义的成分，但是边沁在他的《道德与立法的原理绪论》中充分发展了功利主义理论。对功利主义的更精致的更少物质主义的阐发是由 J.S. 密尔在他的著作《功利主义》中实现的。G.E. 摩尔对自然主义伦理学的攻击破坏了功利主义的经典形式，在《伦理学原理》和《伦理学》中，摩尔提供了这种理论的非自然主义的版本，有时被称作理想的功利主义。但它和其他的功利主义理论一样是效果论的，它把将被最大化的善解释为难以限定的道德的性质。

反思功利主义或者瞻望功利主义前景的现代作品主要包括 R.B. 布兰特的《一种善和正当的理论》、J. 格洛弗的《福祉》和 R.M. 黑尔的《道德思维》。黑尔的伦理学理论，被称为"普遍规定主义"，混合了功利主义和康德主义的要素。D. 莱昂斯在《功利主义的形式和限制》一书中认为在效果上行动功利主义和规范功利主义没有基本的区别。

在《历史主义的贫困》和其他著作中，卡尔·波普尔提倡消极的功利主义——在政治领域，应当优先选择减少贫穷困苦的目标而不是采取乌托邦和潜在的极权主义的政策，这种政策的目的是某种重要的善的观念的最大化。

彼得·辛格在《实践伦理学》中，把功利主义的道德立场应用于实用伦理学问题，包括动物福利、消除贫困、环境问题、人工流产、杀害婴儿和安乐死。

收入批评功利主义的观点的重要文集主要有：乔纳森·格洛威编《功利主义和它的批评者》、S. 谢弗编《功利主义和它的批评者》、A. 森和 B. 威廉斯编《功利主义与彼岸》。G.E.M. 安斯康姆 1958 年发表了影响广泛的文章《现代道德哲学》，已经成为有着特别影响力的功利主义的批评家。在《道德圣者》中，苏珊·沃尔夫认为功利主义太严格了，因此难以实行，而且没有吸引力。

在《功利主义：支持与反对》中，J.J.C. 斯马特讨论了功利主义的案例，而 B. 威廉斯在拓展个人正直观念的基础上提供了一些回应的思考。

参考文献

Anscombe, G.E.M., 'Modern moral philosophy', *Philosophy* 33, 1958, pp.1–19. Reprinted in Anscombe, G.E.M., *Collected Philosophical Papers*, vol.3, *Ethics, Religion and Politics,* Oxford, Blackwell, 1981.

Bentham, J., *An Introduction to the Principles of Morals and Legislation,* London, Athlone Press, 1970. First published 1789.

Brandt, R.B., *A Theory of the Good and the Right,* Oxford, Clarendon Press, 1979.

Glover, J. (ed.), *Utilitarianism and its Critics,* New York, Macmillan, 1990.

Griffin, J., *Well-Being,* Oxford, Clarendon Press, 1986.

Hare, R.M., *Moral Thinking: Its Levels, Methods and Point,* Oxford, Clarendon Press, 1981.

Koestler, A.,'The dilemma of our times-noble ends and ignoble means', *Commentry* 1, 1946, pp.1–3.

Lyons, D., *Forms and Limits of Utilitarianism,* Oxford, Clarendon Press, 1985.

Mill, J.S., *Utilitarianism,* London, Dent, 1977. First published 1861.

Moore, G.E., *Principia Ethica,* Cambridge, Cambridge University Press, 1903, revised by Baldwin, T., 1993.

——, *Ethics,* Oxford, Oxford University Press, 1947.

Nozick, R., *Anarchy, State and Utopia,* Oxford, Blackwell, 1974.

Popper, K., *The Poverty of Historicism,* London, Routledge, 1957.

Rosenbaum, S.P. (ed.), *The Bloomsbury Reader,* Oxford, Blackwell, 1993.

Scheffler, S, (ed.), *Consequentialism and its Critics,* Oxford, Oxford University Press, 1988.

Sen, A. and Williams, B. (eds), *Utilitarianism and Beyond,* Cambridge, Cambridge University Press, 1982.

Singer, P., *Practical Ethics,* 2nd edn, Cambridge, Cambridge University Press, 1993.

——(ed.), *Ethics,* Oxford, Oxford University Press, 1994.

Smart, J.J.C. and Williams, B., *Utilitarianism: For and Against,* Cambridge, Cambridge University Press, 1973.

Wolf, S., 'Moral saints', *Journal of Philosophy* 79, 1982, pp.419–39, reprinted in Singer, 1994.

第四章

阅读指南

相对主义是当代哲学的一个主要的论题，但它渊源久远，在柏拉图的几个对话中通过对话人之口，如普罗塔哥拉和斯拉斯马寇，就已经表达了相对主义观点的特征。在 H. 普特南《理性、真理和历史》中对相对主义提出批评，而 R. 罗蒂则在《偶然、反讽与团结》中持同情态度。T. 内格尔也在《本然的观点》中讨论了这个论题。相对主义的当前流行的形式是后现代主义——拒绝理性和合理性的理想。在这个问题上女性主义的观点可见 L. 尼科尔森编辑的文集《女性主义与后现代主义》。

戴维·王在他的《道德相对主义》一书中对伦理的相对主义进行了讨论。有关这个主题的有价值的文章选集有：J. 莱德主编的《伦理相对主义》、M. 克劳兹和杰克·W. 梅伦主编的《相对主义、认识与道德》。对相对主义给予了广泛肯定的当代伦理学作家主要有：J.L. 麦基，有《伦理学：发明对与错》一书；G. 哈曼，有文章《道德相对主义辩护》，收入《道德的本性》一书。

在对维特根斯坦的《伦理学讲演》的讨论中，李兹把维特根斯坦归于相对主义的观点，与道德两难的讨论联系在一起；J.W. 德古《道德冲突和伦理相对主义》中讨论了与相对主义有关的道德两难问题。还有两本有价值的文集，名字都是《道德两难》，一本由 W. 辛诺特-阿姆斯特朗主编，另一本由 G.W. 古恩主编。

伦理学的情感主义的主要代表，可见艾耶尔的《语言、真理与逻辑》，史蒂文森的《伦理学和语言》提供了这一理论的另一版本。

有关宽容的经典文本是 J.S. 密尔的《论自由》，H. 卡曼《宽容的进展》描述了这一思想的起源和发展。

参考文献

Almond, B. *Moral Concerns,* Atlantic Highlands, NJ, The Humanities Press, 1987.

Ayer, A. J., *Language, Truth and Logic,* 2nd edn, London, Gollancz, 1946.

Bordo, S., 'Feminism, postmodernism and gender scepticism' in Nicholson, 1991, pp.136–7.

Bury, J.B., *History of Greece,* London, Macmillan, 1959.

De Cew, J.W., 'Moral conflicts and ethical relativism', *Ethics* 111, 1990.

Devlin, P., *The Enforcement of Morals,* Oxford, Oxford University Press, 1978.

Foot, P., 'Moral arguments', *Mind* 67, 1958. Reprinted in her *Virtues and Vices,*

Oxford, Blackwell, 1978.

Gowans, G.W. (ed.), *Moral Dilemmas,* Oxford, Oxford University Press, 1987.

Harman, G., *The Nature of Morality,* Oxford, Oxford University Press, 1977.

——,'Moral relativism defended', *Philosophical Review* 84, 1975, pp.3–22.

Hare, R.M., *The Language of Morals,* Oxford, Oxford University Press, 1952.

——, *Freedom and Reason,* Oxford, Oxford University Press, 1963.

——, *Moral Thinking,* Oxford, Oxford University Press, 1981.

Hart, H.L.A., *Law, Liberty and Morality,* London, Oxford University Press, 1971.

Hume, D., *A Treatise of Human Nature,* Selby-Bigge, L.A. (ed.), revised Nidditch, P., Oxford, Clarendon Press, 1978. First published 1739–40.

Kamen, H., *The Rise of Toleration,* London, Weidenfeld & Nicolson, 1967.

Kluckhohn, G.,'Ethical relativity-sic or non?'*Journal of Philosophy* 52, 1955, pp.663–77.

Krausz, M. and Meiland, J.W., *Relativism, Cognitive and Moral,* Notre Dame, Ind., University of Notre Dame Press, 1982.

Ladd, J. (ed.), *Ethical Relativism,* Belmont, Calif., Wadsworth, 1973.

Mackie, J., *Ethics: Inventing Right and Wrong,* Harmondsworth, Penguin, 1977.

Mill J.S., *On Liberty,* London, Dent, 1910 and subsequent reprints. First published 1859.

Nagel, T., *The View from Nowhere,* New York, Oxford University Press, 1986.

Nicholson, L. (ed.), *Feminism and Postmodernism,* London, Routledge, 1991.

Phillips Griffiths, A.P.,'Knowledge and belief', London, Oxford University Press, 1967.

Plato, *Republic,* 2nd edn, Lee, D. (trans.), Harmondsworth, Penguin, 1974. Also translated by Waterfield, R., Oxford, Oxford University Press, 1993.

Putnam, H., *Reason, Truth and History,* Cambridge, Cambridge University Press, 1981.

Rhees, R.,'Some developments in Wittgenstein's view of ethics', *Philosophical Review* 74, 1965, pp.17–26.

Rorty, R., *Contingency, Irony and Solidarity,* Cambridge, Cambridge University Press, 1989.

Ross, W.D., *The Right and the Good,* Oxford, Clarendon Press, 1930.

Sinnott-Armstrong, W. (ed.), *Moral Dilemmas,* Oxford, Blackwell, 1988.

Stevenson, C.L., *Ethics and Language,* New Haven, Conn., Yale University Press, 1944.

Taylor, P.'Social science and ethical relativism', *Journal of Philosophy* 55, 1958, pp.32–4.

Wittgenstein, L.,'A lecture on ethics', *Philosophical Review* 74, 1968, pp.4–14.

Wong, D., *Moral Relativity,* Berkeley, Calif., 1984.

第五章

阅读指南

契约观点是霍布斯、洛克和卢梭政治理论的基本点。见霍布斯的《利维坦》、洛克的《政府论（第二篇）》和卢梭的《社会契约论》。关于契约论的当代发展见罗尔斯的《正义论》。罗尔斯还在另一本书《政治自由主义》中在国际层面发展了契约理论。关于讨论罗尔斯早期著作的书见巴里的《正义的理论》。也有一些批判罗尔斯的论文集，包括 N. 丹尼斯主编的《读懂罗尔斯》。当代另外一本论述契约论的著作是 D. 高蒂尔的《通过契约达成的道德》。

关于自然法理论对权利及其起源的广泛论述，见约翰·费尼斯从托马斯主义观点出发的《自然法和自然权利》。M. 克兰斯顿在《人权是什么？》一书中清楚地说明了权利观念的性质及历史。有关这个问题的一部优秀论文集是 J. 沃尔德伦主编的《权利理论》。有关当代专门从伦理学角度对权利问题的讨论，见 L. 萨姆纳的《权利的道德基础》。艾伦·怀特的《权利》一书从概念和分析的角度讨论了权利问题。

参考文献

Aristotle, *Ethics*, Thomson, J.A.K. (trans.), revised by Tredennick, H., Harmondsworth, Penguin, 1976.

Barry, B., *Theories of Justice,* Berkeley, Calif., University of California Press, 1989.

Bentham, J., *An Introduction to the Principles of Morals and Legislation,* London,

Athlone Press, 1970. First published 1789.

Braithwaite, R.B., *Theory of Games as a Tool for the Moral Philosopher,* Cambridge, Cambridge University Press, 1955.

Brandt, R.B., *A Theory of the Good and the Right,* Oxford, Clarendon Press, 1979.

Cranston, M., *What are Human Rights?* London, Bodley Head, 1973.

Daniels, N. (ed.), *Reading Rawls,* New York, Basic Books, 1975.

D'Entrèves, A.P., *Natural Law,* London, Hutchinson, 1970. First published 1951.

Dworkin, R., *Taking Rights Seriously,* London, Duckworth, 1978.

Finnis, J., *Natural Law and Natural Rights,* Oxford, Clarendon Press, 1989.

Gewirth, A., *Human Rights: Essays on Justification and Applications,* Chicago, University of Chicago Press, 1983.

Gauthier, D., *Morals by Agreement,* Oxford, Oxford University Press, 1981.

Hayek, F.A., *The Constitution of Liberty,* London, Routledge & Kegan Paul, 1960.

Hobbes, T., *Leviathan,* Macpherson C.B. (ed.), Hamondsworth, Penguin, 1968. First published 1651.

Hohfeld, W.N., *Fundamental Legal Conceptions,* London and New Haven, Conn., Greenwood Press, 1964. First published 1919.

Hollis, M., *The Cunning of Reason,* Cambridge, Cambridge University Press, 1987.

Locke J., *Two Treatises of Government,* Laslett, P. (ed.), Cambridge, Cambridge University Press, 1988. First published 1690.

Neumann, J. von and Morgenstern, O., *Theory of Games and Economic Behavior,* Princeton, NJ, Princeton University Press, 1947.

Macdonald, M.,'Natural Rights' in Waldron 1984.

MacIntyre, A., *After Virtue,* London, Duckworth, 1981, 2nd edn 1984.

——, *Whose Justice? Which Rationality?* London, Duckworth, 1988.

Mill, J.S., *Utilitarianism,* London, Dent, 1977.

Nozick, R., *Anarchy, State and Utopia,* Oxford, Blackwell, 1974.

Rawls, J., *A Theory of Justice,* Cambridge, Mass., Harvard University Press, 1971.

——, *Political Liberalism,* New York, Columbia University Press, 1993.

Rousseau, J. -J., *The Social Contract,* Cranston, M. (trans.), Harmondsworth, Penguin, 1984. First published 1762.

Sumner, L., *The Moral Basis of Rights,* Oxford, Clarendon Press, 1987.

Waldron, J. (ed.), *Theories of Rights,* Oxford, Oxford University Press, 1984.

——, *Nonsense upon Stilts: Bentham, Burke and Marx on the Rights of Man,* London, Methuen, 1987.

White, A.R., *Rights,* Oxford, Oxford University Press, 1984.

第六章

阅读指南

康德简短而富有影响力的《道德形而上学原理》一书最好的参考版本是由帕坦编辑的《道德律》。它提供了重要的有关各章的摘要和论点。有关最近的关于康德伦理学的讨论见 O. 欧内尔的《理性的结构：康德的实践哲学探索》一书。

直觉主义者的观点在 1912 年普里查德的《道德哲学是建立在错误的基础之上吗？》一文中有简明的介绍，这篇文章在他的《道德义务》一书中也可以找到。W.D. 罗斯在他的《权利与善》一书中确立了一种标准的直觉主义者的立场，包括条件性义务理论。

摩尔在《伦理学原理》一书中形成了一种不同的直觉主义立场，这种直觉主义建立在对善知识而不是在对义务和责任的直觉的基础之上，这在书的前言中明确地提到了。值得注意的是，摩尔也被划归为理想的功利主义者（见第三章）。

有关当代对道德现实主义的保卫，见丹西的《道德理性》。有关这个方面的论文集有 G. 萨耶尔-迈克德编辑的《道德理想主义论文集》。

参考文献

Abbott, T.K., *Kant's Critique of Practical Reason and other Works on the Theory of Ethics*, 3rd edn, London, Longmans, 1883.

Butler, J., *Fifteen Sermons, in The Works of Joseph Butler,* vol.1, Bernard, J.H. (ed.), London, Macmillan, 1990. First published 1726.

Dancy, J., *Moral Reasons,* Oxford, Blackwell, 1993.

Hare, R.M., *Moral Thinking: Its Levels, Methods and Point,* Oxford, Clarendon Press, 1981.

Hume, D., *A Treatise of Human Nature,* Selby-Bigge, L.A. (ed.), revised by Nidditch, P., Oxford, Clarendon Press, 1978. First published 1739–40.

Kant, I., *Groundwork of the Metaphysic of Morals,* translated as *The Moral Law*, Paton, H. (ed.), London, Hutchinson, 1948.

——, 'On a supposed right to tell lies from benevolent motives', in Abbott, 1883, pp.361–5. Also reprinted in Singer, 1994, pp.280–1.

Mackie, J., *Ethics: Inventing Right and Wrong,* Harmondsworth, Penguin, 1977.

Moore, G.E., *Principia Ethica,* Cambridge, Cambridge University Press, 1903.

O'Neill, O., *Constructions of Reason: Explorations of Kant's Practical Philosophy,* Cambridge, Cambridge University Press, 1989.

Paton, H., *The Categorical Imperative,* London, Hutchinson, 1947.

Prichard, H.A., *Moral Obligation,* Oxford, Clarendon Press, 1949.

——, 'Does moral philosophy rest on a mistake?' *Mind*, 1912, reprinted in Prichard, *Moral Obligation*, 1949, pp.1–17.

Ross, W.D., *The Right and the Good,* Oxford, Clarendon Press, 1930.

Sayre-McCord, G. (ed.), *Essays on Moral Realism,* Ithaca, NY, Cornell University Press, 1988.

Singer, P. (ed.), *Ethics,* Oxford, Oxford University Press, 1994.

第七章

阅读指南

亚里士多德关于美德的论述在《伦理学》中可以找到。有关阿奎那的伦理学说，见《神学大全》（*Summa Theologiae*）和由 P. 西格蒙德编辑翻译的系列著作中题为《圣托马斯·阿奎那的政治学与伦理学》的部分。一种沿着亚里士多德的思路，集中探讨品格和美德的伦理路径可见阿拉斯戴尔·麦金太尔的《美德的追寻》（又译《德性之后》），而这也是受到安斯康姆 1958 年的文章《当代道德哲学》的启发。此外，菲利普·富特的《美德与恶德》、M. 纳斯鲍姆的《善的脆弱性》、I. 默多克的《善的至上性》、伯纳德·威廉姆斯的《伦理学与哲学的局限》等著作也被认为与这种路径相联系。关于从政治学的角度探讨美德伦理学，见黑麦尔法勃的《社会的非道德化——从维多利亚美德到当代价值观》。G. 潘斯在彼得·辛格编辑的《伦理学指南》中对美德伦理学做了很有价值的概括总结，此外还可以参考米歇尔·斯洛特的《善与美德》。相关的学术论文集有 R. 克鲁斯切维奇和 R. 罗伯特编辑的《美德：当代道德品格论文集》、A. 罗蒂编辑的《亚里士多德伦理学论文集》，以及 R. 克里斯普主编的《人应当怎样生活——美德论文集》。

皮亚杰的道德发展理论见《儿童的道德判断》，科尔伯格的研究见《道德发展论文集》第 1 卷《道德发展哲学》。关于道德教育的讨论以及有关从柏拉图、亚里士多德到麦金太尔和纳斯鲍姆对道德教育论述的历史发展，见保罗·克里滕登的《学会道德》。

由凯洛·吉利根的研究所得出的关于女性伦理的观念见她的著作《以一种不同的声音》。建立在这个研究基础之上的有关哲学探讨见内尔·诺丁斯的《关怀：伦理学与道德教育的女性视角》。一篇对这个问题研究很有帮助的文章是 L.A. 布拉姆的《吉利根与科尔伯格：道德理论的内涵》。又见克里滕登有关这个问题的论述。

参考文献

Anscombe, G., 'Modern moral philosophy', *Philosophy* 33, 1958, pp.1–19.

Reprinted in Anscombe, G.E.M., *Collected Philosophical Papers*, vol.3, *Ethics, Religion and Politics,* Oxford, Blackwell, 1981.

Aquinas, T., *Summa Theologia* in Sigmund, 1988.

Aristotle, *Ethics,* Thomson, J.A.K. (trans.), revised by Treden-nick, H., Harmondsworth, Penguin, 1976.

Blum, L.A.,'Gilligan and Kohlberg: implications for moral theory', *Ethics* 98, 1988, pp.472–91.

Crisp, R. (ed.), *How Should One Live? Essays on the Virtues,* Oxford, Oxford University Press, 1997.

Crittenden, P., *Learning to be Moral: Philosophical Thoughts about Moral Development,* Atlantic Highlands, NJ, The Humanities Press, 1980.

Foot, P., *Virtues and Vices,* Berkeley, Calif., University of California Press, 1978.

Gilligan, C.,'In a different voice: women's conception of self and morality', *Harvard Education Review* 47, pp.481–517.

——, *In a Different Voice: Psychological Theory and Women's Development,* Cambridge, Mass., Harvard University Press, 1982, 2nd revised edn 1993.

Himmelfarb, G., *The De-Moralization of Society: from Victorian Virtues to Modern Values,* London, Institute of Economic Affairs, 1995.

Kohlberg, L., *Essays on Moral Development,* vol.1: *The Philosophy of Moral Development,* San Francisco, Harper & Row, 1981.

Kruschwitz, R. and Roberts, R. (eds), *The Virtues: Contemporary Essays on Moral Character,* Belmont, Calif., Wadsworth, 1987.

MacIntyre, A., *After Virtue,* London, Duckworth, 1981, 2nd edn 1984.

McDowell, J., 'Virtue and reason', *Monist* 62, 1979, pp.331–50.

Murdoch, I., *The Sovereignty of Good,* London, Routledge & Kegan Paul, 1970.

Noddings, N., *Caring: A Feminine Approach to Ethics and Moral Education,* Berkeley and Los Angeles, Calif., University of California Press, 1984.

Nussbaum, M., *The Fragility of Goodness: Luck and Ethics in Greek Tragedy and Philosophy,* Cambridge, Cambridge University Press, 1986.

Piaget, J., *The Moral Judgement of the Child,* Gabain, M. (trans.), London, Routledge & Kegan Paul, 1960. First published in England 1932.

Pence, G., 'Virtue theory' in Singer, pp.249–58.

Rorty, A. (ed.), *Essays on Aristotle's Ethics,* Berkeley, Calif., University of California Press, 1980.

Sigmund, P.E. (trans. and ed.), *St Thomas Aquinas on Politics and Ethics: a New Translation, Backgrounds, Interpretations,* New York, Norton, 1988.

Singer, P. (ed.), *A Companion to Ethics,* Oxford, Blackwell, 1991.

Slote, M., *Goods and Virtues,* Oxford, Oxford University Press, 1983.

——, *From Morality to Virtue,* New York, Oxford University Press, 1992.

Smart, J.J.C. and Williams, B., *Utilitarianism: For and Against,* Cambridge, Cambridge University Press, 1973.

Williams, B., *Ethics and the Limits of Philosophy,* Cambridge, Mass., Harvard University Press, 1985.

第八章

阅读指南

柏拉图对话录的《会饮篇》（*Symposium*）是关于爱的经典论述，但是在其他的对话录中也谈到了有关欲望的地位，特别是在《斐德罗篇》（*Phaedrus*）中。

保罗·吉尔伯特在他的《人际关系》中讨论了人际关系的问题，伊海姆·迪尔曼在《爱与人际分离》和布伦达·阿尔蒙德的文章《人际约束》从哲学的方面讨论了爱的问题。B. 特雷纳在《国家、婚姻与离婚》一文中描述了历史上主要哲学家如霍布斯、洛克和卢梭等有关婚姻问题的观点。密尔本人拒绝接受在当时盛行的关于婚姻的法律含义，因为它给予了丈夫无比的权威。密尔在《论妇女的主体性》中批判了这种传统以及妇女的从属地位。有关女性主义在这方面的观点，见佩特曼的《性的契约》和 A. 费格尔的《女性主义者的政治学与人性》。罗素在《婚姻与道德》中谈到了婚姻的问题，当代哲学家 R. 斯克鲁顿在他的《性欲望》一书中提供了有关这些问题广泛而深入的介绍。米歇尔·鲁斯和米歇尔·莱文分别在《同性恋：哲学的思考》一书和《同性恋为什么是不正常的？》一文中讨论了同性恋问题。A.H. 戈德曼的文章《直白的性》试图把性从人与人之间的关系中分离出来，这篇文章在贝克和艾里斯坦主编的《哲学与性》论文集中。另一本相关的论文集是由艾兰·索伯主编的《性哲学：当代读本》。

家庭问题通常是从事实和社会学的角度来讨论的，而哲学方面的讨论则相对欠缺。然而，J. 布卢斯坦的《父母与孩子：家庭伦理学》仍然是以此为主题的。此外，O. 欧内尔和威廉·卢迪克主编了《养育孩子：父母角色的哲学和法律反思》论文集。关于家庭的马克思主义观点，见恩格斯的《家庭、私有制和国家的起源》，关于家庭的女性主义观点，见苏珊·奥金的《正义、性与家庭》。

参考文献

Almond, B.,'Human bonds', *Journal of Applied Philosophy* 5, 1989. Reprinted in

Almond and Hill, 1991.

Almond, B. and Hill, D. (eds.), *Applied Philosophy: Morals and Metaphysics in Contemporary Debate,* London, Routledge, 1991.

Baker, R. and Elliston, F. (eds.), *Philosophy and Sex,* Buffalo, NY, Prometheus, 1984.

Blustein, J., *Parents and Children: The Ethics of the Family,* Oxford, Oxford University Press, 1982.

Beauvoir, S. de, *The Second Sex,* Parshley, H.M. (trans. and ed.), Harmondsworth, Penguin, 1972. First published (in French) 1949.

——, *The Prime of Life,* Harmondsworth, Penguin, 1965. First published (in French) 1960.

Dennis, N. and Erdos, G., *Families without Fatherhood,* London, Institute for Economic Affairs, 1993.

Dennis, N., *Rising Crime and the Dismembered Family: How Confident Intellectuals have Campaigned Against Common Sense,* London, Institute for Economic Affairs, 1993.

Dilman, I., *Love and Human Separateness,* Oxford, Blackwell, 1987.

Engels, F., *The Origin of the Family, Private Property and the State,* London, Lawrence & Wishart, 1972. First published 1884.

Epictetus, *The Discourses,* Gill, C. and Hard, R. (eds), London, Dent, 1996.

Gilbert, P., *Human Relationships,* Oxford, Blackwell, 1991.

Godwin, W., *An Enquiry concerning Political Justice,* Harmondsworth, Penguin, 1976. First published 1793. Penguin text based on third edn of 1798.

Goldman, A., 'Plain sex', *Philosophy and Public Affairs* 6, 1977, pp.158–67. Reprinted in Baker and Elliston, 1984.

Hegel, G.W.F., *Elements of the Philosophy of Right,* Cambridge, Cambridge University Press, 1991. First published 1821.

Jaggar, A., *Feminist Politics and Human Nature,* Brighton, Harvester Press, 1983.

Levin, M., 'Why homosexuality is abnormal?', *Monist* 67, 1984.

Locke, D., *A Fantasy of Reason,* London, Routledge, 1980.

Mill, J.S., *On the Subjection of Women,* in Rossi, 1970.

Okin, S., *Justice, Gender and the Family,* New York, Basic Books, 1989.

O'Neill, O. and Ruddick, W. (eds), *Having Children: Philosophical and Legal Reflections on Parenthood,* Oxford, Oxford University Press, 1979.

Pateman, C., *The Sexual Contract,* Cambridge, Polity Press, 1988.

Plato, *Symposium and Phaedrus in The Collected Dialogues,* Hamilton, E. and Cairns, H. (eds), Princeton, NJ, Princeton University Press, 1961.

Rossi, A. S. (ed.), *Essays on Sex Equality,* Chicago, University of Chicago Press, 1970.

Ruse, M., *Homosexuality: A Philosophical Inquiry,* Cambridge, Mass., Blackwell, 1990.

Russell, B., *Marriage and Morals,* London, Allen & Unwin, 1961 and subsequent reprints. First published 1929.

Scruton. R., *Sexual Desire,* London, Weidenfeld & Nicholson, 1986.

Shelley, P.B.,'Against legal marriage' in *Shelley on Love,* Holmes, R. (ed.), London. Anvil Press, 1980.

Singer, P., *Practical Ethics,* 2nd edn, Cambridge, Cambridge University Press, 1993.

Soble, A, (ed.), *The Philosophy of Sex: Contemporary Readings,* Savage Place, Md., Rowman & Littlefield, 1991.

Trainor, B., 'The state, marriage and divorce', *Journal of Applied Philosophy* 9, 1992, pp.135–48.

Wasserstrom, R., 'Is adultery immoral?' in *Today's Moral Problems,* Wasserstrom R. (ed.), New York, Macmillan, 1979.

Wollstonecraft, M., *A Vindication of the Rights of Woman.* Harmondsworth, Penguin, 1978. First published 1792.

第九章

阅读指南

迈克斯·查尔斯沃斯在《自由社会的生物伦理》中为本章的内容提供了清楚而具有可读性的介绍。一本广泛应用的教科书是比彻姆和奇尔德雷斯的《生物医学伦理学原则》。彼得·辛格在《实践伦理学》、约翰·哈里斯在《生命的价值》中也讨论了相关的一些问题。D. 莱姆在《死亡、脑死亡与伦理学》中讨论了与死亡及即将死亡有关的问题。哲学家玛丽·沃诺克在《一个有关生命的问题》中建议法律应当对新的生育技术做出回应，而社会人类学家玛丽莲·斯特拉森在《复制未来：人类学、亲缘关系和新生殖技术》中，则从社会和文化的角度思考了这个问题。关于新技术对个人身份和家庭关系所造成的影响也在凯洛尔·尤拉诺斯奇主编的《生物技术时代的家庭》一书的几篇文章中探讨到。克里斯汀·欧沃拉尔在《人的生殖：原则、实践、政策》中提供了一种女性主义的视角。

关于基因新发现的几个方面，见卢斯·查德威克主编的《基因学、生育及其控制》。又见她的文章《基因革命》，这篇文章被收入布伦达·阿尔蒙德主编的《应用伦理学导论》中。

罗萨琳德·赫斯楼斯从亚里士多德主义的视角提供了有关堕胎问题的精彩讨论，而一些哲学家也从功利主义的观点探讨了这个问题，包括彼得·辛格的《实践伦理学》和米歇尔·图利的《堕胎与杀害婴儿》。又见 L.W. 萨姆纳的《堕胎与道德原理》。有很多关于堕胎问题的论文集，如 J. 范伯格主编的《堕胎问题》。

罗纳尔德·德沃金在《生命的自主权》和乔纳森·格洛弗的《导致死亡与挽救生命》中对堕胎和安乐死问题都进行了探讨，关于安乐死问题，又见詹姆斯·雷切尔斯的《生命的终结：安乐死与道德》，罗伯特·坎贝尔和戴安娜·柯林森的《结束生命》。德里克·汉弗莱和安·威克特在《死亡的权利：理解安乐死》中从历史和运动的角度讨论了安乐死问题。有关这个题目的主要文章被收入在彼得·辛格主编的《实践伦理学》中。R. 吉伦主编的《健康关怀伦理学原理》是一本内容广泛深入的论文集。又见汤姆·里根主编的《生命与死亡的问题》。

参考文献

Almond. B. (ed.), *Introducing Applied Ethics,* Oxford, Blackwell, 1995.

Beauchamp, T.L. and Childress, J.F. (eds), *Principles of Biomedical Ethics,* 3rd edn, 1989.

Campbell, R. and Collinson, D., *Ending Lives*, Oxford, Blackwell, 1988.

Chadwick, R. (ed.), *Ethics, Reproduction and Genetic Control,* London, Routledge, 1986.

——, 'The gene revolution', in Almond, 1995, pp.118–29.

Charlesworth, M., *Bioethics in a Liberal Society,* Cambridge, Cambridge University Press, 1993.

Douglass. F., *Narrative of the Life of Frederick Douglass, an American Slave,* Harmondsworth, Penguin, 1982.

Dworkin, R,. *Life's Dominion: An Argument about Abortion and Euthanasia,* London, Harper Collins, 1995.

Feinberg, J. (ed.), *The Problem of Abortion,* 2nd edn, Belmont, Calif., Wadsworth, 1984.

Gillon, R. (ed.)., *Principles of Health Care Ethics,* Chichester, Wiley, 1994.

Glover, J., *Causing Death and Saving Lives,* Harmondsworth, Penguin, 1977.

Glover, J. *et al. Fertility and the Family: The Glover Report on Reproductive Technologies to the European Commission*, London, Fourth Estate, 1989.

Gunning, J. and English, V., *Human In Vitro Fertilization,* Aldershot, Dartmouth, 1993.

Harris, J., *The Value of Life,* London, Routledge, 1985.

Holland, A., 'A fortnight of my life is missing', *Journal of Applied Philosophy* 7, 1990, pp.25–37.

Humphry, D. and Wickett, A., *The Right to Die: Understanding Euthanasia,* New York, Harper & Row, 1986.

Hursthouse, R., *Begining Lives,* Oxford, Blackwell, 1987.

Kass, L., 'Making babies revisited' in *Moral Problems in Medicine*, 2nd edn, Gorowitz, S. et al. (eds), Englewood Cliffs, NJ, Prentice-Hall, pp.344–55.

Kumar, D., 'Should one be free to choose the sex of one's child?' *Journal of Applied Philosophy* 2, 1985. Reprinted in Chadwick, 1986.

Lamb, D., *Down the Slippery Slope,* London, Croom Helm, 1988.

——, *Death, Brain Death and Ethics,* London, Croom Helm, 1985.

Marquis, Don, 'Why abortion is immoral', *Journal of Philosophy* 86, 1989, pp.183–202. Reprinted in White, 1994, pp.118–26.

Moore, G.E., 'A defence of common sense' in *Contemporary British Philosophy,* Muirhead, J.H. (ed.), 2nd series, 1925. Reprinted in Moore, *Philosophical Papers,* London, Allen & Unwin, 1959.

Murayama, T.C., 'A comparison of the hospice movement in the West and Japan',

Ph. D. thesis, Swansea, 1995.

Overall, C., *Human Reproduction: Principles, Practices, Policies,* Oxford, Oxford University Press, 1993.

Rachels, J., *The End of Life: Euthanasia and Morality,* Oxford, Oxford University Press, 1986.

Regan T. (ed.), *Matters of Life and Death,* 3rd edn, New York, McGraw-Hill, 1993.

Singer, P., *Practical Ethics,* 2nd edn, Cambridge, Cambridge University Press, 1993.

——, 'A German attack on applied ethics: a statement by Peter Singer', *Journal of Applied Philosophy,* 9, 1992.

——(ed.), *Applied Ethics,* Oxford, Oxford University Press, 1986.

Singer, P. and Kuhse, H., *Should the Baby Live?* Oxford, Oxford University Press, 1985.

Strathern, M., *Reproducing the Future: Anthropology, Kinship and the New Reproductive Technologies,* Manchester, Manchester University Press, 1992.

Sumner, L.W., *Abortion and Moral Theory,* Princeton, NJ, Princeton University Press, 1981.

Thomson, J.J., 'A defense of abortion', *Philosophy and Public Affairs,* 1, 1971. Reprinted in Singer, 1986.

Tooley, M., *Abortion and Infanticide,* Oxford, Oxford University Press, 1983.

Ulanowsky, C., *The Family in the Age of Biotechnology,* Aldershot, Avebury, 1995.

Warnock, M., 'Do human cells have rights?' *Bioethics,* 1, 1987, pp.1–14.

——, *A Question of Life: The Warnock Report on Human Fertilisation and Embryology,* Oxford, Blackwell, 1985.

Warren, Mary Anne, *Gendercide,* Roman & Allen-Held, 1985.

White, J.E. (ed.), *Contemporary Moral Problems,* 4th edn, St Paul, Minn., West Publishing, 1994.

第十章

阅读指南

约翰·罗尔斯的《正义论》把平等视为正义理论的基础。又见艾米·古特曼的《自由的平等》和迈克尔·沃尔泽的《正义的范围：保卫多元主义与平等》。与歧视问题相关的平等问题在彼得·辛格的《实践伦理学》中被讨论到，在詹姆斯·雷切尔斯主编的《道德问题》第一编中有几篇关于性别歧视和种族歧视的文章。由 M. 科恩、T. 内格尔、T. 斯坎伦等主编的《平等与优先对待》包含了一些相关的文章，又见 A.H.古特曼的《正义与反对歧视》。

关于多元文化主义这个宽泛的题目，可以参考查尔斯·泰勒的各种贡献，见艾米·古特曼主编的《多元文化主义》。又见威尔·克姆利克的《多元文化的公民身份：少数民族权利的自由理论》。

S. 马尔霍尔和 A. 斯威夫特在《自由主义者与共同体主义者》中讨论了有关个人主义和共同体主义的争论，在 S. 阿维尼里和 A. 德-沙利特主编的《共同体主义与个人主义》中也有一些有价值的文章，又见威尔·克姆利克的《个人主义、共同体与文化》和戴维·米勒的《市场、国家与共同体》。

参考文献

Appiah, K.A., 'Identity, authenticity, survival: multicultural societies and social reproduction' in Taylor, 1994.

Avineri, A. and De Shalit, A. (eds), *Communitarianism and Individualism,* Oxford, Oxford University Press, 1992.

Beauvoir, S. de, *The Second Sex*, Parshley, H.M. (trans. and ed.), Harmondsworth, Penguin, 1972. First published in French 1949.

Beiner, R., *What's the Matter with Liberalism?* Berkeley, Calif., University of California Press, 1990.

Cohen, M., Nagel, T. and Scanlon, T., *Equality and Preferential Treatment,* Princeton, NJ, Princeton University Press, 1978.

Eliot T.S., *Notes toward the Definition of Culture,* London, Faber and Faber, 1948.

Feinberg, J., *Social Philosophy,* Englewood Cliffs, NJ, Prentice-Hall, 1973.

Flew, A., 'Three concepts of racism', *Encounter,* 73, September 1990.

——, *The Politics of Procrustes: Contradictions of Enforced Equality,* London, Temple Smith, 1981.

Goldman. A.H., *Justice and Reverse Discrimination,* Princeton, NJ, Princeton University Press, 1979.

Gutmann, A., *Liberal Equality,* Cambridge, Cambridge University Press, 1980.

Hare, R.M., *Freedom and Reason,* Oxford, Oxford University Press, 1963.

Kymlicka, W., *Multicultural Citizenship: A Liberal Theory of Minority Rights,* Oxford, Clarendon Press, 1995.

——, *Liberalism, Community and Culture,* Oxford, Clarendon Press, 1991.

Locke, J., *Two Treatises of Government,* Laslett, P. (ed.), Cambridge, Cambridge University Press, 1988. First published 1690.

Mill, J.S., *On Liberty,* London, Dent, 1910, and many subsequent reprints. First published 1859.

Miller, D., *Market, State and Community: Theoretical Foundations of Market Socialism,* Oxford, Clarendon Press, 1989.

Moynihan, D.P., *Pandaemonium,* Oxford, Oxford University Press, 1993.

Mulhall, S. and Swift, A., *Liberals and Communitarians,* Oxford, Oxford University Press, 1992.

PNL Policy Statement on Equal Opportunities, London, The Equal Opportunities Unit, Polytechnic of North London, 1988.

Popper, K., *The Open Society and its Enemies,* London, Routledge, 1945, 5th revised edn 1966.

Rachels, J., *Moral Problems,* 3rd edn, New York, Harper & Row, 1979.

Rawls, J., *A Theory of Justice,* Cambridge, Mass., Harvard University Press, 1971.

Raz, J., *The Morality of Freedom*, Oxford, Oxford University Press, 1986.

Singer, P., *Practical Ethics,* 2nd edn, Cambridge, Cambridge University Press, 1993.

Skillen, A., 'Racism: Flew's three concepts of racism', *Journal of Applied Philosophy* 10, 1993.

Talmon, J.L., *The Origins of Totalitarian Democracy,* London, Mercury Books, 1961.

Taylor, C., *Multiculturalism: Examining the Politics of Recognition,* Princeton, NJ, Princeton University Press, 1994.

Wals, E.,'Hate in the United States and Europe: a legal analysis of laws that increase punishment for crimes motivated by hate,' MA dissertation, University of Amsterdam, 1994.

Walzer, M., *Spheres of Justice: A Defence of Pluralism and Equality,* Oxford, Blackwell, 1985.

第十一章

阅读指南

康德对于惩罚的报应主义观点见于他的《道德形而上学》的第一部分《正义的形而上学要素》。边沁的精致的功利主义惩罚理论见于《道德与立法的原理绪论》。I.普里莫拉茨在他的《为合法的惩罚辩护》中对有关惩罚的哲学理论进行了全面的阐述，对这个问题的阐述，也可见于 C.L.滕的《罪恶、罪行与惩罚》和 R.D.达夫的《审判与惩罚》。A.D.格洛弗在《致人死亡与挽救生命》第四章中特别讨论了杀人与死刑的关系，这也是 E.平考夫的《法律惩罚的基本原理》一书的主题。关于犯罪的责任的讨论，见于 H.L.A.哈特的《惩罚与责任：法律哲学文集》，也见于 A.弗路的《犯罪还是疾病？》。

对公民不服从的较早讨论见于柏拉图的《克力同篇》，在 19 世纪哲学家索洛的《论非暴力反抗》、20 世纪甘地的《非暴力抵抗》中都讨论了这个问题，甘地还把这一策略应用于反对英国在印度的统治的运动中。当代关于这一主题的作品有：V.哈克萨的《非暴力抵抗、威胁与提议——甘地与罗尔斯》、德沃金的《认真对待权利》，以及 B.贝多主编的阅读资料选集《非暴力反抗聚焦》，其中包括美国黑人解放运动领袖马丁·路德·金的文章摘录。

迈克尔·霍华德的《战争与自由良知》提供了清晰而有可读性的关于战争道德的历史与现实的争论。现代作家对此进行了深入讨论的包括：迈克尔·沃泽的《正义与非正义战争》、理查德·诺曼的《伦理、杀戮与战争》、R.L.霍尔姆斯的《论战争与道德》以及珍妮·泰奇曼的《和平主义与正义的战争：一个应用哲学研究》，道格拉斯·拉苍的《和平伦理学与战争》也讨论了正义战争的理论。比较有价值的文集主要有 M.科恩、T.内格尔、T.斯坎伦主编的《战争和道德责任》。对恐怖主义的特殊研究可见于 P.威尔金森的《恐怖主义与自由国家》和 B.T.威尔金斯的《恐怖主义与集体责任》。

戴维·米勒的《民族主义》和 E.盖尔纳的《民族与民族主义》都讨论了民族性的问题。Y.泰米尔在《自由民族主义》中为同情民族主义的观点辩护。分离主义这个题目在 A.布坎南的《分离主义》中被触及，相关题目的论文包括在 P.吉伯特和 P.格列高利主编的《民族、文化和市场》中。

参考文献

Anscombe, G.E.M.,'War and murder' in Wasserstrom, 1970.

Aquinas, St Thomas, *Summa Theologiae*, Gilby, T. (ed.), London, Eyre & Spottiswoode, 1963–75.

Bedau, H. (ed.), *Civil Disobedience in Focus,* London, Routledge, 1991.

Bentham, J., *An Introduction to the Principles of Morals and Legislation,* London, Athlone Press, 1970. First published 1789.

Buchanan, A., *Secession,* Boulder, Colo., Westview Press, 1991.

Cohen, M., Nagel, T. and Scanlon T., *War and Moral Responsibility,* Princeton, NJ, Princeton University Press, 1974.

Duff, R.A., *Trials and Punishments,* Cambridge, Cambridge University Press, 1986.

Dworkin, R.M., *Taking Rights Seriously,* London, Duckworth, 1978.

Flew, A., *Crime or Disease?* New York, Barnes & Noble, 1973.

Gandhi, M., *Non-violent Resistance,* New York, Schocken Books, 1961.

Gellner, E., *Nations and Nationalism,* Oxford, Blackwell, 1993.

Gilbert, P., 'Terrorism: war or crime?', *Cogito* 3, 1989.

Gilbert, P. and Gregory, P., *Nations, Cultures and Markets,* Aldershot, Avebury, 1994.

Glover, J., *Causing Death and Saving Lives,* Harmondsworth, Penguin, 1977.

Grotius, H., *De Iure Belli ac Pacis,* Kelsey, F.W. (trans.), Oxford, Clarendon Press, 1925. First published 1625.

Haksar, V., *Civil Disobedience, Threats and Offers: Gandhi and Rawls,* Delhi, Oxford, Oxford University Press, 1986.

Hampshire, S., 'Morality and pessimism' in *Public and Private Morality,* Cambridge, Cambridge University Press, 1978.

Hart, H.L.A., 'Prolegomenon to the principles of punishment', Presidential Address to the Aristotelian Society, *Proceedings of the Aristotelian Society,* 1959–60.

——, *Punishment and Responsibility: Essays in the Philosophy of Law,* Oxford, Oxford University Press, 1968.

Hegel, G.W., *Philosophy of Right,* Knox, T. (trans.), Oxford, Clarendon Press, 1942.

Holmes, R.L., *On War and Morality,* Princeton, NJ, Princeton University Press, 1989.

Honderich, T., *Punishment: The Supposed Justifications*, Hardmondsworth, Penguin, 1971.

Howard, M., *War and the Liberal Conscience,* Oxford, Oxford University Press, 1978.

Ignatieff, M., *Blood and Belonging: Journeys into the New Nationalism,* Harmondsworth, Penguin, 1993.

Kant, I., *The Metaphysical Elements of Justice,* Ladd, J. (trans.), Indianapolis, Ind., Liberal Arts, 1979. First published 1796.

Lackey, D.P., *The Ethics of War and Peace,* Englewood Cliffs, NJ, Prentice-Hall, 1989.

Lewis, C.S., 'The humanitarian theory of punishment', *Twentieth Century,* 1949.

Machiavelli, N., *The Prince,* Bondanella, P. (ed.), Oxford, Oxford University Press, 1984. First published 1513.

Mill, J.S., *Utilitarianism, On Liberty and Considerations on Representative Government,* London, Dent, 1977.

Miller, D., 'In defence of nationality' in Gilbert and Gregory, 1994, pp.15–32.

——, *On Nationality,* Oxford, Clarendon Press, 1995.

More, St T., *Complete Works,* Surtz, E. and Hexter, J.H. (eds), New Haven, Conn., Yale University Press, 1965.

Moynihan, D.P., *Pandaemonium: Ethnicity in International Politics,* Oxford, Oxford University Press, 1993.

Norman, R., *Ethics, Killing and War,* Cambridge, Cambridge University Press, 1995.

Pincoffs, E.L., *The Rationale of Legal Punishment,* Atlantic Highlands, NJ, Humanities Press, 1966.

Plato, *Crito in The Collected Dialogues,* Hamilton, E. and Cairns, H. (eds), Princeton, NJ, Princeton University Press, 1961.

Primoratz, I., *Justifying Legal Punishment,* Atlantic Highlands, NJ, Humanities Press, 1989.

Rawls, J., 'The law of peoples', *Critical Enquiry* 20, 1993.

Raz, J., *The Authority of Law,* Oxford, Oxford University Press, 1979.

Sidgwick, H., *The Elements of Politics,* 4th edn, London, Macmillan, 1919. First published 1891.

Tamir, Y., *Liberal Nationalism,* Princeton, NJ, Princeton University Press, 1993.

Ten, C.L., *Crime, Guilt and Punishment: A Philosophical Introduction,* Oxford, Clarendon Press, 1987.

Teichman, J., *Pacificism and the Just War: A Study in Applied Philosophy,* Oxford, Blackwell, 1986.

Thoreau, H.D.,'Civil disobedience', 1849, reprinted in Bedau, 1991, pp.27–48.

Walzer, M., *Just and Unjust Wars,* Harmondsworth, Penguin, 1987; 2nd edn, New York, Basic Books, 1992.

Wasserstrom, R. (ed.), *War and Morality,* Belmont, Calif., Wadsworth, 1970.

Wilkins, B.T., *Terrorism and Collective Responsibility,* London, Routledge, 1992.

Wilkinson, P., *Terrorism and the Liberal State,* 2nd edn, London, Macmillan, 1986.

第十二章

阅读指南

国际义务的问题，特别是富国对穷国的义务问题在 O. 奥尼尔的《面对饥饿》中从康德主义的角度得到了讨论，也见于 A. 森的《贫穷和饥荒》，R. 古丁的《保护弱者》对此进行了更广泛的讨论。G. 哈丁的文章《生命之舟伦理学：反对帮助穷人的案例》与马尔萨斯的《人口原则论文集》中的观点相类似，反对国际援助。收入了有关国际义务的文章的有价值的文集主要有：A. 艾肯、休·拉福莱特主编的《世界性饥饿与道德义务》，乔治·T. 卢卡斯、托马斯·奥格雷特里主编的《生活之舟伦理学：世界性饥饿的道德两难》以及 R. 阿特菲尔德、巴里·威尔金斯主编的《国际正义与第三世界》。

彼得·辛格的《动物解放》促进了早期的有关动物与人类关系的讨论，紧接着 S. 克拉克就写出了从哲学的角度来对待这个问题的《动物的道德地位》。还有汤姆·里根的《动物权利案例》和 M. 米奇利的《动物及其重要性》。对动物较少同情的观点可见：迈克尔·李海的《反对解放》和 R. 弗雷的《利益与权利》。这个主题的重要文集有：汤姆·里根、彼得·辛格主编的《动物权利与人类义务》，其中包括笛卡儿、康德、边沁的作品，也包括很多当代作家的作品。L.C. 罗森菲尔德的《从动物机器到人类机器》论述了笛卡儿关于动物的观点的影响，而 B. 洛林的《未被关注的哭声》则提供了

20 世纪关于动物的意识的思想史。

约翰·帕斯莫的《人对自然的责任》从人本主义的和人道主义的伦理学的角度论述了人爱护环境的责任，H.J.麦克克洛斯基的《生态伦理学与政治》也是如此。生态保护主义者和哲学家提出了生态中心而不是人类中心的观点，如 A. 利奥波德的《沙县日志》是环境哲学的经典著作，沃里克·福克斯的《转向超越个人的生态学》开始了深层次的生态主义观点，还有 J.B. 卡利科特，其观点见于《捍卫大地伦理：环境哲学文集》，霍姆斯·罗斯顿三世，他是《环境伦理学：对自然界的义务和自然界的价值》一书的作者。J. 罗威罗克在《盖娅：对地球上的生命的新观察》一书中从科学家的视角论述了生命形式的相互作用。主要的文集包括 R. 艾略特主编的《环境伦理学》、D. 舍尔等主编的《伦理学与环境》、M.E. 齐默曼主编的《环境哲学》以及T. 里根主编的《地球的限制：介绍环境伦理学的新文集》，也见 R. 阿特菲尔德《环境关怀的伦理学》。

这一章的所有论题都在辛格的《实践伦理学》中有所涉及，他是从功利主义的角度来思考这些问题的。休·拉福莱特主编的《实践中的伦理学》是重要文本的出色选集。

参考文献

Aiken, W. and La Follette, H., *World Hunger and Moral Obligation,* Englewood Cliffs, NJ, Prentice-Hall, 1977.

Attfield, R., *The Ethics of Environmental Concern,* 2nd edn, Athens, GA, and London, University of Georgia Press, 1991.

Attfield, R. and Wilkins, B. (eds), *International Justice and the Third World,* London, Routledge, 1992.

Belsey, A., 'World poverty, justice and equality' in Attfield and Wilkins, 1992, pp.35-49.

Bentham, J., *An Introduction to the Principles of Morals and Legislation,* London, Athlone Press, 1970. First published 1789.

Burke, E., *Reflections on the Revolution in France,* Harmondsworth, Penguin, 1981.

Callicott, J.B., *In Defense of the Land Ethics: Essays in Environmental Philosophy,* Albany, NY, State University of New York Press, 1989.

Clark, S., *The Moral Status of Animals,* Oxford, Clarendon Press, 1977.

Descartes, R., *Discourse on Method,* Veitch, J. (trans.), London, Dent, Everyman, 1912 and later reprints. First published 1637.

Elliott, R. (ed.), *Environmental Ethics,* Oxford, Oxford University Press, 1993.

Ehrlich, P., *The Population Bomb,* New York, Ballantine Books, 1968; revised edn New York, Rivercity Books, 1975.

Fox, W., *Toward a Transpersonal Ecology: Developing New Foundations for Environmentalism,* Devon, Resurgence Books, 1995.

Frey, R., *Rights, Killing and Suffering,* Oxford, Blackwell, 1983.

——, *Interests and Rights: The Case Against Animals,* Oxford, Clarendon Press, 1980.

Goodin, R., *Protecting the Vulnerable: A Re-analysis of our Social Responsibilities,* Chicago, University of Chicago Press, 1985.

Hardin, G., 'Lifeboat ethics: the case against helping the poor', *Psychology Today* 8, 1974, pp.38–43, 123–6. Reprinted in Rachels, 1979, pp.279–91 and in Aiken and La Follette, pp.11–21.

Illich, I., *De-schooling Society,* London, Calder & Boyars, 1971.

——, *Limits to Medicine,* London, Calder & Boyars, 1976.

International Trade and the Environment, *Economic Affairs,* vol.16, no.5, London, 1996.

Kant, I., *Lectures on Ethics,* Infield, L. (trans.), New York, Harper & Row, 1963.

La Follette, H. (ed.), *Ethics in Practice,* Oxford, Blackwell, 1997.

Leahy, M., *Against Liberation,* London, Routledge, 1991.

Leopold, A., *A Sand County Almanac,* Oxford, Oxford University Press, 1993. First published 1949.

Lovelock, J., *Gaia: A New Look at Life on Earth,* Oxford, Oxford University Press, 1979.

Lucas, G.T. and Ogletree, T. (eds), *Lifeboat Ethics: The Moral Dilemmas of World Hunger,* New York, Harper & Row, 1976.

Malthus, T.R., *An Essay on the Principle of Population,* Winch, D. (ed.), Cambridge, Cambridge University Press, 1992. First published 1798.

McCloskey, H.J., *Ecological Ethics and Politics,* Totowa, NJ, Rowman & Littlefield, 1983.

Midgley, M., *Animals and Why They Matter,* Harmondsworth, Penguin, 1984.

Nielsen, K., 'Global justice, capitalism and the Third World', *Journal of Applied Philosophy* 1, 1984, pp.175–86. Reprinted in Attfield and Wilkins, 1992, pp.17–34.

O'Neill, O., *Faces of Hunger,* London, Allen & Unwin, 1986.

Paine, T., *The Rights of Man,* Benn, T. (ed.), London, Dent, Everyman, 1993.

Passmore, J., *Man's Responsibility for Nature,* 2nd edn, London, Duckworth, 1980.

Rachels, J. (ed.), *Moral Problems,* 3rd edn, New York, Harper & Row, 1979.

Regan, T., *The Case for Animal Rights,* London, Routledge, 1983.

——(ed.), *Earthbound: New Introductory Essays in Environmental Ethics,* New York, 1984.

Regan, T. and Singer, P. (eds), *Animal Rights and Human Obligations,* 2nd edn, Englewood Cliffs, NJ, Prentice-Hall, 1989.

Rollin, B., *The Unheeded Cry,* New York, Oxford University Press, 1989.

Rolston, H., *Environmental Ethics: Duties to and Values in the Natural World,* Philadelphia, Pa., Temple University Press, 1988.

Rosenfeld, L.C., *From Beast-machine to Man-machine,* New York, Octagon Books, 1968.

Rupke, N.A. (ed.), *Vivisection in Historical Perspective,* London, Routledge, 1990.

Scherer, D. and Attig, T. (eds), *Ethics and the Environment,* Englewood Cliffs, NJ, Prentice-Hall, 1983.

Schweitzer, A., *The Philosophy of Civilization,* Amherst, NY, Prometheus Books, 1988.

Sen, A.K., *Poverty and Famines: An Essay on Entitlement and Deprivation,* Oxford, Clarendon Press, 1981.

Singer, P., *Animal Liberation,* 2nd edn, New York, Random House, 1990.

——, *Practical Ethics,* 2nd edn, Cambridge, Cambridge University Press, 1993.

Smith, A., *Theory of Moral Sentiments,* Oxford, Oxford University Press, 1976. First published 1759.

Voltaire, *Philosophical Dictionary*, Harmondsworth, Penguin, 1984.

Zimmerman, M.E. (ed.), *Environmental Philosophy,* Englewood Cliffs, NJ, Prentice-Hall, 1993.

a priori　先在性 92，96

abortion　堕胎 145-55，165

　　and conception　堕胎与怀孕 148-9

　　and Personhood Argument　堕胎与人的资格论 151-2

　　and Potentiality Argument　堕胎与潜能论 146-8

　　and quickening　堕胎与蠕动 149-51

　　and Replaceability Argument　堕胎与可替代理论 157-8

　　and Stages of Development Argument　堕胎与发展阶段论 148

　　and viability　生长 149-51

Abraham, in Old Testament　《旧约·圣经》中的亚伯拉罕 120-1

adoption　收养 164

After Virtue, by Alasdair MacIntyre　《美德的追寻》阿拉斯戴尔·麦金太尔著 111

Alloi, nature of the tribe　艾洛依，部落的名称 序 2

altruism　利他主义 25-34

American Constitution　美国宪法 178

American Declaration of Independence　美国《独立宣言》82，169

ancient Greeks　古希腊人 8，11

　　and virtues　古希腊人与美德 116

animals　动物 219-22

　　behaviour of　动物的行为 6，15，22

　　for food　食用的动物 221-2

　　in utilitarian calculations　在功利计算中的动物 45

Anscombe, G.E.M.　安斯康姆 110-1

Antarctic expedition　南极探险 53

Antigone　安提戈涅 80-1

Apology, the　《申辩篇》27

Appiah, K.A.　艾彼亚 179

Aquinas, Saint Thomas　圣托马斯·阿奎那 197-8

Aristotle　亚里士多德 9，62，81，171，204，218

　　and virtue ethics　亚里士多德与美德伦理学 111-5

Arthenian democracy 雅典的民主 69

Augustine, Saint 圣奥古斯丁 24

authenticity 真实性 13

autonomy 自律

formula of 自律的原则 96

of the will 意志的自律 97

Ayer, A.J. 艾耶尔 7，64-5

de Beauvoir, Simone 西蒙尼·德·波伏瓦 131，179-80

behaviour 行为

explanations of 对行为的解释 5-8

animal 动物行为 6

avoidance behaviour 逃避行为 14

choosing 选择行为 6

human 人的行为 8，10，14，15，17

of groups 集体的行为 17

origins of 行为的起因 14

predictions of 行为的预测 17

see also psychology 参见心理学

behaviourism, see psychology 行为主义，见心理学

Bentham, Jeremy 杰里米·边沁 40，43，45，47，48，49

and animals 杰里米·边沁与动物 221

and rights 杰里米·边沁与权利 82，85

and punishment 杰里米·边沁与惩罚 190，195

Bible 《圣经》219

Bloomsbury Group 布卢姆茨伯里群体 50

bombing, aerial 空投炸弹 199

Bordo, Susan 苏珊·博都 66

Brandt, R.B. 布兰特 79

Brave New World, by Aldous Huxley 《勇敢的新世界》赫胥黎著 48

Buridan's ass 布里丹的驴 63

Burke, Edmund 埃德蒙·伯克 117，218

Butler, Joseph 约瑟夫·巴特勒 29，34，100，112

Callatians 卡雷逊人 55

capitalism 资本主义 31

Captain Scott 斯科特舰长 53

Categorical Imperative 绝对命令 92-100

causal laws 因果律 14，20-1

external causes 外因 6，11，14

Durkheim's 迪尔克姆的因果律 17

causation 因果关系 5-7

as explanation of behaviour 作为行为解释的因果关系 6-7

network of 因果关系之网 11

source of 因果关系的源头 11

causes, mechanistic rather than mentalistic 原因，机械的而不是心理的原因 14

Chernobyl 切尔诺贝利 208

choice 选择

nature of 选择的性质 5–23

Sartre and anguish of 萨特与选择的痛苦 13

Chomsky, Noam 诺曼·乔姆斯基 15

Christian theology 基督教神学 8

civic virtue 公民美德 183

Civil disobedience 非暴力反抗 193–4

Civil Rights Act 1964 1964 年《公民权利法案》174

civil wars 内战 200–1

cognitive psychotherapy 认知心理疗法 79

Cold War 冷战 199

collective concepts 集体概念 18

communitarianism 共同体主义 181–2

community, ethical assumptions of 共同体，伦理假设的共同体 2

conceptual framework, human 观念的结构，人的观念结构 19

consciousness 意识 10

Marx and 马克思与意识 17

conscious motivation 有意识的动机 14–19

consequences, consideration of in utilitarianism 效果，功利主义考虑的效果 46–7

consequentialist ethic 效果论伦理学 42

consequentialist justification in utilitarianism 功利主义的效果论证明 51

in war 效果论伦理学在战争中的运用 202–3

convention, laws of 传统，传统法 81

cost-benefit analysis 成本效益分析 42

cultural facts 文化的事实 59–60

D'Entrèves 第安切沃斯 82

Dancy, Jonathan 乔纳森·丹西 105

Darius, King of Persia 波斯王大流士 55

Darwin, Charles 查尔斯·达尔文 220

Dawkins, Richard 理查德·道金斯 36

Declaration of the Rights of Man and of the Citizen 《人权与公民权宣言》82

definitional stop argument 定义停止争论 191

deontological ethic 义务论伦理学 42–3

Descartes, René 勒内·笛卡儿 101, 220

determinism 决定论 9，17，23

genetic 基因决定论 19–22

religious 宗教决定论 8

scientific 科学决定论 10，12

deterministic hypothesis 决定论的假设 17

Dickens, Charles 查尔斯·狄更斯 33

Difference Principle 差别原则 77

dignity, notions of 尊严，尊严的观念 14

Dilman, Ilham 伊海姆·迪尔曼 22

disabilities 残疾 176

discrimination, positive or reverse 区别对待，积极的或相反的区别对待 174-6

  and disabilities 区别对待与残疾 176

disposition, to learning languages 支配权，学习语言的支配权 20

dissidents 意见不同者 191-2

divorce 离婚 132-4

drive- reduction 简化动机 14，15

drugs 毒品 48-9

  drug taking 吸毒 183

Durkheim, Emile 艾米尔·迪尔克姆 17

duties, Kant's categories of 义务，康德对义务的分类 94-5

duty 义务 7

  to help others 帮助他人的义务 215-16

  towards animals 对动物的义务 219

Dworkin, Ronald 罗纳尔德·德沃金 84，151，153，155，194

Eastern religion 东方的宗教 8

ecofascism 生态法西斯主义 222

ecology 生态系统 第 12 章 223

economic structures 经济结构 17

  liberal economics 自由主义经济学 31

education, moral 教育，道德教育 117-9

Edwards, Robert 罗伯特·爱德华兹 140

egoism 利己主义

  forms of 利己主义的形式 26-8

  ethical 伦理利己主义 26，28-31，32

    political argument for 对利己主义的政治的讨论 31-2

  psychological 心理利己主义 26，29，32-4

  rational 合理的利己主义 29

Ehrlich, Paul P. 保罗·埃利希 211

Einstein, Albert 阿尔伯特·爱因斯坦 17

Eliot, T.S. T.S. 艾略特 67

emotivism 情感主义 63-4，65，72，73

empirical truth 以经验为根据的真理 59

Engels, Friedrich 弗里德里希·恩格斯 135

Engineering Institutions, ethical policy of British Council of 工程学会，英国工程学会理事会的伦理政策 51-2

environment, harmony and the 环境，和谐与环境 207-24

  UK engineers' policy towards 英国工程师对环境的政策 52

  social 社会环境 14

Epictetus 爱比克泰德 131

Epicurus 伊壁鸠鲁 49

epistemological absurdity 认识论的谬论 59，61，72

equality 平等 169-70，177

Erasmus 伊拉斯谟 198

ergon （希腊语）功能 113

Eros 生存 24

essence, and Sartre 本质，本质与萨特 13

essentialist view of truth 本质主义的真理观 69-70

ethical absolutes 伦理的绝对 53

    common ethical standards 共同的伦理标准 70

ethical assumptions 伦理假设 2

ethical concepts, and positivism 伦理的概念，伦理概念与实证主义 64-5

eudaimonia （希腊语）幸福 113

European Convention for the Protection of Human Rights and Fundamental Freedom 欧洲人权和基本自由权保障大会 83

euthanasia 安乐死 158-62

existence, and Sartre 存在，存在与萨特 13

existentialist 存在主义者 11，131

expediency 权宜之计 52-3

explanation, mechanistic forms of 解释，机械论形式的解释 14

externalism 外在主义 105

facts, and moral values 事实，事实与道德价值 71

factual truths 事实的真理 9

fair-share principle, and future generations 公平享用原则，公平享用原则与后代 217-8

false memories 错误的记忆 16

family 家庭 135-6

    nuclear family 核心家庭 135，141

fatalism 宿命论 8-9

Fates, the 命运 8

Faust 浮士德 163

felicific calculus 快乐的计量 41

feminism 女权主义 66-7

    and abortion 女权主义与堕胎 152-4

    and ethics 女权主义与伦理学 191-21

    and the family 女权主义与家庭 136

fetus 胎儿 149，165

Foot, Philippa 菲利普·富特 73，116-7

Foucault, Michel 米歇尔·福柯 66

free will 自由意志 5-8，22-3，96-7

Freedom and Reason, by R.M. Hare 《自由与理性》黑尔著 73

freedom 自由

    notions of 自由观念 14

    of choice 选择的自由 11

    see also free will 参见自由意志

    of speech 言论自由 86，177-8

Freud, Sigmund 弗洛伊德 24，119

future generations 后代 217-8

consideration of in utilitarianism 功利主义中对后代的思考 43

future knowledge, and God 未来的知识，未来的知识与上帝 8

games theory 博弈论 76

gametes 配子 139，142

Gandhi 甘地 193

gender 性别 179

General Will, notion of 普遍意志 76

genes, selfish 基因，自私的基因 35-7

Genesis, book of 《创世记》219

genetic determinism 基因决定论 19-22

genetic epistemology 基因认识论 118

genetics 遗传学 143-5

genetic engineering 遗传工程 209

genotype 基因类型 21，144

germ-line therapy 胚芽线疗法 144

Gewirth, Alan 艾伦·格沃斯 85

Gide, Andre 纪德 12-3

Gilligan, Carol 凯洛·吉利根 119-20，165

Glaucon 格鲁肯 75

global village, world as 地球村，世界作为地球村 208

Glover, Jonathan 乔纳森·格洛威 142

God 上帝 8，67，82，104

Godwin, William 威廉·葛德文 130，137

Golden Mean, Aristotle's notion of 中道，亚里士多德的中道观念 114，115，116

gratitude principle 感激原则 218

Grotius, Hugo H. 格劳修斯 198

Groundwork of the Metaphysic of Morals, by Immanuel Kant 《道德形而上学原理》伊曼努尔·康德著 93

Gyges, story of the magic ring 古阿斯的神奇指环的故事 27

Hague Convention 海牙会议 51，203

Hampshire, Stuart S. 汉普夏尔 204，205

happiness 幸福 40-2，43

materialistic conception 物质主义的幸福概念 49

preferences as alternative to 作为幸福选择的偏好 41

principle of the greatest happiness 最大幸福原则 40

types of 幸福的类型 48-50

Hardin, Garrett 格莱特·哈丁 211

Hare, R.M. 黑尔 72-3，100，106，173

Hart, H.L.A. H.L.A. 哈特 191

Hartsock, Nancy 南希·哈特索克 66

Hayek, F.A. 海耶克 85

hedonism 快乐主义 26, 99

personal hedonism 个人快乐主义 128-9

psychological hedonist 心理快乐主义者 26

Sidgwick's Paradox of 西季威克的快乐主义悖论 29

Hegel, G.W.F. 黑格尔 134, 189

Heisenberg, Werner, Principle of Indeterminacy 海森堡, 维尔纳, 非确定性原理 12

Herodotus 希罗多德 55

heteronomy, principle of 他律, 他律原则 96, 97

hidden hand, theory of the "看不见的手"的理论 31

Himmelfarb, Gertrude 葛楚德·黑麦尔法勃 116, 117, 122

Hiroshima 广岛 53

Hobbes, Thomas 托马斯·霍布斯 30, 75-6

Hohfield, Wesley N. 韦斯里·N.霍夫尔德 89

homosexuality 同性恋 144

Human Fertilisation and Embryology Act 1990 1990 年《人类受孕与育胎法案》164

human nature 人性 17, 21, 75, 109, 144

    and sexual relations 人性与性关系 128

Hume, David 大卫·休谟 65, 70, 72, 91-2, 112-3

Illich, Ivan 伊凡·伊利克 212

in vitro fertilization (IVF) 体外受精 39, 142, 164-5

Indeterminacy, Principle of 确定性, 确定性原则 12

individual, in liberalism 个人, 自由主义的个人 66-7

individualistic method 个人主义的方法 18

infanticide 杀害婴儿 155-6

infertility 不育症 140

intention, consideration of in utilitarianism 意图, 出于功利主义的考虑的意图 46-7

intentions 动机 6

internalism 内在主义 105

intuitionism 直觉主义 100-2, 103-4, 105

intuitionists 直觉主义者 108-9

Jarvis Thomson, Judith 朱狄斯·查维斯·托马森 152

just war, jus ad bellum 正义的战争, 开战的正义 198-9

jus in bello 战争过程的正义 198

justice 正义 85, 87, 181

    formal 形式的正义 169-70

    as part of felicific calculus 作为快乐的算计的一部分的正义 42-3

    political, natural or legal 政治的、

自然的或法律的正义 81

Rawls's conception of 罗尔斯的正义概念 78

social or distributive 社会的或分配的正义 170-2

in Plato's *Republic* 在柏拉图《理想国》中的正义 26-7, 75, 209-10

in Adam Smith 亚当·斯密的正义 214

Kant, Immanuel 伊曼努尔·康德 7, 62, 92-8, 134, 189, 190, 219

Kass, Leon 列恩·科斯 144

Kevorkian, Dr Jack 杰克·凯沃克安医生 166

King, Martin Luther 马丁·路德·金 193

kingdom of ends, Kant's universal 目的王国，康德的普遍的目的王国 98

Kluckhohn, Clyde 克莱德·克拉克洪 70

knowledge 知识

and prediction 知识与预测 7

of past, present and future 过去、现在和未来的知识 8

Koestler, Arthur 亚瑟·库斯勒 53

Kohlberg, Lawrence 劳伦斯·科尔伯格 118-9

Kuhse, Helga 海尔格·库瑟 160

Kymlicka, Will 威尔·克姆利克 183

language acquisition 语言的获得 20

Language, Truth and Logic, by A.J. Ayer 《语言、真理与逻辑》艾耶尔著 64

law of nations 国家法 82

law, and free will 法，法与自由意志 11-2

legal positivism 法律实证主义 83

Leopold, Aldo 奥尔多·利奥波德 221

Les Caves du vatican, by André Gide 《梵蒂冈的地窖》纪德著 12-3

Lewis, C.S. C.S. 刘易斯 191-2

liberalism 自由主义 87, 178, 180, 181-4, 196

and abortion 自由主义与堕胎 146

individual in 自由主义中的个人 66-7

liberal economics 自由主义经济学 31

liberal tradition 自由传统 82

libertarianism 意志自由论 182, 183

liberty 自由 22-3, 79

lies 说谎 98-9

life, respect for 生命，对生命的尊重 13

lifeboat, ethical metaphor of 生活之舟，生活之舟的伦理比喻 211

Locke, John 约翰·洛克 6, 76, 134

logical positivism 逻辑实证主义 64-5，73

logical truth 逻辑的真理 9

lunacy 疯狂 13

MacDonald, Margaret 玛格利特·麦克唐纳德 87

Machiavelli, Niccolò 尼古拉·马基雅弗利 8-9，198

MacIntyre, Alasdair 阿拉斯戴尔·麦金太尔 19，111，183

Mackie, John 约翰·麦基 59，105

Malthus, Thomas 托马斯·马尔萨斯 187，210-1

market, operation of in economics 市场，经济中市场运作 31

marriage 婚姻 132-4

Marx, Karl 卡尔·马克思 17，196

Marxism 马克思主义 18-19，167

materialism 唯物主义 10

materialistic conception of happiness 唯物主义的幸福概念 49

maximin, principle of 最低的最大限度原则 77

McDowell, John 约翰·迈克德威尔 111

memory 记忆 14

Meno, the 《美诺篇》118

meritocratic principle 任人唯贤的政策 171

Midgeley Mary 玛丽·米奇利 13

migration 移民 216-7

Mill, John Stuart 密尔 47-9，50，68-9，85，178，183-4，195，201

Miller, David 戴维·米勒 195

mind 思想 14

Moore, G.E. 摩尔 50，101，103，152

Moral Argument, by Philippa Foot 《道德讨论》菲利普·富特著 73

Moral Reasons, by Jonathan Dancy 《道德的理由》乔纳森·丹西著 105

Moral Thinking, by R.M. Hare 《道德思维》黑尔著 106

morality, possibility of 道德的可能性 7

More, Sir Thomas 托马斯·莫尔 198

motivation, conscious and unconscious 动机，有意识的和无意识的动机 14-9

motives 动机 6，46-7

moral motives 道德动机 7

　see also intention 参见意图

Moynihan, David Patrick D.P. 莫约尼汉 196

multiculturalism 多元文化主义 179-81

nationalism 国家主义 194-6

natural law 自然法 70，71，81

nature 自然 22

behaviour in 自然行为 6

continuum in 在连续序列中的自然 10

human nature 人性 17

human nature as undetermined 非确定的人性 17

Kant's theory of universal laws of 康德的普遍自然法理论 95

law of 自然法 81

Narveson, Jan J. 纳维森 196

Nazis 纳粹 53，161

necessity, logical 必然性，逻辑的必然性 9

causal 因果的必然性 9

as ethical argument 作为伦理观点的必然性 52

Nicomachean Ethics 《尼各马可伦理学》112

Nielsen, Kai 凯·尼尔森 213

Nietzsche, Friedrich 尼采 199

Noddings, Nell 内尔·诺丁斯 120

non-combatant/combatant distinction 非战士与战士的区分 199-200

normative theory 规范的理论 41

noumena, world of 智思界 97

Novak, Michael 米歇尔·诺威克 22-3

Nozick, Robert 罗伯特·诺齐克 84

Nuremberg trials 纽伦堡审判 197

objectivist theory 客观主义理论 67

Ockham's Razor 奥卡姆剃刀 68，73

Oedipus, story of 俄狄浦斯的故事 8

Old Testament 《旧约·圣经》121，188

On Liberty, by J .S. Mill 《论自由》密尔著 68-9

onco-mouse 肿瘤鼠 221

organs, in medicine 器官，医疗用的器官 163

pacifism 和平主义 194，196-7

pain, and avoidance behaviour 痛苦，与避免痛苦的行为 14

Paine, Tom 汤姆·潘恩 223

pan- human morality 全人类道德 70

the Panopticon 圆形监狱 190

paternity 父系 141，164

patriarchy 家长制 135

Pelagius 皮拉吉斯 24

Pericles 伯里克利 69

phenomena, world of 现象界 97

phronesis （希腊语）智慧 115

Piaget, Jean 皮亚杰 118

plasticity, of human nature 人性的可塑性 17

Plato 柏拉图 26-7，63，69，75，112，116，118，131

pluralism 多元主义 56，57

see also relativism 参见相对主义

Plutarch 普卢塔克 220

Political Justice, by William Godwin 《政治的正义》威廉·葛德文著 130

Political Liberalism, by John Rawls 《政治自由论》约翰·罗尔斯著 78

Porphyry 波菲利 220

Popper, Karl 卡尔·波普尔 18

The Population Bomb, by Paul Ehrlich 《人口炸弹》保罗·埃利希著 211

population, and balance with territory 人口与国土的平衡 211-2，217

postmodernism 后现代主义 63，65-6，73

poverty 贫困 214-6

Practical Ethics, by Peter Singer 《实践伦理学》彼得·辛格著 127

predestination 预定论 8

prediction, and knowledge 预测，预测与知识 7

prescriptivity 规定 73

prima facie duties, see principles 未加深究的义务，见原则

Principia Ethica, by G.E. Moore 《元伦理学》（《伦理学原理》）摩尔著 101

principle of double effect 双重效应原则 159，199

principle of equal liberty 平等的自由原则 77

principles 原则 98-100

　and sexual relations 原则与性关系 130

prima facie principles 未加深究的原则 102-4

Prichard, H.A. 普里查德 100，101-2

Prisoner's Dilemma 囚徒的两难（困境）30-1

Problem of Dirty Hands 脏手问题 62

Procrustēs 普洛克路斯忒斯 170，185

promise keeping 信守诺言 42，94-5

proportionality, principle of, in war 战争中的相称原则 198

propositions, undetermined 前提，未确定的前提 9

Protagoras 普罗塔哥拉 81

psychoanalytic tradition 心理分析的传统 14

psychology 心理学 14，16

　experimental 经验心理学 14-5

　folk 大众心理学 12

　Freudian 弗洛伊德心理学 15

　behavioural 行为主义心理学 14-5

public policy 公共政策 51

punishment 惩罚 188-93

　capital punishment 死刑 192-3

Pythagoreans 毕达哥拉斯 220

racism 种族主义 72-4

　and the criminal law 种族主义与刑法 177

　and speech 种族主义与言论 177-8

Rawls, John 约翰·罗尔斯 171，193-4，201

Raz, Joseph 约瑟夫·拉兹 183

reductivism 简化主义 10-1，13

reflective equilibrium 沉思的平衡 77

Regan，Tom 汤姆·里根 219

reinforcement, in behaviourism 强化，在行为主义中的强化 15

relativism 相对主义 19，57-61，62

descriptive 描述的相对主义 56

group 群体 59

meta-ethical 元伦理学的相对主义 57

normative 规范相对主义 56

relativity, theory of 相对论 17

religion 宗教 67-8

repeatability, of experiments 试验的可重复性 20

Republic, the 《理想国》26-7，63，75，118

retribution 报应 188-92

rights 权利 180-2

character of 权利的特征 83-7

negative 消极的权利 83，85，86，184

positive 积极的权利 83，85

and terrorism 权利与恐怖主义 203

Roe v. Wade, Legal precedent 罗易对威得，法律判例 155

Roman law 罗马法 82

Rorty, Richard 理查德·罗蒂 63

Ross, W.D. 罗斯 66，100，102-3

Rousseau, Jean-Jacques 卢梭 70，75，137

Russell, Bertrand 罗素 196

Sartre, Jean-Paul 萨特 13，62，131

scepticism, moral 道德怀疑主义 59

Schweitzer, Albert 阿尔伯特·施韦泽 220

science, classical 科学，古典的科学 13

social and human 社会与人文科学 14

scientific explanation 科学的解释 10-3

secession 分裂主义 200-1

self-awareness 自我意识 10

self-interest 自利 25-38

self-sacrifice 自我牺牲 44

see also altruism, Antarctic expedition 参见利他主义，南极探险

selfish behaviour 自私的行为 25-38

The Selfish Gene, by Richard Dawkins 《自私的基因》理查德·道金斯著 36

sexism 性别主义 172-4

sexual morality 性道德 127-39

Shelley, Percy Bysshe 珀西·比希·谢利 130-1，132

Sidgwick, Henry 亨利·西季威克 29，32，201

Singer, Peter 彼得·辛格 127，151，152，156，157，160，215，216

Skinner, B.F. 斯金纳 14-5

Smith, Adam 亚当·斯密 31-2, 39, 214

social being, and Marxism 社会存在物，社会存在物与马克思主义 17

social context 社会背景 19

social contract 社会契约 75-80

social policy 社会政策 49，52

social world, Durkheim's 社会的世界，迪尔克姆的社会的世界 17

sociobiology 社会生物学 19-22

sociology 社会学 17-8

of knowledge 知识的社会学 19

social science 社会科学 18

Socrates 苏格拉底 7, 27，38，193

see also Plato 参见柏拉图

Solomon, in Old Testament 所罗门，在《旧约·圣经》中所罗门 121

Sophocles 索福克勒斯 80-1

Soul, of unborn child 灵魂，未出生的婴儿的灵魂 149

Spartans 斯巴达 57

Spinoza, Baruch 斯宾诺莎 23

state of nature 自然状态 75-6，128-9

state, and role in regulating sexual relations 国家，及其在调整性关系中的作用 134

statements, in logical positivism 陈述，逻辑实证主义的陈述 64

Stephen, Leslie 莱斯利·斯蒂芬 41

Stevenson, C.L. C.L. 史蒂文森 72

stimulus and response 刺激与反应 14-5

Stoics 斯多葛主义 23，131

Stoics notion of natural law 斯多葛主义的自然法观念 71

Strathern, Marilyn 玛丽莲·斯特拉森 142

subconscious 潜意识 14

subjectivism, ethical 主观主义伦理学 59

see also relativism 参见相对主义

suicide machine 自杀机器 166

survival mechanism, genetic 生存的机制，基因 36

Symposium, the 131

synthetic propositions 综合的命题 96

teleological ethic 目的论伦理学 42

teleology 目的论 113，115

telos （希腊语）目的 113，115

temperance 节制 209

terrorism 恐怖主义 201-5

test-tube baby 试管婴儿 140

Thanatos （希腊语）死亡 24

A Theory of Justice, by John Rawls 《正义论》罗尔斯著 76

Thrasymachus 斯拉斯马寇 63-4

toleration, principle of 宽容的原则 61-2，68-9

triage, principle of 治疗类选法原则 214-5

truth 真理 69

as moral duty 作为道德义务的真诚 43

postmodern rejection of 后现代主义对真理的拒斥 19

truths, factual, or logical 真理，事实的和逻辑的真理 9

Ulysses 尤利西斯 137

UN Declaration of Human Rights 联合国人权宣言 83

unconscious motivation 无意识的动机 14-9

universality 普遍性 9，99，184

of behaviourist truths 行为主义者真理的普遍性 15

universal values 普遍价值 69，70，95

universalizability 可普遍性 73，120

universal prescriptivism 普遍的规范 100

utilitarianism 功利主义 40-54，82，92，100，106

and abortion 功利主义与堕胎 155-6，157

and animals 功利主义与动物 220

and consideration of consequences 功利主义与结果的考虑 46-7

and contrast with female ethic 功利主义与女权主义伦理的对比 120

and duty to help others 功利主义

与帮助他人的义务 216

in education 教育中的功利主义 44

in healthcare context 保健背景下的功利主义 44

and medical omissions 功利主义与医疗疏忽 159-60

and necessity 功利主义与必然性 52

and punishment 功利主义与惩罚 188-92

and sexual relations 功利主义与性关系 129

and social utility 功利主义与社会功利 45

act utilitarianism 行动功利主义 48

ideal utilitarianism 理想功利主义 50，102

rule utilitarianism 规则功利主义 47，48，80

Utilitarianism，by J.S. Mill 《功利主义》密尔著 85

veil of ignorance "无知之幕" 76

verification theory of meaning 意义的证明理论 64-5

viability, of fetus 胚胎的生长发育 149-51

virtue, and vice 美德，美德与恶行 110-1

virtue ethics, Aristotle's 美德伦理学，亚里士多德的美德伦理学 111-5

civic virtue　公民的美德 110，183

virtue theory　美德理论 110

virtues　美德 108-9

　　Greek cardinal virtues　古希腊的主要美德 115

　　Protestant virtues　清教的美德 115-6

　　Victorian　维多利亚的美德 116，117，122

vivisection　活体解剖 220

Voltaire　伏尔泰 62，220

war, and international conflict　战争与国际冲突 197-201

Warnock Committee　沃诺克委员会 148-9

Warnock, Mary　玛丽·沃诺克 143

Wasserstrom, Richard　理查德·瓦萨斯兆姆 133

Watson, J.B.　沃森 24

The Wealth of Nations, by Adam Smith　《国富论》斯密著 31

Weber, Max　马克斯·韦伯 18

welfare　福利 42

Williams, Bernard　伯纳德·威廉姆斯 117

witchcraft　巫术 12

Wittgenstein, Ludwig　维特根斯坦 60-1，62

Woolf, Virginia　弗吉尼亚·沃尔夫 119

Woozley, A.D.　A.D 伍兹利 72

译后记

　　学术著作的翻译是一项艰苦的工作，既需要译者有较好的语言功力，又需要有扎实的学术功底。我们深感自己的功力不足，虽然努力，仍恐错漏难免，敬请热心的读者指正。

　　本书的翻译出版得到了中国人民大学道德科学研究院的大力支持；英国威尔士大学（兰彼得校区）神学与宗教研究系主任、宗教与伦理学委员会主席姚新中博士极力促成此事，并给予多方面的帮助；在本书的翻译过程中，我们多次向阿尔蒙德教授请教书中涉及的有关问题；译稿交出版社后，责任编辑李是亦付出了艰辛的劳动，在此一并致以诚挚的谢意。

　　本书序言、第1章、第5—9章由刘余莉翻译，第2—4章、第10—12章、尾声由杨宗元翻译，阅读指南、索引分别由负责相关章节的同志译出，杨宗元最后编定书后索引。

译者

2002 年 1 月

　　阿尔蒙德教授是笔者在英国留学时的博士生导师，曾担任英国赫尔大学（HULL）哲学系主任，英国应用哲学与应用伦理学会会长。阿尔蒙德教授生于利物浦，后在著名哲学家 A.J. 艾耶尔的指导下学习哲学，后长期从事西方伦理学及应用伦理学的研究与教学，加之德才兼具，在英国哲学界颇负盛名。笔者在英留学期间，深深受益于阿尔蒙德教授的言传身教和学术指导。笔者的博士学位论文，几乎是导师一字一句修改的结果，从每一个批注中都可以读到导师成就学生的殷殷愿望。导师的人格魅力、治学方法以及关注现实的治学态度等令笔者受益终生。

　　与当代西方学者的专业研究使用过多的专业术语和表达方式而把越来越多的非专业读者排斥在外的做法，阿尔蒙德教授在本书中采取了一种完全不同的写作方法和表达方式，即以对话和通信式的新方式，来介绍当代西方伦理学，使人在轻松喜悦的阅读中达到对西方伦理学主要理论和实践的了解。

　　现代西方伦理学可以分为主流伦理学派和非主流伦理学派。所谓主流伦理学派就是指自文艺复兴以来，在西方社会中占主导地位并产生重大影响的伦理学说。而非主流学派则是针对主流伦理学派的弊端、在对主流学派的批判的过程中新近出现的伦理学派。

　　现代西方主流伦理学具有以下几个共同特征：以理性的人为出发点，强调正当的行为就是符合普遍性规则的行为，强调通过合理制度的建立来保证人权和人的自由。例如：

　　每个人都应当按照能最大化地满足个人利益的规则而行为（伦理利己主义）。

我们应当按照那些能最大限度地满足最大多数人利益的规则而行动（功利主义）。

我们的义务就是要按照那些具有普遍性的道德法则而行动（康德的义务论）。

我们应当按照建立在每个人都能够同意的契约之上的公正原则来行事（新自由主义）。

以上这些理论在西方社会中都有广泛的影响，结果导致了西方道德生活的无序与混乱。一方面，一涉及现实中的道德问题，就会出现各种不同的意见和纷争，使人们面对各种道德原则和选择无所适从。他们可以根据不同的道德理论选择完全不同的行为方式。而要对其道德选择进行衡量或评价是十分困难的，因为每个道德理论都有其独特的、不同于其他道德理论的道德规范或评价观念。这使得人们可以凭其喜好而任意选择道德理论以指导自己的行为。结果导致了社会共同道德信念及社会共同价值观念的缺乏。

另一方面，不同的道德学说的确还有一个共同点，即它们都是建立在规则基础之上的。这就意味着这样一种可能，人们选择一种行为，不是因为他们愿意这样做，而是因为他们必须按照规则而行为。自由主义精神在西方社会备受尊崇，然而事实上，自由无比的个人实际上不过是满身缠满规约之网的被动者。因为是这些非人格化的规则在告诉人们应当做什么或不应当做什么。从这个意义上讲，这些表面上看起来自由无比的个人根本没有多少自由可言；同时，如果一个人行使某一行为不是出于自愿，而是因为他不能破坏规则，那么其行为的道德价值也是有限的。此外，评价一个人的道德行为只看其是否遵守了规则，而不需考虑行为主体的愿望和动机，也使其行为的道德价值遭受质疑。

自 20 世纪 50 年代起，很多哲学家开始表达他们对现代西方主流伦理学的不满。他们开始重新思考道德的核心问题，提倡对现代伦理学进行反思和批判。针对现代西方伦理学的不同特点，形成了三种既相互独立又相互联系的当代伦理学派：共同体主义（社群主义）、美德伦理和女性伦理。这些伦理学派可以称为现代西方伦理学中的非主流学派。

　　共同体主义的兴起以批判罗尔斯的旨在维护个人自由和权利的新自由主义而提出的。共同体主义对罗尔斯新自由主义的批判集中在两方面：一方面，由于对个人权利的过分强调，罗尔斯对自我的理解显然是片面的，权利的观念是与"我有什么东西"或者"什么东西是我的"这样的观念联系在一起的。因此自由主义中的自我概念是一种占有性的自我——"我有什么"，而不是个人的身份——"我是什么"。简言之，即把我所拥有的东西等同于"自我"本身。罗尔斯的新自由主义缺少对作为道德主体的个人培养道德责任的基础的深刻洞察，忽视了心理、情感和内在品德因素对于培养道德责任的意义。

　　另一方面，罗尔斯的自由主义仅仅关心"社会的基本结构"，即合理制度的安排对于保护个人权利的重要性，而忽视了要对个人的权利和行为进行限制，忽视了个人对于实现社会共同体的共同善的重大责任。这就导致了自由主义者热衷于建立完善道德规则的机制，而不是去探索道德主体的内在品德。因此，不可避免地走向了先在的个人主义。

　　美德伦理学也是针对现代西方主流伦理学强调规则的普遍性的特点而提出的伦理学说，代表人物是美国哲学家麦金太尔。他在其著作《追求美德》和《谁之正义？何种合理性？》中提出，首先，罗尔斯等人建立在正义基础上的规则伦理是非人格化的、与主体无涉的，因此他问"谁之正义？"；其次，现代社会存在着这么多的道德学说，它们的目标都是要寻求普遍的合理性。他们从不同的前提出发并得出关于普遍合理性的不同结论，因此他又问"何种合理性？"。麦金太尔所提倡的美德伦理学也被公认为当代西方社会最富影响力的、最有前景的伦理学说，同时也被认为可以与罗尔斯的正义论相抗衡的理论。

　　美德伦理学的理论特点和优势集中体现在两个方面：对道德动机的强调及对"非人格性"理想的质疑。

　　美德伦理对"非人格性"的质疑在当代西方女性主义伦理学家那里得到了强化，并进一步提出了关怀伦理学。1982年，哈佛大学的卡罗尔·吉利根教授出版了题为《一种不同的声音——心理学理论与女性发展》的著作。她提出，妇女对道德问题的推理和解决方式与男子是不同的，但不应当据此认为，女子在道德推理能力上存在着不足。相反，妇女具有其独特的、不同于男子的道德发展路线，即对道德理解的"不同声音"。她把这种道德思维概括为关怀—责任伦理学。1984 年，内尔·诺定斯在她著名的《关怀：伦理学和道德教育的女性视角》一书中进一步指出，建立在原则以及诸如合理性、正义、公平等观念上的道德本身是不充分的，因为它没有抓住妇女道德思考独特而典型的方面，概括地说，女性道德思维具有两个最重要的特点：首先，它强调人际关系与责任，而不是原则与权利的重要性。其次，在处理道德两难问题中，诉诸特殊的境遇，而不是诉诸普遍的原则。

吉利根的"另一种的声音"清楚地揭示，确实还存在着一种不同的视角来评价道德发展的程度、处理道德两难的问题；在道德生活的某些领域，还存在着比普遍性的原则更有价值的东西。这些东西被现代西方的主流伦理思想所长期忽视，却为女性伦理学以及其他一些类型的道德学说，如共同体主义和美德伦理所揭示。这些道德学说都从不同的侧面挑战了现代西方的主流伦理思想，并具有一些与女性伦理学共同的特征。

阿尔蒙德教授在本书中以对话的形式，对现代西方伦理学的主流学派及非主流学派的思想及分歧都进行了深入阐述，是系统了解和深入研究当代西方伦理学的必读教材。不仅如此，以研究应用伦理学而著名的阿尔蒙德教授在书中还对当代西方现代化过程中所出现的应用伦理问题，包括婚姻家庭伦理、两性关系伦理、死亡伦理、种族伦理、发展伦理、军事伦理、环境伦理、代际伦理等，都进行了介绍和剖析。

时光荏苒，距离 2002 年博士毕业至今，已经过去了 18 个春秋，导师也早已退休在家安度晚年。2015 年，当我应邀到英国摩尔美术馆、剑桥大学、牛津大学、威尔士大学讲学时，特意抽时间请朋友驾车送我到伦敦附近的 Lewes 小镇拜访了导师。在谈话中，导师对当代西方社会出现的道德问题仍表示出相当的关切。作为应用伦理学领域的泰斗，导师出于社会责任感还经常不断地接受一些期刊的约稿和采访，并为此笔耕不辍。这次拜访启发我萌生了重新修订出版此书的念头。当今中国正处于建设现代化强国的关键历史时期，也必将面对西方国家在现代化过程中出现的伦理道德问题。前瞻性认识、预见和正确处理发展中的伦理问题，有助于中国的发展始终遵循"道"

的方向而不偏离，从而避免西方现代化过程中所出现的伦理道德混乱的状态，这也是再次出版本书的目的之一。

在本书出版和再版的过程中，得到了本书的合译者杨宗元师姐的大力支持和鼓励。她不仅承担了第2—4章、第10—12章、尾声的翻译工作，还最后编定了全书的索引。师姐一丝不苟的治学精神、担当负责的工作态度，都是笔者学习的榜样。

在本书再版的过程中，中国人民大学出版社的责任编辑为本书的修订出版进行了大量烦琐而辛苦的工作，并帮助我们规范了注释格式，重新标注了索引，在此致以诚挚的感谢。

刘余莉

2020 年 12 月

图书在版编目（CIP）数据

关于善恶的对话：一个部落旅行者的故事 /（英）
布伦达·阿尔蒙德著；刘余莉，杨宗元译. -- 北京：
中国人民大学出版社，2021.3
（明德经典人文课）
书名原文：Exploring Ethics: A Traveller's
Tale

ISBN 978-7-300-29034-8

Ⅰ.①关… Ⅱ.①布… ②刘… ③杨… Ⅲ.①伦理学
Ⅳ.①B82

中国版本图书馆CIP数据核字（2021）第029658号

明德经典人文课

关于善恶的对话——一个部落旅行者的故事

［英］布伦达·阿尔蒙德（Brenda Almond）　　著

刘余莉　杨宗元　译

Guanyu Shan'e de Duihua

出版发行	中国人民大学出版社		
社　　址	北京中关村大街31号	**邮政编码**	100080
电　　话	010-62511242（总编室）		010-62511770（质管部）
	010-82501766（邮购部）		010-62514148（门市部）
	010-62515195（发行公司）		010-62515275（盗版举报）
网　　址	http://www.crup.com.cn		
经　　销	新华书店		
印　　刷	北京宏伟双华印刷有限公司		
规　　格	170mm×240mm　16开本	**版　　次**	2021年3月第1版
印　　张	20.25　插页2	**印　　次**	2022年1月第2次印刷
字　　数	305 000	**定　　价**	68.00元

版权所有　　侵权必究　　印装差错　　负责调换